高等院校工商管理核心课程精品教材

团队建设与管理

龚尚猛◎主　编
庄　严◎副主编

上海财经大学出版社

图书在版编目(CIP)数据

团队建设与管理/龚尚猛主编. —上海:上海财经大学出版社,2021.7
(高等院校工商管理核心课程精品教材)
ISBN 978-7-5642-3786-8/F・3786

Ⅰ.①团… Ⅱ.①龚… Ⅲ.①组织管理学-高等学校-教材 Ⅳ.①C936

中国版本图书馆 CIP 数据核字(2021)第 095489 号

□ 责任编辑 施春杰
□ 封面设计 张克瑶

团队建设与管理
龚尚猛 主编

上海财经大学出版社出版发行
(上海市中山北一路 369 号 邮编 200083)
网 址:http://www.sufep.com
电子邮箱:webmaster@sufep.com
全国新华书店经销
上海华业装璜印刷厂有限公司印刷装订
2021 年 7 月第 1 版 2024 年 7 月第 2 次印刷

787mm×1092mm 1/16 14.5 印张 371 千字
印数:3 001—3 500 定价:48.00 元

序

团队，既作为一种普遍的工作形式而流行，也作为一种积极的工作状态而存在。对于一个组织而言，如能打造出优质高效的工作团队，将极大地提升组织的竞争力和生命力，这就需要我们懂得如何去建设和管理团队。

本教材正基于此目的进行编写，共包括三个部分：基础篇、实训篇、辅助篇。全书从团队的基本概念谈起，详细介绍了团队的类型、特点、作用、构成要素；系统阐述了团队管理的相关内容，包括团队培育、团队沟通、团队激励、团队冲突与决策、团队绩效和团队文化等；重点以主题模块的方式进行了团队建设与管理的实操方法介绍，共分 7 个主题 14 个模块，涵盖了团队建设与管理中需要解决的各类问题，如协作、纪律、沟通、执行、领导、学习、创新等。最后在辅助篇中介绍了团队建设管理过程中要用到的一些工具以及需要注意的一些安全知识等。

本教材内容丰富、形式新颖，既有全面而深入的理论阐述，又有极具操作性的工具和方法，参编人员涉及高校、企业、政府各类组织群体，为本书提供了多元化的视角和多样化的素材。本书既可作为高校相关专业的配套教材，也可作为通识课程的辅助资料；此外，也适用于各类企事业单位，供组织培训和人员开发使用。本书极具适用性和推广价值！

龚尚猛

2021 年 6 月

目 录

序 …………………………………………………………………………………… 1

第一部分 基础篇

第一章 团队与团队管理 ………………………………………………………… 3
第一节 团队的基本范畴 …………………………………………………… 3
第二节 团队作用 …………………………………………………………… 6
第三节 团队发展过程 ……………………………………………………… 8
第四节 团队管理的基本范畴 ……………………………………………… 10

第二章 团队类型与培育 ………………………………………………………… 12
第一节 团队的基本类型 …………………………………………………… 12
第二节 团队类型的新发展 ………………………………………………… 13
第三节 团队培育概述 ……………………………………………………… 19
第四节 团队培育方略 ……………………………………………………… 20

第三章 团队沟通与激励 ………………………………………………………… 27
第一节 沟通概述 …………………………………………………………… 27
第二节 团队中的沟通 ……………………………………………………… 29
第三节 激励概述 …………………………………………………………… 33
第四节 团队激励常用方法 ………………………………………………… 38

第四章 团队冲突与决策 ………………………………………………………… 44
第一节 团队冲突概述 ……………………………………………………… 44
第二节 团队冲突过程 ……………………………………………………… 47
第三节 团队冲突管理 ……………………………………………………… 50
第四节 团队决策概述 ……………………………………………………… 53
第五节 团队决策方法 ……………………………………………………… 55

第五章　团队绩效与文化 …… 58
第一节　团队绩效概述 …… 58
第二节　团队绩效测评流程 …… 62
第三节　绩效激励 …… 67
第四节　团队文化 …… 69

第二部分　实训篇

第六章　团队组建与团队协作 …… 75
第一节　团队组建 …… 75
第二节　团队协作 …… 83

第七章　团队纪律与团队礼仪 …… 90
第一节　团队纪律 …… 90
第二节　团队礼仪 …… 95

第八章　团队计划与团队执行 …… 105
第一节　团队计划 …… 105
第二节　团队执行 …… 115

第九章　团队沟通与团队协调 …… 123
第一节　团队沟通 …… 123
第二节　团队协调 …… 131

第十章　团队领导与团队组织 …… 139
第一节　团队领导 …… 139
第二节　团队组织 …… 146

第十一章　团队思维与团队情绪 …… 159
第一节　团队思维 …… 159
第二节　团队情绪 …… 166

第十二章　团队学习与团队创新 …… 173
第一节　团队学习 …… 173
第二节　团队创新 …… 180

第三部分　辅助篇

第十三章　安全知识 …… 193
第一节　体验式培训器材的安全使用 …… 193
第二节　体验式培训的安全管理与行为要求 …… 203
第三节　户外安全知识 …… 204

第十四章　工具设施与场地 …… 205
第一节　体验式培训场地的分类 …… 205
第二节　体验式培训器材的分类与制造 …… 206

第十五章　急救知识 …… 210
第一节　外伤安全救护 …… 210
第二节　其他伤病的安全救护 …… 214

参考文献 …… 223

第一部分

基础篇

本篇脉络

第一章　团队与团队管理
第二章　团队类型与培育
第三章　团队沟通与激励
第四章　团队冲突与决策
第五章　团队绩效与文化

第一章　团队与团队管理

第一节　团队的基本范畴

在对团队基本范畴的分析中，团队的概念、特点和团队的构成要素是我们首先必须掌握的要点。

一、团队的概念

“团队”一词，英文为 Team，直译的意思通常是“小组”，但目前该词也往往称为工作团队(Work Team)，即指通过其成员的共同努力能够产生积极协同作用的最低层次的组织。由此，在管理科学和管理实践中，“团队”一词的定义为：一个组织在特定的可操作范围内，为实现特定目标而建立的相互合作、一致努力的由若干成员组成的共同体。对于团队概念进一步深入分析，则可以表述为：团队是由两个或两个以上、相互依赖的、承诺共同的规则、具有共同愿景、愿意为共同的目标而努力的技能互补的成员组成的群体，通过相互的沟通、信任、合作和承担责任，产生群体的协作效应，从而获得比个体成员绩效总和大得多的团队绩效。

当前，国内外学者已经从不同角度研究了“团队”概念的不同含义，这也给我们全方位理解团队范畴提供了基础。斯蒂芬·罗宾斯认为，团队是一种为了实现某一目标而由相互协作的个体所组成的正式群体。这一定义突出了团队与群体不同，所有的团队都是群体，但只有正式群体才能是团队。并且，正式群体分为命令群体、交叉功能团队、自我管理团队和任务小组。后来，他又对团队与普通群体的区别做了深入研究，得出四个结论：一是群体强调信息共享，团队则强调集体绩效；二是群体的作用是中性的(有时是消极的)，而团队的作用往往是积极的；三是群体的责任个体化，而团队的责任既可能是个体的，也可能是共同的；四是群体的技能是随机的或不同的，而团队的技能是相互补充的。

下面对工作群体与当代管理学所提倡的工作团队进行比较，如图 1—1 所示。

上述定义和图 1—1 的比较有助于说明团队为组织创造了一种潜力，能够使组织在不增加投入的情况下，提高产出水平。因此，工作群体变为工作团队需要一个很好的建设过程，我们把它称作团队建设。

要成为一支高效团队，斯蒂芬·罗宾斯认为它必须具有以下八个基本特征：一是明确的目标。团队成员清楚地了解所要达到的目标，以及目标所包含的重大现实意义。二是相关的技能。团队成员具备实现目标所需要的基本技能，并能够良好合作。三是相互间信任。每个人对团队内其他人的品行和能力都确信不疑。四是共同的诺言。这是团队成员对完成目标的奉献精神。五是良好的沟通。团队成员间拥有畅通的信息交流。六是谈判的技能。高效的团队内部成员间角色是经常发生变化的，这要求团队成员具有充分的谈判技能。七是合适的领导。高效团队的领导往往担任的是教练或后盾的作用，他们对团队提供指导和支持，而不是试图去控制下属。八是内部与外部的支持。既包括内部合理的基础结构，也包括外部给予必要的资源条件。

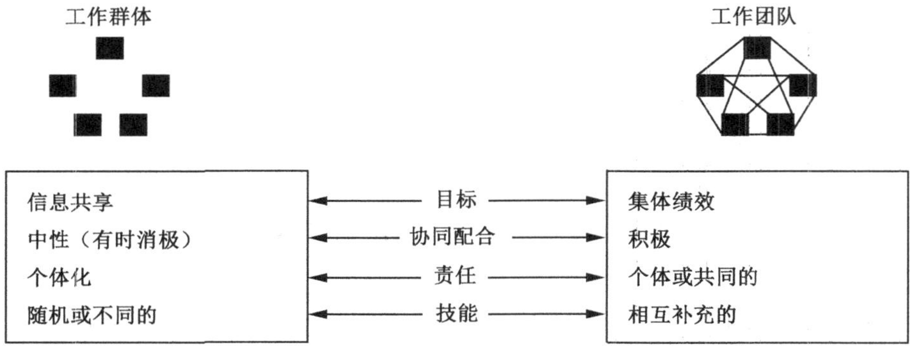

资料来源：[美]斯蒂芬·P. 罗宾斯：《组织行为学》，中国人民大学出版社 1997 年版，第 227 页。

图 1—1　工作群体与工作团队的对比

二、团队的特点

下面将对团队的特点进行阐述，这些特点正是团队优于一般工作群体的所在。

（一）“机构”具有不确定性

如果把“团队”看作一种机构，则它的组建和撤销需要根据组织的实际情况进行调整。而由一般群体构成的职能部门则是一个相对稳定的机构，其成员的角色基本固定，正所谓“铁打的营盘流水的兵”。

（二）职责明确

团队对于其中的每个成员的工作职责划分得很明确，并且规定了信息的出口和入口，有严格的工作流程。一般群体的部门职能很清楚，每位成员的具体工作则往往由部门负责人安排。

（三）没有等级区别

在团队之中，没有等级制，只有角色安排。团队负责人主要扮演“团队协调人”和联络员的角色。团队负责人既可以由组织任命，也可以由团队成员们选举产生。

（四）采用集体决策

团队中的成员要对自己的岗位负责，因而拥有一定的决策权，还可以直接向组织的决策层反映意见。碰到大的事件和问题，涉及整个团队利益等事项时，一般采用集体决策的方式。

（五）信息沟通充分

在团队中，信息沟通方向是平行的，因而是全通道式沟通，信息的交流和传递非常迅捷，信息的沟通非常充分。

三、团队的构成要素

团队是由员工和管理层组成的一个共同体，它合理利用每一位成员的知识和技能协同工作，解决问题，达到共同的目标。团队的构成有几个重要的因素，管理学家把它们总结为

“五 P”。

(一)目标(Purpose)

每个团队应该有一个既定的目标，这可以为团队成员们导航，使其知道向何处去。团队成员为了一个共同目标而奋斗能增强团队精神，有了这样的共同目标，团队就可以对团队成员产生强大的吸引力，从而增强团队的凝聚力，使团队的生产效率大大提高。一个团队没有清晰的目标，那么团队的存在也就失去了意义。因此，一定要让团队成员熟知他们所要做的是要达到一个什么目标。

(二)人员(People)

个人是构成团队的细胞，团队目标是通过其成员来实现的，一般而言，团队中存在 9 种成员角色。①

(1)革新者。作为革新者的人富有想象力，喜欢创新和变革。

(2)倡导者。倡导者乐意接受并支持新观念。

(3)开发者。开发者有很高的分析技能。

(4)组织者。组织者喜欢制定操作程序，以使新创意成为现实。

(5)生产者。生产者的主要着眼点在于：必须按时完成任务，保证所有承诺都能兑现。他们注重产品的品质，使产品合乎标准。

(6)核查者。核查者最关心的事情是规章制度的建立和贯彻执行。

(7)维护者。维护者对做事的方式有强烈的信念。

(8)建议者。建议者是很好的听众，他们愿意在做出决策之前得到更多的信息，而不愿把自己的观点强加于人。

(9)联络者。联络者倾向于了解所有人的看法，他们是协调者，是调查研究者。

(三)团队定位(Place)

团队的定位决定了团队在组织中所处的位置和所承担的功能。团队的定位包含两层意思：一是团队整体的定位。在组织中处于什么位置？由谁选择和决定团队的成员？团队最终应该对谁负责？团队采取什么方式激励下属？二是团队个体的定位。作为成员在团队中扮演什么角色？是指导其制订计划，还是帮助其具体实施或评估？

(四)职权(Power)

一个好的团队，需要一位优秀的团队领袖。团队领袖强调的是管理协调组织能力，那便是将一群人牢牢聚集在一起的魅力。团队中领导人的职权大小与团队的发展阶段相关。一般来说，团队越成熟，领导者所拥有的职权相应越小；在团队发展的初期阶段，领导职权则相对比较集中。

(五)计划(Plan)

一个优秀的团队，必须具有科学的团队计划，科学的团队计划是实现团队目标的根本保证。一般来说，从团队的角度来看，计划包含两个含义：第一，目标最终的实现，需要一系列具体的行动方案，可以把计划理解成目标的具体工作程序；第二，按计划进行可以保证团队的进展顺利，只有在计划的规范下，团队才会一步步地贴近目标，最终实现目标。

---

① [美]斯蒂芬·P. 罗宾斯：《组织行为学》，中国人民大学出版社 1997 年版，第 275～276 页。

第二节 团队作用

团队的兴起因其所蕴含的巨大能量，认清团队的作用并理解高效发挥团队作用的要点是本节重点。

一、团队的基本作用

现在，"团队"一词已经非常盛行。在许多著名的、出色的企业中，团队都是其主要的组织结构和管理方式。团队在当今企业界如此盛行，其原因在于，它在组织的经营管理活动中具有以下基本作用：

(一)充分利用资源

当某种工作任务需要多种技能和经验时，显然由成员各有特色并集思广益的团队来完成，通常会比个人做得更好，因为团队有助于组织更好地利用雇员的才能。而且，在复杂多变的环境中，团队比传统的部门结构更灵活、反应更迅速，它快速地组合、重组、解散，这也可以大大提高组织资源的利用率。

(二)强化组织氛围

当组织员工只关心个人的工作目标时，不利于积极和谐的组织氛围建设。而在团队中，团队成员能够为了整个团队的共同目标而奋斗，他们会为了实现团队的目标而主动地谋求合作，合作带来的结果是既减少了冲突，又创造了良好的局部工作氛围和良好的组织总体氛围。

(三)产生内在动力

实行团队体制，能够达到促进团队成员工作的高度参与和自主决策的激励功效，给团队成员以巨大的工作动力。在团队中，有很强的民主气氛，团队成员能够提高工作参与度，使工作能满足自身的心理需求。团队还能对团队成员中的懈怠者产生一定的组织压力，敦促他们努力工作。

(四)促进效益提高

团队这种形式有产生正向协同作用的功能，它可以大大提高局部组织的生产率和整体的经济效益。当工作任务和日常决策权交给团队后，团队可以自动运转起来，管理层就能够摆脱日常事务管理而去思考和处理更重要的问题。同时，决策权下放给团队，团队就能够根据环境的变化灵活处理问题，有利于组织的目标和决策能够较好地实现，从而达到促进效益提高的目的。

(五)增强组织灵活性

市场环境的新变化是组织普遍采用团队形式的主要原因，任何组织要想在激烈的竞争环境下生存、发展都必须改变过去等级分明、决策缓慢、机构臃肿、人浮于事、对外界变化的应变能力差的管理模式。团队工作以灵捷和柔性为其竞争战略，给予团队成员必要的团队工作技能训练，团队的共同价值取向和文化氛围使组织能更好地应付外部环境的变化和适应组织内部的改革、重组。

(六)增强凝聚力

每个团队都有特定的团队任务和事业目标，团队鼓励每个参与者把个人目标融入和升华为集体的团队目标，这就使企业文化建设中的核心问题——共同价值观体系的建立，变成为可操作性极强的管理问题。同时，团队的工作形式要求其参加者只有默契的配合才能很好地完成工作任务，促使他们在工作中有更多的沟通和理解，共同应付工作和生活压力。

（七）充分体现人本管理

团队鼓励其成员一专多能，并对团队成员进行工作扩大化训练，要求团队成员积极参与组织决策。由于团队工作形式培养了团队成员的技术能力、决策和人际处理能力，使团队成员从机器的附属中解放出来，所以，团队充分体现了以人为本的管理思想。

（八）改善了组织决策

团队工作模式以计算机网络、信息处理软件为支撑技术，团队之间的协调和联系通过总线上的共享信息实现。通过建立企业内联网（Intranet）和企业外部网（Extranet）实现信息的共享和集成，消除了传统组织结构（如宝塔式的科层结构）中由于层层传递所造成的信息失真和延误，提高了信息传递的质量和速度。

总之，从总体的情况看，团队潮流方兴未艾，这说明团队体制是成功的。但是，这种成功又是有条件的。有研究发现，在利润、生产率、产品质量都处于劣势的组织中，即使采用团队体制也很难对绩效产生影响，“团队”在这里无“回天之力”；而在一些已经有了高绩效的公司中，引入团队反而有可能使绩效水平降低。因此，对团队也不能形成一股“风”、一种“迷信”，而应当科学地加以研究和运用。

二、团队作用的高效发挥

中国企业的团队管理应该遵从中国的文化传统及中国的人性特点，一方面要发扬中国传统文化及人性中的优点以提高团队管理水平，另一方面也要尽量避免和排除中国传统文化及人性中的缺点以提高团队管理素质。

（一）要恰当地运用团队

从西方发达国家的总体情况来看，对团队作业方式的成功运用的确有利于成本的节约、质量和服务的改善以及效率的提高。但是，这并不意味着所有的企业都适合搞团队，也并不是每一项任务都可以搞团队。此外，团队还具有多种不同的类型，如自由型团队、精英型团队、依附型团队、虚拟型团队等，因此各个企业要根据各自不同的需要恰当地选用不同类型的团队。

（二）要更新工作观念

为了适应团队管理模式的需要，采用团队的企业必须树立一种与团队相呼应的新型工作观念，对工作动机、工作结构及工作责任等几个重要领域的内涵进行适当调整，以便更好地为团队管理的实践操作奠定相应的理论基础。

（三）要调整人力资源管理实践

一般情况下，一个企业的人力资源管理实践必须与该企业的组织结构的要求保持一致，因而，采用团队作业方式的企业必须适当调整原有的人力资源管理的各个实践环节以配合企业的团队管理。

（四）要正确区分团队建设中的暂时问题和根本问题

由于受到团队正面效益宣传的影响，许多企业对团队作业方式往往会寄予“立竿见影”的厚望，认为只要运用团队作业方式，就可以马上提高绩效，而一旦没有达到预想的效果便准备放弃。因此，要认真分析团队建立过程中所出现问题的性质，不要因暂时的、正常的问题而轻易放弃有可能产生长远效益的管理方式。

第三节 团队发展过程

从团队的创建和发展角度看，团队发展过程一般可以分为成立、震荡、规范化、高产和调整五个阶段。从"群体"向团队过渡的角度，则可以分成群体、伪团队、潜在团队、真正团队和高效团队五个阶段，这种过渡伴随着绩效的跌落、恢复和提升。

一、成立阶段

在团队的成立阶段，要有团队创建人，要完成一系列的准备工作，要得到上层领导的支持。

(一)成立阶段的内容

在团队的成立或者创建阶段要完成团队方案的勾画和其他准备工作，一般要花费几个月的时间。

这一阶段首要考虑的问题是团队的定位。这包括：其一，创建者必须根据团队的任务、目标来思考创建一个什么样的团队，即团队的类型与功能；其二，本团队应该控制在多少人的规模；其三，本团队应该包含哪些必需的技术人才、管理人才等，其各自的角色是什么。对这些问题，创建者必须要拿出一个明确的规划来。因为如果目的不清，在选择团队成员时就会出现成员配合不当的问题。当团队得到正式认可并召开第一次会议后，这一阶段的工作就告完成。

这一阶段结束时，团队的每个成员都应该清楚本团队所要达到的组织愿景。

(二)成立阶段的领导者与创建人

在团队的成立阶段，必须得到上层领导的支持。在团队创建人拿出具体规划的时候，很可能在整个组织内部挑选成员，这就涉及组织内部的协调和沟通问题，尤其是与人力资源部门的配合问题，因为团队牵扯到的部门非常多，任何一点小的失误，都会影响创建的热情和改变创建的初衷。因此，要明确本团队直接向谁负责、谁是团队的最终裁定者，并争取得到其有力支持。

团队创建人必须花很多时间和精力来带动自己的团队。首先，创建人必须明确团队的目标、分配每天的任务、进行生产流程的监控以及假期安排等，还要更多地介入公司的预算方案等。其次，要把具体的目标和任务告知每个团队成员，促进团队成员之间的信任和合作关系，让成员共同构建团队目标。同时，要鼓舞团队成员的士气，培养他们的团队精神。

在团队运行的开始阶段，每一个决策都可能是振奋人心的，每一个成员都希望发挥自己的才能，这正是获得建议和召开团队会议的最佳时机。

二、震荡阶段

团队在经过了形成阶段后，原先的新鲜感和冲动感逐渐消失，成员们彼此的性格特征和行为风格的差异会逐渐暴露出来，冲突也在产生。这就需要学习如何协作和沟通，需要在工作任务方面进行磨合，这时团队运作就进入震荡阶段。

(一)震荡阶段的问题

震荡阶段可能有以下表现：(1)成员们的期望与现实产生脱节，隐藏的问题逐渐暴露；(2)成员有挫折感和焦虑感，对目标能否完成失去信心；(3)团队中人际关系紧张，冲突加剧；(4)对领导者不满，尤其是当出现问题时，个别成员甚至会挑战领导者；(5)组织的生产力持续遭受打击。

（二）震荡阶段的措施

团队的管理者应采取下列办法帮助成员顺利渡过震荡阶段：首先是安抚人心，这是最重要的措施。管理者要认识并能够处理冲突，不能以权压人；管理者还应当鼓励团队成员对有争议的问题发表自己的看法，积极进行有效的沟通。其次是准备建立工作规范，领导要以身作则。最后是调整领导角色，适度对团队授权，鼓励团队成员参与决策。

三、规范阶段

在团队建设的过程中，经过了震荡阶段，团队开始逐步走向稳定和成熟，沟通之门打开，相互信任加强，团体内部成员的人际关系由分散、矛盾逐步走向凝聚、合作。团队成员开始关心团队的共同发展问题，开始建立工作规范和流程，团队的工作特色逐渐形成，成员们的工作技能也有所提升。

这一阶段也成为组织建立团队文化最有利的时机。团队文化建设的内容是培养成员互助合作、敬业奉献的精神，增强对团队的归属感和凝聚力，促进团队共同价值观的形成，鼓励团队成员为共同承诺的团队目标尽责。

这一阶段的最大问题是团队成员怕发生冲突、怕得罪他人，而不提问题、不谈正面的建议。

四、高产阶段

“高产”是组织的目的，也是建立团队的初衷。团队接受和完成好一项任务，才能充分体现出团队的绩效，也才能对团队成员的合作状态进行检验。如果是一个真正的团队，而且团队成员之间已经非常默契，他们就会把全部的精力投入如何提高团队绩效上来，这时的团队真正成为团结合作的集体。

（一）高产阶段的内容

团队在高产阶段的表现如下：

（1）团队成员具有一定的决策权，自由分享组织的信息。

（2）团队成员信心强，具备多种技巧，协力解决各种问题。

（3）组织和团队用民主的、全通道的方式进行平等沟通，化解冲突，分配资源。

（4）团队成员有成就事业的高峰体验，有完成任务时的使命感和荣誉感。

（二）高产阶段的团队领导工作

在此阶段，团队领导应该进行以下工作：（1）思考和推动变革，更新业务流程与工作方法。（2）给团队成员下达具有挑战性的目标，鼓励和推动员工的成长。（3）监控工作的进展，通过承诺而非管制达到更佳的效果。（4）肯定团队的整体成就，并承认个人的贡献。

五、调整阶段

随着工作任务的完成，很多团队会进入调整阶段。这个调整有时就是中止。在此阶段，大部分任务型团队会解散。有的团队会继续工作，但往往休整一段时间，或许会发展新成员。这个阶段，成员的反应差异很大，有的人沉浸于团体的成就中，有的人则很伤感，惋惜团队中的友谊关系不能再继续。

皮尔尼克（S. Pilnick）提出，在团队的中止阶段，应当对团队活动的规范进行分析，以总结经验。首先，要明确团队已经形成的规范，尤其是那些起消极作用的规范；其次，制定“规范剖面图”，掌握与规范有差距的内容。最后，优化团队规范。要经过充分的民主讨论，制订系统的改革方案，实施改革措施，并跟踪评价和做必要的调整。

第四节　团队管理的基本范畴

科学的团队管理将极大地发挥出团队的力量，因而掌握团队管理的基本概念、理解影响团队管理效率的若干因素是本节重点。

一、团队管理的概念

团队管理基础在于团队，其成员数可在 2 至 25 人之间，理想上少于 10 人较佳。而团队建立适当与否，直接影响团队管理成效。史东和傅立曼在《管理学》一书中提出团队建立有两种形式：

(1)管理人员和部属所组成的永久性团队，常常称为家庭式小组(Family Group)；

(2)为解决某一特定问题所组成的团队，称为特定式小组(Special Group)。

后者可以说是一种临时性或任务性的组织，一旦问题解决，可能就解散了。一般而言，团队建立要能成功，必须具有下列要件：

(1)小组成立有其自然的原因；

(2)小组成员的经验和能力要彼此能够相互依赖；

(3)小组成员的地位和身份最好相当，不能相差太大；

(4)小组的沟通必须具有开放性，才能有效沟通，以利于解决问题。

团队管理乃是运用成员专长，鼓励成员参与及相互合作，致力于组织发展，所以可说是合作式管理(Collaborative Management)，也是一种参与式管理(Participative Management)。随着组织工作的复杂性日益增强，很多工作实难靠个人独立完成，必须有赖于团队合作才能发挥力量。所以，组织建立各种不同功能性的团队管理(Cross Functional Team Management)有其时代需求性。组织若能善用团队管理，对于激发成员潜能、协助问题解决、增进成员组织认同、提升组织效率与效能，都具有一定的帮助。

为发挥团队管理的效果，每位成员须首先了解小组目标与使命及个人角色和责任；其次，成员也须了解如何完成小组任务；最后，要能积极投入小组目标的达成。由于沟通在团队管理中扮演着相当重要的角色，如能事先举办讲习会，建立成员有效沟通渠道，可使团队管理有良好效果。

团队管理是未来管理的新取向，但不能陷入团队管理的迷思：认为所有的团队都是好的，成员在一起就是一种团队，彼此会相互喜欢等。这些都不是务实的看法，只有在一个开放、沟通顺畅的环境中，才能发挥团队管理的功能。

二、团队管理的方法

怎样的团队才算一个好团队，怎样才能运作好一个团队呢？许多企业管理者不甚了然，于是在企业团队建设的过程中就出现了许多弊病，例如，从理论著作中生搬硬套到团队运作过程，是很难产生好团队的。任何理念都不能执着，执着生僵化，就会蜕变为形式主义，后果很糟糕。在如今企业管理者热火朝天进行的团队建设中就存在这个问题，将团队作为企业文化建设的唯一主题是不恰当的，是不符合多元化的现实状况的。

一个优秀的企业管理者，应该怎样管理员工？答案也很简单，那就是要给员工创造充分利用自己的个性将工作做得最好的条件。不一定什么都要团队化，虽然企业也都提倡创新，但如果管理者过分强调团队精神，则员工的创新精神必然受到压抑。压抑个性就是压抑创新，没有个性哪来的创新?！说得极端一点，企业管理者要谨防团队建设独裁化。团队是需要的，企业管理者在团队建设的同时要遵循一个原则：不能压抑员工的个性。在团队内部，企业管理者要给员工充分的自由，少说几句“少数服从多数”，要知道，聪明的人在世界上还就占少数。

企业管理者应该解放思想，要有多元化的思维。不同的企业，团队的性质也不一样。要量体裁衣建设符合企业内在要求的团队，要灵活变化，别搞“一刀切”。如果该企业是劳动密集型企业，那可以建设一支高度纪律性组织性的团队。如果该企业是知识密集型企业，那就要以自由主义来管理员工了，建立一支人尽其才的团队是最重要的，严格说算不上是团队，也没必要强调团队，更注重的应该是员工的个人创造力，千万别让团队束缚住员工的头脑，当然应该有的纪律和合作也是不可少的。如果企业既有创造型员工也有操作型员工，那可将团队建设重点放到操作型员工身上。需要注意的一点是，越聪明的人越倾向个人主义。针对这种情况，企业管理者要注意有的放矢。

第二章　团队类型与培育

第一节　团队的基本类型

弄清团队的类型是进行团队培育和做好团队管理的基础，因而掌握不同的团队类型及其特点是本节重点。

斯蒂芬·罗宾斯根据团队成员的来源、拥有自主权的大小以及团队存在的目的不同，将团队分为三种类型：一是问题解决型团队（Problem-solving Team），二是自我管理型团队（Self-managed Team），三是跨功能型团队（Cross-functional Team）。

一、问题解决型团队

在团队出现的早期，大多数团队属于问题解决型团队，就是由同一个部门的若干名员工临时聚集在一起而组成的。他们每周碰头，一起讨论如何提高产品质量、提高生产效率、改善工作环境、改进工作程序和工作方法，互相交换看法或提供建议。但是，这些团队没有对自己形成的意见单方面采取行动的决策权。

问题解决型团队应用最广的方式，是“质量圈”（QC）或“全面质量管理小组”（TQC）。

二、自我管理型团队

问题解决型团队的员工在参与决策方面权利缺乏、功能不足。弥补这种欠缺的结果，是建立独立自主地解决问题、对工作的结果承担全部责任的团队，即自我管理型团队。自我管理型团队的人数通常有 10～15 人，他们承担了一些原本是上级所承担的责任。一般来说，他们的责任范围包括控制工作的节奏、决定工作任务的分配等。这种自我管理型团队甚至可以自由组合，并让成员相互进行绩效评估，而使主管人员的重要性相应下降，甚至可能被取消。

需要注意的是，自我管理型的团队并不一定带来积极的效果，例如，其缺勤率和流动率偏高。这说明，自我管理型团队形式的采用有一定的范围，需要具备一定的条件。

三、多功能型团队

多功能型团队是团队形式的进一步发展。这种团队通常是由来自同一等级、不同工作领域、跨越横向部门界线的员工组成，他们聚集在一起的目的就是完成一项特定的任务。可以说，如今盛行的项目管理与多功能型团队有着内在的联系。

多功能型团队是一种有效的形式，它能使组织内（甚至组织之间）不同领域员工之间交换信息，激发出新的观点，协调复杂的项目，解决面临的问题。但是，多功能型团队不是“野餐聚会”，而是有着硬任务，在其形成的早期阶段往往要消耗大量的时间，使团队成员学会处理复杂多样的工作任务，使背景不同、经历和观点不同的成员之间建立起相互信任的关系。

多功能型团队是一种运用很广的团队形式，在20世纪80年代末囊括了当时主要的汽车制造公司，包括丰田、尼桑、本田、宝马、通用、福特、克莱斯勒等，它们都通过“多功能”团队来协调、完成复杂的项目。

第二节　团队类型的新发展

随着团队管理在现代管理中的作用日益突出，团队类型出现了一些新的发展，主要表现为：

一、跨部门与跨组织团队

(一)跨部门(组织)团队的兴起

跨部门团队，是消除部门分割、实现提高企业内部业务流程效率的组织变革的结果；而跨组织团队，则是对传统组织界限的超越，是对企业外部流程或者说市场的重组。

真正的跨组织团队，指的是组织之间以团结合作、合力创造价值的方法而建立的伙伴关系。跨组织团队基于合作而形成的伙伴关系，是对传统交易关系的超越。当今，跨组织团队合作形式主要有以下几种：

1. 企业与供应商之间的合作

这一方式的合作是双方跳出组织界限，将彼此公司内的流程，甚至公司内部的功能加以整合。

2. 企业与客户之间的合作

这一方式的合作是通过二者之间的信息沟通实现“消费—生产”的一体化，从而使自身获得市场。

3. 企业与竞争者或其他企业之间的合作

这一方式的合作主要是双方共同致力于某些项目(技术、市场等)的开发，以类似战略联盟的形式实现互惠互利。

跨部门(组织)团队是与现代企业管理的企业再造理论联系在一起的。随着现代企业内部组织形式逐渐向团队形式的过渡，随着各种团队的结构和功能的不断调整，随着团队不断向开放性、灵活性和虚拟性发展，团队已经不再仅仅限于某种单独的功能，这时，跨部门(组织)团队就成为团队发展的主流。例如，在财富100强的公司中运用着各种不同类型的团队，各类型团队应用比例从47%到100%不等，但这些公司几乎都运用项目团队。项目团队一般通过跨职能的人员结合在一起来完成一个项目，是一种典型的跨部门团队。

(二)跨部门(组织)团队的特点

由以上跨部门(组织)团队的兴起，我们可以得出跨部门(组织)团队的一些特点：

1. 体现“通才”特征的团队

现代企业的工作非常复杂，涉及的知识面非常广，因此，现代企业的流程工作更多时候是不可能由个人式的“通才”来完成的，只能是以工作团队(Work Team)“通才”的形式来完成。因此，可以看出，现代企业流程再造的组织基础是跨部门(组织)的团队，这种类型的团队从整体上体现了“通才”的特点。

2. 各项职能齐全的团队

传统的工作部门小组是按职能划分的，它是工序在功能上的放大。在工作部门小组内工作的一群人，实现的功能比较单一，所构成的群体是一个同质的群体；工作部门小组不仅在横向方面分工严密，而且在纵向上存在等级关系。这样，在传统组织中，一个流程往往横跨几个部门，流程的运行效率低、运转周期长。而在跨部门(组织)团队中的工作小组是一个异质结构，其功能比较强，它能实现一个流程的功能，或者至少能完成一个流程中较为完整和复杂的任务。

(三)跨部门(组织)团队的绩效评估

做好跨部门(组织)团队的绩效评估，是跨部门(组织)团队实现其功能的重要方面，可以从以下方面来执行：

1. 打破部门(组织)评估的标准

既然团队是跨部门、跨组织的，对其的绩效考核也应当是以完成任务的“人”、以团队成员为中心的跨部门评估体系，无论团队成员在哪个部门都可以进行追踪评估。

2. 注意评估的全面性

为了避免跨部门(组织)团队的绩效评估因为竞争导致不科学，可以在“业绩评价”的基础上附加“行为评价”，行为评价由团队领导、团队成员一起来对该团队其他成员的行为打分评价，比如可规定业绩分数占75%、行为分数占25%。除此之外，还可以引入“自我评价”，此评价的结果作为团队成员行为评价的参考。

3. 注意与人力资源管理部门的合作

对于跨部门(组织)团队的绩效评估，团队领导要参与全过程。首先要与人力资源管理部门一起确定评估标准、设计评估系统。评分标准的准确性与公平性对评估的成败影响很大。人力资源管理部门要为团队领导提供培训，还要监督和评价评估系统，保证跨部门(组织)团队的绩效评估被恰当地运用和实施。

4. 做好标准化工作

进行跨部门(组织)团队绩效考评时，涉及很多部门和人员，要做到对每位团队成员一视同仁、客观公正，就必须做好标准化工作。具体包括：考评目标标准化，考评程序标准化，考评组织标准化，考评方法和手段标准化。

二、学习型团队

(一)学习型团队的兴起

美国麻省理工学院彼得·圣吉教授于1990年出版的《第五项修炼——学习型组织的艺术与实务》一书融合了团队管理、组织学习、创造原理、认识科学、群体深度讨论与模拟演练游戏等，从而发展出一种人类梦寐以求的组织蓝图——学习型组织，使人们能够在工作中建立共同愿景，从而显出生命的意义。时至今日，这本书仍在中国畅销，且在圣吉理念的引导下，许多企业都提出了建立学习型团队的目标。

彼得·圣吉认为，传统组织以个人为基础、各自为战。而在新型环境下，大家必须从整体上考虑问题，共同合作，以团队的形式参与竞争。传统组织下的人们，必须改变自己对周边世界的看法(改变心智模式)，祛除个人主义思想，代之以系统思考问题的方法，围绕大家共同的愿景目标，共同学习、共同努力。“90年代最成功的企业将会是‘学习型组织’，因为未来唯一持久的优势，是有能力比你的竞争对手学习得更快。”[①]为培养这种学习型组织，彼得·圣吉提出了五项修炼内容：自我超越、心智模式、共同愿景、团体学习、系统思考。其中，系统思考是五项修炼的核心。通过五项修炼，培养团队的学习气氛，进而形成一种符合人性的、有机的扁平化的团队——学习型团队。

《第五项修炼》一书的副标题是“学习型组织的艺术与实务”。与其说是如它所言，不如说它是一本为学习型团队的构造实践做准备的书。

(二)学习型团队的特点

学习型团队在系统地解决问题、采用新的方法进行实验、从自己过去的实践中学习、从他人的经验和优秀实践中学习、在组织中迅速有效地传递知识五个主要方面是出类拔萃的。它具有区别于其他团队的鲜明特征：

1. 强目的性

进入21世纪，更有效的组织学习，使组织及其成员能从容应对每天都在发生变化的市场环境和由此带来的前所未有的挑战。更敏捷、更个性化、更及时、更相关的工作方式，使组织更快、更有效地去取得更好的绩效水平，从而与别人拉开距离。因此，学习型团队是以提高工作绩效为前提，是与业务目标紧密相关的。在这样的团队中，学习已成为人们的自觉习惯，成为团队各项职能中必不可少的一部分，学习被视为团队成功的关键要素。

2. 强认同性

在学习型团队中，学习不是少数人的特权，而是整个团队开发知识、提升技能、改善态度的转变机会。学习总是与团队所要解决的问题相关联，每个团队成员都受到提高工作质量、不断进步的团队动机驱使。因此，团队能够从所需解决的问题出发来判断哪些知识应该学习，怎样将其结合到团队的知识体系中；团队的氛围也能鼓励、奖励、帮助和促进个人和团队的学习；团队也清楚地知道，持续不断的学习对于他们的生存和成功是必不可少的，从而认同学习型文化，自觉进行创造性的学习。

3. 强当下性

学习型团队是团队成员当下(而不是过去或未来)认同并实践的价值观。团队成员不仅有一般意义上的知识与技术的学习，更主要的是在进行修炼式学习。自己学习、团体学习、专职学习、业余学习、培训学习、实践中学习，每个团队成员都是热情的学习者，每个团队成员都是教师、辅导员和教练。学习已成为工作的核心。

4. 强引导性

学习在学习型团队内部具有至高无上的地位，各个层次的领导都是学习领导，并充分交流以达成共识。通过提出挑战性的问题，或用刺激智力、好奇心的办法来鼓励团队成员学习；用合适的奖励、委托训练和制订发展计划以及建立学习资料中心等办法使学习制度化；容忍错误、避免指责，以跨学科、跨职能的整合，发展一种从个体学习和团队学习转向团队储存知识和经验的转移机制；倾听团队成员的心声，从而营造一个相互信任的环境；支持持续改进，营造知识共享的良好氛围并以此提升工作绩效。这样，从团队领导到团队成员都能系统地、全局地、联系地、动态地思考，认识团队的活动，自觉将学习转化为个人行为习惯、行为方式和行为准则。

5. 强开放性

---

① 彼得·圣吉：《第五项修炼》，上海三联书店1996年版，第132页。

学习型团队强调知识必须能在整个团队中迅速有效地传播。学习型团队包含三个截然不同但又相互关联的学习层次：

第一层次是个人学习——通过自学、借助技术的教导和观察，取得技能、洞察力、知识、态度和价值观等方面的改变。

第二层次是团队学习——团队内部完成的在知识、技术和能力等方面的增长。

第三层次是组织学习——组织内部倡导并推动持续改善而获得智慧、能力和生产效率的提升。在这里，学习型文化的核心价值观是开放的，员工与企业之间是文化共同体，组织鼓励合作，推广团队精神，从而创造一种对所有人而言都有好处的局面，员工也就能不断与周围同事交流对话，整个组织也就超越了个人学习、团队学习的层次而达到组织学习。学习型组织还是一个流线型的、无边界的、扁平状结构，能够最大限度地促进组织内外的联系和信息流动，唤起整个价值链上的责任感和紧密协作。

很显然，学习型团队不是一夜之间就建成的，学习型团队的成功来自多种因素。塑造学习型团队时，努力培养团队成员的学习态度、责任感，营造出一种利于学习的环境氛围，形成学习型文化，是学习型团队成功的关键所在。为此，我们有必要了解学习型团队文化的一些特征。

(三)学习型团队文化的特征

学习型团队文化以其独特的内容区别于其他类型的团队文化，主要表现为共同愿景、畅通的信息渠道、群体互动式的学习、知识共享的氛围、有效的激励机制等。

1. 共同愿景

推动学习型团队迈向成功的动力是每位团队成员的热情和智慧。共同愿景是学习型团队文化的基础、核心，是指导团队成员行为的哲学。在学习型团队的开始阶段，可能一部分团队成员持有相同的愿望，但是只有每个团队成员都衷心向往的愿望，才能成为团队的共同愿望。因此，建立共同愿景是学习型团队文化建设的首要职责，是学习型团队成功的法宝。

2. 畅通的信息渠道

在学习型团队文化的环境中，团队内部所需的各种信息通过三种渠道得到有效的沟通：一是纵向信息沟通，即沿着团队的指挥链在上下级之间进行，使团队领导同其下属成员之间保持信息畅通。二是横向信息沟通，指的是团队以及内部成员之间同一层次所发生的沟通，如营销部门向生产部门提供市场供求信息，研发部门向营销部门了解社会对新产品设计质量的反馈意见，其主要功能是使系统之间协调配合和相互了解。三是斜向信息沟通，即不同系统、不同层次团队之间的沟通。

3. 群体互动式学习

学习型团队成员深刻认识到群体互动式的学习效率远远优于个体的学习效率。团队在个人单向学习的同时，更注重双向学习，学习的基本单位变成团体而不是个人。在团队中，成员根据自己的最高愿望和团队追求的共同目标，通过深度会谈、共享信息，重新创造自我，团队成员个人的知识在隐性知识和显性知识相互转化过程中逐渐上升、扩大为组织的知识，进而提高了知识使用的效率。

4. 知识共享的氛围

在学习型团队文化中，对“知识就是力量”的理解已发生深刻变化，力量不是来自保密的知识，而是来自共享的知识。认为知识共享有益于团队和个人发展的观念根植于学习型团队成员的心目中，公开交流、分享经验、共享知识弥漫在整个学习型团队中。

5. 有效的激励机制

在学习型团队文化中，从上到下都在建立健全评估和激励体系，对团队成员的学习和创新给予支持和奖励。学习型团队领导知道不断调整自己的激励实践，想办法尽可能地让学习氛围、知识共享能给团队成员带来自我价值实现的满足感，使之成为员工一种内在的需要，而不是一种外在的要求。

三、虚拟团队

(一)虚拟团队的兴起

随着全球经济一体化进程的加快和先进的多媒体网络、信息技术的普遍应用，一种新型的团队工作模式应运而生，这就是虚拟团队。虚拟团队运作的基础是跨部门团队和跨组织团队。

所谓虚拟团队，是一种以虚拟组织形式出现的新型工作组织模式，是一些人由于具有共同理想、共同目标或共同利益，结合在一起所组成的团队。从广义上说，虚拟团队早已应用在真实的团队建设世界里。虚拟团队只要通过电话、网络、传真或可视图文来沟通、协调，甚至共同讨论、交换文档，便可以分工完成一份事先拟定好的工作。换句话说，虚拟团队就是在虚拟的工作环境下，由进行实际工作的真实的团队人员组成，并在虚拟组织各成员相互协作下提供更好的产品和服务。

(二)虚拟团队的特点

虚拟团队作为一种新型的团队形态，具有不少优于传统的实体性团队的特征：

1. 组织资源的最优整合

虚拟团队大多是跨企业间或企业的子公司，甚至是跨地区、跨国家界限的组织形式。虚拟团队以信息技术为支撑，进行跨地区的实时交流，完成特定任务，因此团队边界非常宽泛。虚拟团队在整合团队的各种资源时，要同时在团队内部和跨越团队边界范围来进行，其资源的选择余地和优化程度就可能非常高。

2. 多元文化的最优整合

虚拟团队是由不同国籍、不同文化背景、承担不同的经营管理职能的个人构成的跨国界团队。虚拟团队的这种多元文化特征，可以帮助团队成员具有全球化的视野和意识，提高团队成员国际知识水平、跨文化交流的能力和多元文化意识，避免公开和潜在的文化冲突与障碍。

3. 低成本、高效率

虚拟团队的大部分信息交流活动是借助于互联网和通信技术等来完成的，从而减少了公务差旅费、办公与会议场地的租用等一系列费用。IBM公司采用虚拟团队模式减少了世界各地的办公室数量，能够大幅度节省费用开销，又大幅度提高生产率。惠普公司的统计数据表明，以虚拟团队方式工作的销售人员，其利润水平是传统销售人员的两倍。

4. 满足成员对高品质工作和生活的需求

虚拟团队成员可以实现“在家办公”，这有利于帮助成员调整工作和闲暇的时间表，满足组织员工追求高品质工作和生活的双重需要，从而达到提高生产率和提高员工满意度的双重功效。

5. 功能特点专长化

虚拟组织只保留自己的核心专长及相应的功能，比如长于设计的，就只保留设计功能；长于制造的，就只保留制造功能，而将其他非专长的能力及相应的功能去掉。“专长化”可以看作是对实体组织“完整化”的否定。

6. 运作方式合作化

虚拟团队在完成一个项目时，必须借助于其他能在功能和资源上形成互补关系的企业，通过与其他企业的合作来完成一次运作过程。在虚拟团队运作过程中，通过合作关系形成一个合作网络，在这个合作网络上，每个团队成员都不具有驻留性，即在合作网络上不时有网络中的企业离去和网络外的企业进入，进进出出均依据项目需要而定。

7. 存在方式离散化

虚拟团队本身在空间上的存在不是连续的，它的资源、功能呈离散状态分散在世界的不同地方，彼此之间通过高效的信息网络连接在一起。高效的信息传递超越了时空障碍。

四、跨文化团队

(一)跨文化团队的兴起

在现实的管理活动中，不少团队的领导者都会面对如何搞好多元文化团队管理的难题和挑战。除了要有兼容不同文化的思想观念外，领导者还必须在组织方面对来自不同文化的团队成员采取行之有效的办法。其方法主要有：

1. 了解并展示文化差异

作为跨文化团队的管理者，必须学会尊重客观存在的各种文化差异，这是成功管理跨文化团队的基本前提。然而，了解差异并不等于懂得如何面对和处理，还应该帮助每一个团队成员了解和面对多元文化，以及协助成员解决因文化差异造成的工作配合不协调的问题。

2. 了解成员对团队的认识

一般情况下，团队成员对团队很难有完全相同的看法，因此应该通过提出“什么是团队”和“我们团队的目标是什么”的议题，加以讨论，使团队成员们探究不同的观点。进而，领导者说明对本团队运作方式和业绩的期望，说明所采用的领导方式是什么等，增强团队成员对跨文化成员组成的团队的认识。这是消除内部隔膜、促进跨文化团队有效运行、强化其效果的重要举措。

3. 关注团队内部的发展

跨文化团队的融合进度一般比单一文化的团队要慢，因此，与其关注每天的工作，不如关心如何稳固这种团队的根基、关心关系的发展与内部的合作。可以采取这样的方法来促进团队成员们达成共识、促进团队的发展：请代表不同文化的团队成员进行报告，让每一个人都有机会了解其他文化背景的人的想法与做法。

要努力为跨文化团队安排一些社交活动，借以增进所有成员与他人的文化沟通，要鼓励所有的团队成员对其他成员的语言有粗浅的认识。对于多元文化而言，可以创造一些能够超越文化的词汇，并以较简单的语汇或方法加以解释。

4. 协助跨文化团队建立自己的价值观

当整个团队对工作涉及的所有重要价值有了共识以后，跨文化团队才能真正形成，也才有团结协作的局面。应当指出的是，只有在不破坏成员对自身文化认同感的基础上，才可能建立起超越文化差异的共同价值观，从而建立基于相互信赖的长期工作关系和自觉的而不是勉强以至痛苦的行为标准。

(二)跨文化团队的领导

人们常说，“理解万岁”。面对不同文化背景的团队成员，应当有充分理解团队成员的权变的、不同的领导方式。领导跨文化团队是一件非常具有挑战性的事，其难点在于如何把工作技能、语言、工作方式、价值观、生活习惯的多重差异进行互补、融合。非常关键的地方是，高层领导者促进团队成员之间的有效沟通和相互理解，使他们团结为一个协调、有效的工作群体，互相配合、互相信任。

第三节 团队培育概述

团队是与团体和群体相区别的一类人群。素有“团队角色理论之父”美名的梅雷迪恩·贝尔宾认为，团队是指由有限的一些人为了共同的目标而组合在一起工作，每个人分担不同的角色，有着独特的贡献。由此可以看出，团队中的每个成员都具有相辅相成的技术或技能，拥有共同的目标，并以此自我约束，共同承担最终的结果和责任。在竞争日益激烈的今天，要不断提高团队的技能和应变能力，以面对不断出现的挑战，因此有必要对团队进行培育，提高团队各个方面的能力，只有提高团队的综合能力，才能从根本上提高团队绩效。

一、团队培育的作用

在当今世界，作为竞争单位的企业、团队仅仅能胜任工作是远远不够的。在日趋激烈的商战中，为了生存和发展，组织需要具备良好的应变速度和灵活性，以便能满足顾客在产品和服务上对质量、品种、个性化、方便、省时等方面的需求。而要适应不断变化的新环境，就需要有一支接受过专业技术培训的团队，而且要求团队成员能够分析和解决与工作有关的问题，卓有成效地在团队中工作，灵活善变，迅速适应工作轮换需要。促进团队成员与整个团队共同成长是一项长期性的任务，由此，不论是团队的新成员，还是一般成员，抑或是团队的领导，都成为团队培育的直接对象。团队培育已成为培养团队成员技能和能力、鼓舞士气以达到团队目标的重要手段。

总的来说，团队培育的作用体现在以下三个方面：

（一）顺利达成团队目标

团队具体的目标，通常是指达到三个“满意”：顾客的满意、员工的满意和组织的满意。这里主要阐述“组织的满意”。

从一般意义上讲，一个组织对团队的满意主要在于出色完成组织的任务。绩效公式表明，一个组织的绩效取决于其员工的能力、工作意愿和工作机会三者相乘的函数关系，缺少了其中任何一项，组织都不可能取得理想的绩效。可见，决定团队绩效的重要因素之一就是团队成员的专业知识和技能，这就需要团队管理者有效地对团队成员进行培育。进而，团队成员们的高昂士气和良好的精神状态，也都需要提供培育来加以解决。

（二）达到个体与组织的“双赢”

任何对团队业绩关注的领导者都会想方设法地确保每个团队成员得到恰当的训练，拥有专业精湛的技能才能达到团队的目标。

有些团队管理者曾经针对团队成员的培育提出过疑问：下属成员培育出来后的效果是“水落石出”抑或是“水涨船高”？即把他培养出来后，自己是否会受到损害或不良影响呢？

实际上，团队成员受训后的能力提升和个人成长，对于团队绩效和管理者来说都是一种合作共赢的结局，即“水涨船高”。在团队中，只有鼓励成员发展个性、激发潜能，才能使组织永远具有活力。每位成员都应通过发挥特有的才能和力量来肩负起对团队应尽的责任，通过表现个体的独特性以及尊重、鼓励其他团队成员的自我表现，整个团队定会变得强大而令人敬畏。

(三)促进团队和组织的发展

成员是团队和组织的基本组成单位,组织的领导者应当创造一个有利于团队成员成长的环境。因此可以说,塑造优秀的团队成员就是塑造优秀的团队和优秀的组织。

为此,一方面,要通过团队培育建立学习型团队,因为21世纪的“文盲”不是那些不会读或写的人,而是那些不会学习、创新和再学习的人;另一方面,领导者应以身作则、率先垂范,自身就是一个爱学习的人,为员工树立好的榜样。

真正杰出的人力资源管理者不是把硕士、博士等精英们搜罗在一起,而是把那些貌似平凡的人组织起来形成团队,通过团队培育,创造出惊天动地的事业来。试问:海尔用了多少硕士、博士来搞发明、创名牌?实际上,海尔集团的人才策略是:“赛马不相马,人人是人才。”“先创名牌队伍,再创名牌产品。”按照张瑞敏的说法,如果每个人的潜能都能发挥出来,那么每个人都是一座喜马拉雅山,都是一个太平洋,要多高有多高,要多深有多深。也就是说,重要的是培养现有的人才,开发现有的人力资源,发掘现有员工的潜能。

二、团队培育的内容

对于一般的团队成员而言,其培育内容主要有:

(一)团队精神的培养

团队精神是团队共有的价值观、信念和习惯体系,是团队发展过程中应遵循的工作方式、思维习惯和行为准则。团队精神的培养包括沟通、团队精神的养成和塑造良好的团队价值观,即加强组织成员之间沟通;提高团队成员的团队意识,向团队成员灌输团队价值观,统一整个团队的思想。这是团队培育的首要内容。

(二)团队技能的培训

一个团队要很好地发挥作用,创造更好的业绩,从根本上讲源自团队成员能够在团队里发挥出比个体更大的能量。因此,学会和掌握在团队中工作的技能是团队培育的重中之重,只有如此才能激发出个体更大的潜力。具体而言,这些团队技能包括团队意识、协作能力、纪律意识、沟通能力、创新意识、决策能力等。

(三)其他内容

其他培训的内容主要涉及团队成员的业务技能培训。这种培训,一方面能使新成员或现有员工学习和掌握完成本职工作所必需的专业技术技能;另一方面,也能让团队成员对其同伴的知识、技能、专业术语等有足够的理解,以利于成员之间的相互了解进而能默契配合。

第四节　团队培育方略

团队培训是团队培育的主要路径,掌握团队培训的基本程序以及培训的相关方法是本节重点。

一、团队培训的流程

(一)确定培训需求

从一般的角度看,培训需求可以分为如下三个层次:

第一,组织层面的需求,即组织根据自身的发展规划和组织的生产经营任务调整(如增加生产线)所提出的培训活动需要。

第二，职位层面的需求，即基层劳动单位（生产小组）在分派工作任务、安排操作人员从事生产经营活动所需要的培训活动。

第三，个体层面的需求，即组织对员工个体素质提高的培训要求（如晋级培训和提升技术水平）及员工个人对提高工作技能和职业生涯发展的培训要求。

怎样才能判断组织或者员工的培训需求是应当付诸实施的呢？

首先，判断目前组织需要团队成员具备多高的能力和素质水平，这是团队技能培训需求的第一条线。进一步来说，它也包括为了胜任未来的工作，团队成员还应该具备的能力和素质水平。

其次，判断团队的成员们目前所具备的能力和素质水平在哪里，这是团队技能培训需求的第二条线。

第一条线与第二条线之间的差距，就是判断团队培训需要与否的所在。

（二）制订培训计划

培训计划有五个方面的内容：

1. 明确培训内容

培训计划首先要明确培训内容。培训的内容包括专业知识与业务技能培训、组织的价值观、团队观念、团队沟通技能、团队工作方法等。

培训内容要具体化到培训目标上。培训目标应当力求具体，要能够观察、可以衡量，能够成为组织安排培训工作、评估培训效果的依据。

2. 确定培训对象

培训对象有纵向或横向的划分。纵向可以按级别分，如三级岗位、二级技工等；横向可以按类别、岗系分，如营销类别人员、技术岗系人员等。同样的培训目标在不同的培训对象身上，会有不同的方案。

3. 确定时间、地点

培训的时间可根据培训的目的、场所、师资和培训对象的素质水平、上班时间等因素来确定。新员工可实施 1 周至 10 天，甚至 1～2 个月的岗前培训。一般员工则可根据其能力、经验来确定培训期限。

培训场所要根据培训内容与手段的需要而定。一般可分为本单位内部培训基地与外部培训机构，如拓展学校。培训场所应当提供团队训练必要的设备。

4. 安排师资队伍

从事培训工作的师资包括本组织自有的师资和从外部聘请的培训师两类。培训要有高质量，必须依靠一支实力雄厚的师资队伍。本组织的师资有着多种来源，包括团队领导、组织高层和人力资源人员，尤其是培训专家、资深员工等。团队培训对于师资的要求是，具有精深的专业知识和丰富的实践经验，具备卓越的训练技巧及对培训工作的执着信念和敬业精神。

5. 选择教材、教法

要根据不同的培训内容和培训对象等来选定不同的课程，选择教材和选定适合的培训方法。

培训教学方法颇多，大有名堂。从一般的角度看，培训可以分为在职培训、脱产培训等。拓展性训练是塑造个体素质和打造团队精神的重要方法。

（三）进行团队培训

团队培训活动的实施是把培训计划付诸实现的过程，它是达到预期培训目标的基本途径。

1. 前期准备工作

在新的培训项目即将实施之前做好各方面的准备工作，是培训成功实施的关键。准备工作包括以下几个方面：培训后勤准备；教材的准备；确认培训讲师；确认时间地点并通知参加培训的学员。

2. 培训实施阶段

做好培训上课前的措施；做好培训设备器材的维护；收集培训相关资料，比较现行培训活动与培训目标之间的差距；对培训计划进行检查，发现偏差以及培训计划纠偏。

(四)培训效果评估

培训的效果或效益，可以从以下四个方面进行衡量：

(1)反应。即评价受训者对培训计划与课程学习的反应如何：他们是否喜欢这个培训计划，他们认为这些课程和内容是否有价值。

(2)知识。即对受训者进行测试，判定他们是否学到了计划应当学到的原理、技能和理念。

(3)行为。即了解完成了这个培训计划后，受训者在工作行为上是否发生了改进。例如，营销员对待顾客是否比过去更和善了、销售业绩是否提高了？

(4)成果。工作绩效作为培训的最终成果，是培训效果评估最重要的内容。进行绩效评估要回答以下方面的问题：根据预先设定的培训目标取得的最终成果是什么？废次品率是否降低？废品成本是否降低？顾客对员工的投诉是否减少？员工流动是否减少？现在是否能完成生产定额？等等。

二、团队培训的方法

团队培训大多数是以在职的方式进行的。但是，有些技能的培训相当复杂，在这种情况下，培训就需要在工作场地以外进行。在工作场地以外进行培训的方法主要有：

(一)讲授法

讲授法是一种迅速、简捷地同时向许多受训人传授知识的方式，例如对销售人员进行了解某些新产品特点的讲座，又如推行一项新的管理思想或技术。这种方式可以用于对团队成员进行一般知识与工作技能的培训，也能用于观念和团队精神的灌输式培养。该方法应用最为广泛，其最大的特点是经济。但是，讲授法是单向沟通，听课者不易对讲授内容进行反馈，而讲授人也无法顾及受训人的个体差异。

(二)会议法

会议法是一种讲授者与受训人员之间双向沟通的培训方法。它可以使受训人有表达意见以及交换思想、知识、经验的机会，也容易了解受训人对所讲内容的理解程度。该方法可以形成很好的团队学习氛围。

(三)小组讨论法

小组讨论法是将受训人分成若干小组，每个小组由一名组长具体负责该小组的讨论，讲座资料或实例由讲授人员提供。采用此方法进行培训，能够集思广益解决问题，也可使团队的凝聚力大大增强。

(四)角色扮演法

角色扮演法是让受训人扮演工作角色，由扮演者演示团队工作中的所有步骤，并对其进行评价。

(五)行动学习法

行动学习法是一种让受训者将全部时间用于分析、解决其他部门而非本部门问题的学习型培训方法。该方法把受训者 4～5 人组成一个小组,定期开会,就研究进展和结果进行讨论。这种方法能够为受训者提供解决实际问题的真实经验,可提高团队成员们分析、解决问题以及制订计划的能力,而且潜移默化地提高成员们协作解决问题的团队意识。

(六)案例研究法

案例研究法是选择有关案例,并书面说明各种情况或问题,要求受训人根据工作经验以及所学的知识,研究如何解决和处理的方法。这种形式的培训实际上是凝聚大家的智慧,在团队培训中无疑有着提高业务素质和增进团队沟通的双重功效。

(七)游戏活动法

游戏活动法则是制定明确的游戏规则,并设定比赛目标的培训方法。这种培训方法因其参与性比较强、培训气氛好,近年来在团队培训中被广泛使用。

(八)敏感性训练法

敏感性训练方法简称 ST(Sensitivity Training)法,又称 T 小组法。敏感性训练要求学员在小组中就参加者的个人情感、态度及行为进行坦率、公正的讨论,相互交流对各自行为的看法,并说明其引起的情绪反应。其目的是要提高学员对自己的行为和他人的行为的洞察力,了解自己在他人心目中的"形象",感受与周围人群的相互关系和相互作用,学习与他人沟通的方法,发展在各种情况下的应变能力,在团队活动中采取建设性行为。

类似的培训方法还有很多。纯粹采用专业授课无法达到多方位提高团队成员素质的功效,如果引进一些其他方式的训练或者多种训练方法配合使用,培训效果则会较好。

三、团队培训技术

常用的培训技术有:

(一)指导培训技术

工作指导培训(Job Instruction)方法应用广泛,即常说的"师傅带徒弟"方式。该方法适用于基层生产人员或各级管理人员的培训,也是一个团队中有经验的成员对其他成员进行的培训。工作指导培训的内容一般是由一系列有逻辑顺序的步骤或程序组成的,好的培训方法当然就是一步一步地来教。从事工作指导培训的人要具有一定的教练技术,要教受训者如何做,并提出如何做好的建议。这包括依照适当的逻辑顺序列出某项工作必需的所有步骤,同时还在每个步骤旁列出相应的"要点",说明要做些什么和怎样完成这些步骤等。

(二)共同学习技术

团队培训的一些方法,是让团队成员们一起学习,大家的言语、行为成为教学培训的主要部分。例如,案例研究法、小组讨论法、行动学习法和游戏活动法。

团队成员进行共同学习,要求培训者具有高超的培训活动组织能力,能够对学员进行有效监控、及时引导和动力激发,并有较强的创新和应变能力,才能提升共同学习的效果。

(三)讲演技术

从一般意义上讲,对于培训教师来说,要做好讲授,不仅需要有新的、实用的内容,而且必须具有较好的讲演技术,以使听课者能够关注学习、对内容有较好的记忆和进一步产生与讲课者的激情互动。因此,团队培训中的各种讲课和组织活动,都需要培训组织者与教师有较好的演讲技术。

(四)视听技术

运用投影、VR 等视听设备进行培训是重要的技术手段,它们可以产生良好的效果。

采用视听技术需要不同的设备,即需要一定的成本,但也有其自身的优势。其优势是:

(1)在需要描述如何遵循某种特定规则和程序时,视听技术在表现动作静止、直观表达和进行快速或慢速运动放映方面很适用。例如,培训电线焊接或电话修理的技术。

(2)在需要向受训者展示一般讲座中难以言明的事情时非常适用,例如一个生动、复杂的场景,如参看体外循环心脏手术视频。

(3)在对整个组织的所有团队成员进行培训时,可以随时随地重复播放,这是其他技术方法无法做到的。

(五)远距离培训

目前,一些组织也在尝试进行远距离的培训。通过电视接收台,培训教师在中心地点可以对许多边远地区的雇员进行培训。例如,APM 公司(该公司制造电子通信设备)利用卫星对其在美国的 165 个地区和 27 个国家的工程师和技术员进行培训。为降低一个培训计划的成本,APM 提供教学节目内容,宾夕法尼亚哈里斯堡的第 33 频道 WTIF 为 APM 在北美的 5 个工厂提供播送培训节目所必需的设备和专业人员。

(六)程序化教学

程序化教学(Programmed Learning)是传授工作技能的系统方法,包括提出疑问或事实,让学习者回答,对其的回答及时给予反馈。无论用教科书还是计算机作为程序化教学手段,程序化教学都有这三种功能。

程序化教学的主要优点在于:它减少了 1/3 的培训时间;让学习者按照预定的进度学习,提供及时反馈,减少出错的风险。但另一方面,学习者通过程序化教学学到的东西并不比其通过教科书学到的多。因此,要根据程序化教学是加速学习而不是改进学习的事实,来权衡制作程序化教学手册和软件的成本。

(七)新雇员培训或模拟培训

新雇员培训或模拟培训(Vestibule or Simulated Training)是以脱产的方式让受训者用其在工作中将要使用的设备或模拟设备学习的一种培训方式,如飞行员培训。利用这种技术开展培训,可减少培训开支和危险性。所以,新雇员培训或模拟培训是让受训者不在实际工作岗位上,但又能取在岗之长的一种培训技术。新雇员培训或模拟培训既可以在与实际工作岗位相似的情境中进行培训、练习,又能避免新雇员在实际工作岗位上接受培训所带来的高风险、高成本以及降低生产率等不利因素的影响。这种方法对于学习某项新技能或操作技术会很有效。

有时,新雇员培训可能只需在不同的房间安装受训者在实际工作中将要使用的设备,但在很多时候,这种培训都需要使用模拟设备。例如,在飞行员培训中,模拟飞行器就具有以下优点:

(1)安全。机组人员可以在安全有把握的环境中演习危险的飞行动作。

(2)学习准备效率。排除了实际飞行环境中存在的空中交通冲突和无线电干扰,可以使受训者注意力高度集中地学习如何驾驶飞机。

(3)经费。操纵一个模拟飞行器的成本只相当于驾驶一架真飞机成本的一小部分,它节省了维修费、飞行教练费、燃料费以及延误飞机正常使用的损失。

四、团队培训效果的强化

有效的培训应当是在培训之后及时加以巩固和加强，以确保成员完全掌握所学内容。

（一）及时召开总结会

在培训结束几周后，一定要召开总结会，以确保团队成员们已经理解并应用了所学的内容。如果几个成员或全体成员都参加了培训，可以大家一起总结。如果有人在掌握和使用所学内容上有些特殊的困难，培训主持者可以与其单独进行交流。

（二）培养积极的心态

要注重培养团队成员以非常积极的态度对待培训，要让他们知道："团队认为值得在我身上投资，教我新的技能是为了分配给我新的任务，或者让我承担更多更大的责任。"在团队培训的氛围中培养这种态度是比较容易的。

（三）分配更多的任务

一旦通过培训教会了某个成员新的技能，就要给他机会来使用。如果不能做到这一点，事先就不要安排这项培训。不仅如此，培训主持者还应当让团队成员认识到，使用他们所学的技能或知识是非常重要的。否则，自己所做的培训只是浪费资源，而且会打击团队成员参与培训的积极性。

五、团队精神的培养

前面已经介绍过团队精神的相关内容，这里我们将重点介绍团队精神的培养。

（一）团队凝聚力的提升

在组建团队时，团队领导要明确表明个人参与的重要性，将个人的利益与团队目标联系起来，使团队目标更有吸引力和号召力，团队成员之间的合作性也更强。当团队遇到外部障碍和阻挠时，团队领导要鼓励成员团结一致，共同对抗外界障碍和阻挠，这样通常能增强团队的凝聚力。当团队表现出色时，要强调集体奖励，使成员意识到个人利益和荣誉感与团队的紧密性，培养团队的集体荣誉感，这样能激发团队成员的凝聚力。

作为团队的领导，应当采取积极民主的领导方式，让团队成员能自愿表达自己的意见和看法，并且参与团队决策，这样能有效促进团队的积极性，提升团队的凝聚力。团队领导也要适当考虑团队的规模，团队成员太多，容易出现意见分歧，建议团队成员控制在10～15人。

（二）团队互助协同精神的培养

作为团队的领导，要倡导团队相互合作，鼓励团队成员之间相互支持，消除不必要的工作界限，避免团队成员热衷于竞争而嫉妒其他成员的业绩。

在培养团队互助协同精神的过程中，团队领导必须制定一个普遍认同的合作规范，确保团队分工明确和均衡；通过创建持续长久的互动机会让团队融为一体，例如团队成员一起培训、座谈等。

（三）团队信心的树立

作为团队的领导，要与成员分享成功的愿景，对既定目标展示信心。要让团队成员清楚地知道管理者支持团队的决策程序和一致决议，并让团队相信一定会实现自己的目标。同时，要为失败做好准备。考虑可能的障碍和失败，制订一个应付突发事件的计划，避免团队因为偶然失利而备感沮丧，取而代之的是，采取其他预备途径继续前进。当出现失败时，首先要检讨工作方法，寻求成功之道，避免让成员认为这完全是他们的错误，或者认为是不可抗力阻碍了他们，从而放弃了进一步努力的机会。

在团队组建初期，要避免太大规模的项目，因为如果失败，后果将非常严重，甚至团队士气将一蹶不振。建议同时进行几个相对较小的项目，其中一些一定会成功，而另一些可能会遭遇阻碍，那就把它们当作增加经验的机会。在此过程中，团队应该不断提醒自己看到既得的成就。这样有助于团队信心的树立。

（四）团队士气的提升

组建团队时，团队领导要确保团队成员对团队目标的一致认识，使团队成员认可和赞同团队目标，感觉他们的要求和意愿在团队目标中有所体现，以提升团队士气。

在培养团队士气时，团队领导必须使自己具有很高的士气和高度的主动性，尽可能地积极向上。即使事情进行得不顺利，也不要对下属隐瞒。但不要传播悲观的气氛或显得意志消沉。领导在确定利益分配时，要确保利益均分。每个团队成员的工作都与利益有关，只有在公平、合理、同工同酬、论功行赏的情形下，人们的积极性才会提升，士气才会高昂。同时，团队领导要确保人际关系的和谐，鼓励团队成员之间互相赞许、认同、信任、体谅、通力合作，这样团队的士气就会提升。

（五）团队价值观标准的确立

团队价值观标准的确立，可以从团队成员的价值观入手，询问每一个团队成员心目中什么最重要，然后把答案记录下来，再与大家一起进行讨论。找出每个人都认可的项目，然后把这些项目一一列举出来。回顾一下最初各自提出的价值观标准，将两者进行比较，看看哪些观点能被多数团队成员接受和采纳。进而表露公司的价值观，但应避免强迫成员接受，或强烈暗示成员顺从。对照团队成员大多数人的价值观与公司的价值观，找出个人、团队、公司三种价值观标准中相关一致的核心部分，从而确定团队价值观，帮助员工接受并最终赞同既定的团队、公司的价值观。最后对既定的团队、公司价值观进行宣传，将价值观标准贯彻到团队每一天的工作中去。

第三章　团队沟通与激励

第一节　沟通概述

一、沟通的定义

沟通，英文为 Communication，其含义是两个人或者两个主体之间对某种信息的传递与接受。具体来说，沟通所传递的信息包括客观情况，也包括人的思想、意见、态度、感受等，组织行为学意义上的沟通对后者更为重视。

就团队管理而言，在团队成员之间如果不相互传递信息，团队就无法共同协作，这样，团队也就不能存在。进而，沟通更重要的不是信息的传递，它还必须被理解，只有得到理解、达成共识才可以认为是有效的沟通。随着团队成员的多样化，他们之间就会有更多的差异，这样，也就更加需要团队的成员们进行有效的沟通。

就单一的沟通过程而言，沟通包括“传递什么内容”和“怎样传递”两个方面。扩大之，单一方向发出的信息会引致双向的沟通，即接受方对所传递的内容有了了解、有了理解、有了认同和共鸣，有了积极的回应。这要求沟通的双方必须相互适应对方的思维模式，直到双方都对所讨论的问题和意见达成共识。

二、沟通的类型

(一)沟通方向

从沟通活动方向的角度看，可以分为水平沟通与垂直沟通两种类型。

1. 水平沟通

水平沟通发生在同一工作团队的各个成员之间，以及同一等级的工作团队之间。这种沟通方式是团队沟通中最为常见的形式，它对于促进成员之间的合作以达到组织的目标具有积极的作用。此外，它的存在也可以起到减少垂直沟通、加快工作速度的作用。

2. 垂直沟通

垂直沟通又可以分为自上而下的沟通和自下而上的沟通两种形式。在团队沟通领域，可以用于团队的上级领导者给某团队分配工作任务、介绍工作情况、告知工作程序、提供绩效反馈等，也可以用于团队整体或者其中的成员向上级提供信息、汇报工作进度、告知当前存在的问题、寻求支持等。

(二)沟通网络

从沟通途径与组织结构关系的角度看，可以分为正式网络沟通和非正式网络沟通两种形式。

其一,正式网络沟通(Formal Net-works)。正式的沟通网络一般是垂直的,它遵循行政指挥系统,并只进行与工作相关的信息沟通。正式沟通的网络一般分为链式、轮式、Y 式和全通道式等,主要在正式组织之中进行沟通。这一内容参见一般组织行为学或管理学著作。

其二,非正式网络沟通(Informal Net-works)。非正式的信息沟通往往被称为"小道消息",它的传播可以自由地向任何方向运动,并越过行政控制等级。应当指出,"小道消息"一词并不是贬义,而是中性的,其作用则是有正反两个方面的。

在团队内部,沟通方式更多的是以全通道式网络进行沟通。全通道式网络沟通允许团队成员相互之间进行积极、平等的交流,员工的满意度也最高。

这种沟通方式传播信息的速度快,没有任何结构上的阻碍。正因为如此,全沟通网络也极易滋生流言(即"小道消息"),如图 3—1 所示。

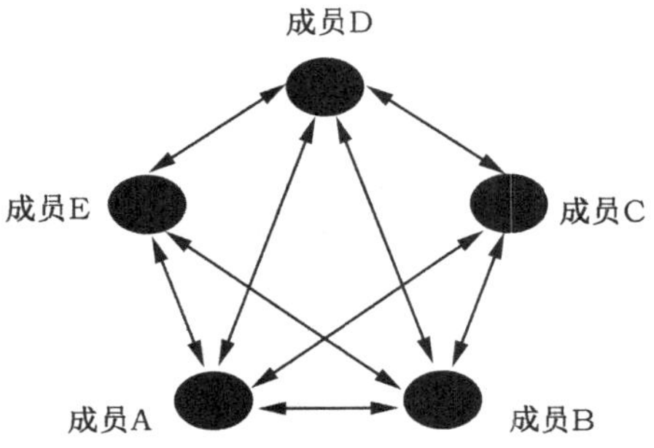

图 3—1

三、沟通的功能

在团队或组织中,沟通具有以下四个主要功能:

(一)信息传递功能

沟通的信息传递功能是指为组织个体或团队从事活动提供决策所需要的信息,使领导者能够确定并评估各种备选方案。

(二)激励功能

沟通是通过明确告诉员工做什么、如何来做、没有达到目标时应如何改进的途径来激励员工,进行绩效反馈和各种奖赏、强化等,这样,沟通的过程自然就成为激励的过程。

(三)控制功能

通过沟通,可以对员工的行为进行控制。通过正式沟通,可以使员工们遵守组织中的领导管理行为,遵守公司的规章制度,完成工作任务,实现组织的控制功能。同时在团队中,非正式的沟通也对员工的行为有控制作用,如某个人工作不够勤奋,影响了整个团队的进度,团队的其他成员会通过非正式沟通的方式帮助或敦促其完成任务。

(四)情绪表达功能

对于很多员工来说,工作团队是其主要的社交场所,员工通过团队内的沟通来表达自己的沮丧和快乐,由此,沟通就为员工提供了一种释放情感的情绪表达机制,满足了员工的社交需要。

上述团队沟通的四种功能并无轻重之分。要使团队运转良好,就需要在一定程度上控制员工、激励员工，提供情绪表达的手段，并做出决策。

四、沟通的通道

沟通通道是人们在沟通时所采用的媒介。沟通通道包括面对面的交谈、电话、电子邮件、备忘录、信件以及广告、公告、一般文件、通知等。

学者指出，人群总体中有5%～20%的人会有不同程度的沟通焦虑或紧张。例如，对口头沟通存在焦虑的人很难与其他人面对面地交谈，甚至在需要打电话时也很焦虑，而依赖写信或发电子邮件等方式传递信息，放弃打电话这种更快又有即时反馈的方式。

沟通通道的选择影响了人们沟通的效果。有研究发现，各种通道在传递信息方面的能力是不同的。一些通道比较丰富，它们拥有以下几个方面的能力：(1)同一时间处理多种线索；(2)促进快速反馈；(3)直接亲身接触。另一些通道则比较贫乏，并在上述3个方面得分较低。从通道丰富性角度上看，面对面交谈的得分最高，因为它在沟通过程中传递的信息量最大，也就是说，它提供了大量的信息线索(语言、体态、面部表情、手势、语调)、即时反馈(言语和非语言两种)以及亲身接触。而非私人性的书面媒体，如公告和一般文件，丰富性最低。

对通道的选择还取决于信息是常规的还是非常规的。常规信息通常是直来直去的，其模棱两可的程度最低；非常规信息则较为复杂，有潜在的误解可能性。团队管理者可以采用丰富性程度低的通道对常规信息进行有效沟通，而对于非常规信息来说，只有选择丰富性程度高的通道才能有效。

从通道丰富性模型来看，团队(内部)的活动是非常有利于沟通的。对于组织的领导者来说，应当注意多利用会议、调查研究、“走动式”管理等丰富性程度更高的沟通通道，做好对团队的管理。

第二节 团队中的沟通

一、团队沟通制度

团队中的沟通要作为一项长期工作，最好能够建立一种沟通的制度，以确保团队成员之间能够及时沟通。沟通的好坏直接影响着团队成员的工作效率和工作业绩，因此，许多知名企业都把沟通列为企业文化建设的一个重要组成部分。

下面是某公司的团队沟通制度(见表3—1)。

表3—1 某公司团队沟通制度

第一章 总 则
为了使公司团队成员之间能够有效地进行沟通，解决工作中的问题，特制定本制度。
第二章 沟通方式
第一条 沟通是指团队成员之间进行工作的沟通。
第二条 沟通可以通过召集会议、电子邮件、书面、口头沟通等方式进行。
第三章 团队联络员
第一条 每一个团队都要有明确的团队联络员。
第二条 在工作正式开始前，团队联络员要向团队成员颁布团队工作计划，以方便团队成员协助工作。
第三条 如果团队联络员出差，团队领导要指定“临时联络员”，并将名单公布。

续表

第四章　召集会议
第一条　由团队联络员发起召集会议，至少在会议的前一天公布正式的会议通知。
第二条　由团队联络员协助团队领导进行会议的筹备工作。
第三条　团队联络员负责记录团队联络通知单。
第四条　会议要有明确的议题，会议结束后要对议题有明确的结论。
第五条　对于重要议题的结论，需全体与会人员签字。
第六条　团队联络通知单要向相关人员公布。
第五章　冲突处理
当沟通无法达成一致时，团队联络员要及时向团队领导讲明情况，以请示协助解决。
第六章　附　则
第一条　本制度由团队发展部负责解释。
第二条　本制度自公布之日起实施。

二、团队沟通技巧

(一)积极倾听的技巧

很多的人把“听”与“倾听”混为一谈。其实，二者是有差别的：“听”，主要是对声波振动的获得；“倾听”，则是弄懂所听到内容的意义，它要求对声音刺激给予注意、解释和记忆。中国有俗语讲“听话听声，锣鼓听音”，“话里有话，话外有音”。如果不积极地倾听，就不可能真正理解说话者的意图。

一般人的正常说话速度是每分钟 125～200 字。但是，倾听者平均每分钟可以接收 400 字以上的信息。这就使得在倾听的时候留给大脑很多空闲时间，使其有机会“神游四方”。而对于大多数人来说，也正意味着他们养成了很多坏习惯来利用“这段空闲时光”。

积极倾听(Active Listening)，指在思维上参与说话，给予非语言反馈，同时在脑中对信息进行分析，提出疑问。

下面的 8 种行为与积极的倾听技能有关。在前面人体语言知识的基础上，再来学习倾听的技巧将会更容易理解。

(1)与对方目光交流。说话者在说话的同时也在观察你的眼睛，判断你是否在倾听。如果我们尊重对方，真正地用心在听，你要看着对方。沟通是在接受者内心深处进行的。

(2)恰当的反应。积极的倾听者会对所听到的信息表现出兴趣。以赞许性的点头、恰当的面部表情与积极的目光接触相配合，向说话人表明你在认真倾听。

(3)恰当的手势和姿态。在倾听时不要有下列举动：看表、将手搂在头后、心不在焉地翻阅文件、拿着笔乱写乱画或身体背对着对方等，这会使说话者感觉到你很厌烦或不感兴趣。更重要的是，这也表明你并未集中精力，因而很可能会遗漏一些说话者想传递的信息。

(4)适当的提问。批判性的倾听者会分析自己所听到的内容，并提出问题。这一行为保证了理解的准确。

(5)复述。积极的倾听者常常使用这样的语句：“我听你说的是……”或“你是否是这个意思……”复述是检查你是否在认真倾听的最佳手段，同时它也在检验自己理解的准确性。

(6)请勿打断说话者。在你做出反应之前先让说话者讲完自己的想法，不要急于表达自己的观点；否则，你可能会遗漏重要的信息。

(7)耐心倾听。大多数人乐于畅谈自己的想法而不是聆听他人所说。很多人之所以倾听，仅仅因为这是能让别人听自己说话的必要付出。一个好听众应该是一个耐心的倾听者。好的倾听者能够听到对方未说出口的话。

(8)使听者与说者的角色顺利转换。对于在课堂上听讲的学生来讲，可能比较容易形成一个有效的倾听模式。因为此时的沟通完全是单向的，教师在说而学生在听。但这种教师—学生的双向固定角色并不典型。在大多数的团队活动中，听者与说者的角色在不断地转换。积极的倾听者能够使说者到听者以及从听者再回到说者的角色转换十分流畅。从倾听的角度而言，这意味着全神贯注于说者所要表达的内容，即使有机会也不去想自己接下来要说的话。

在团队中，言谈是最直接、最重要和最常见的一种沟通途径，有效的言谈沟通在很大程度上取决于倾听。哈斯和阿罗尔德(Hass & Aruld)发现，往往具有良好的倾听技能的人可以在工作中自如地与他人沟通。在对全美500家最大公司进行的一项调查表明，超过50%的公司为他们的员工提供倾听培训。作为团队，成员的倾听能力是保证团队有效沟通和旺盛生命力的必要条件；作为个体，要想在团队中获得成功，倾听是基本要求。有研究表明：成功的经理人大多是很好的倾听者。

(二)团队沟通的妙方

那么团队的沟通秘诀是什么呢？那就是真心对别人感兴趣。许多管理者一生中都在想方设法使员工对他们感兴趣。事实证明，这种想法是错误的。员工是不会对管理者感兴趣的。员工只对他们自己感兴趣。

纽约电话公司曾经对电话中的谈话做了一项详细的研究，想找出一个最常在电话中提到的词。这个词就是第一人称的“我”，在500次电话谈话中，这个词被使用了5 000多次。

当一个人拿起一张包括自己在内的照片时，他最先看到的是谁？当然是自己。

团队管理者只要真心对员工感兴趣，他的管理活动就能取得出人意料的成绩。在多数情况下，一个公司需要几位主管在一起合作工作，他们必须要知道管理技巧与团队合作并非一蹴而就，而需要持续不断地付出一段时间的努力才可以逐渐培养出良好的合作关系。没有“信任”的“沟通”有时是有用的，但信任却必须完全建筑在清楚的沟通之上，不仅是团队，还包括家庭及其他组织都必须依靠开放的沟通来解决问题。设身处地地为他人着想，学着感受并接受别人的需要和彼此的差异之处，也尝试从别人眼中看你自己。若能看到别人眼中的你，你在沟通方面会更容易成功。

三、团队沟通中的问题

(一)不同性别间的沟通障碍

黛伯拉·泰南(Debora Tannen)博士的研究为理解男女沟通风格的差异提供了重要见解，她的观点有助于我们理解两性之间经常出现的口头沟通障碍。泰南研究指出，男性通过交谈来强调地位，女性则通过交谈来发生联系。沟通是一种持续稳定的活动，需要熟练的技巧才能解决亲密性与独立性之间的冲突。亲密性强调融洽和共性，独立性则强调不同和差异。女性使用的语言是建立联系和亲密性的语言，男性使用的语言是建立地位和独立性的语言。对于大多数男性来说，交谈主要是保护独立性和维持自己在社会结构中等级地位的手段。而对于大多数女性来说，交谈则是寻求亲密关系的谈判，每个人在谈判中都付出了承诺与支持。

男性常常抱怨女性“唠唠叨叨”，是“长舌妇”，女人们在一起总有说不完的话，“孩子、老公（或男友）、婆婆、同事……”并总在不断谈论自己的问题。女性则责备男性从不认真倾听，认为男人们在一起不是“吹牛”，就是谈论足球或政治。事实上，当男性听到一个问题时，他们常常要维护自己的独立性，并通过提供解决办法来维持自己的控制能力。然而，很多女性却把提出问题作为一种加强亲密感的手段。女性提出问题是为了获得支持和联系，而不是为了获得男性的建议。相互理解是一种平等的关系，但提供建议却是不平等的关系——它使提供建议的人处于上位，因为他有知识，更符合情理，也更有控制力。这导致了男性和女性在沟通中存在很大差异。

因此，团队中的男女员工在沟通时，要相互理解、相互尊重。女性要注意从工作的角度，以开阔的视野多用理性思维考虑问题，注意维护男性的尊严，照顾他的面子；男性也要学会善解人意，耐心倾听，多站在对方的角度考虑问题，掌握沟通的艺术，平等交流，促进合作。

（二）跨文化沟通

随着世界经济一体化及各企业集团向全球扩展业务的进程加快，许多组织呈多元化发展趋势，因而构成了组织内部劳动力的多样化和多元文化并存的现象。来自不同国家、不同民族、不同地域的员工有着独具特色的价值观、人格特质和不同的生活方式和工作习惯，因而就出现了沟通方面的诸多问题。团队管理也同样面临着这个问题，有着不同肤色、操着异国语言的成员在工作中的相互协作和情感交流会因语言的障碍而影响其沟通效果，进而影响工作绩效及团队的凝聚力。因此，很多跨文化因素显然增加了沟通困难的潜在可能性。一位研究者指出，在跨文化沟通中有 5 个具体因素与语言问题有关。

1. 语义造成的障碍

前面已经指出，不同的人所理解的词汇意义是不同的，对于来自不同民族文化的人们来说尤其如此。例如，有些词汇无法在两种文化中进行互译。“sisu”一词有助于与芬兰人进行交流，但这个单词却很难被翻译成英语。它的意思有点像“坚持不懈”的意义。同样，俄罗斯的商人们也很难与英国、加拿大的竞争对手相互交流，因为英文中的“效率”“自由市场”“规则”等词汇很难直接翻译成俄语。

2. 词汇内在的含义造成的障碍

在不同的语言中，词汇的意义也不相同。例如，美国和日本的经营人员在商业谈判中存在许多困难，因为日语中的“Hai”被翻译成“是”，但它的意思是“是，我正在认真听”，而不是“是，我很同意”。

3. 语调差异造成的障碍

有些文化的语言是规范的，另一些文化的语言是不规范的。在一些文化中，语调的变化取决于交谈的环境：在不同环境中，如在家里、在社交场合、在工作场所，人们说话的方式也是不同的。在一个应该使用正式风格的情境中使用非正式的风格或个人风格是令人尴尬和不合时宜的。

4. 认知差异造成的障碍

实际上，使用不同语言的人看待世界的方式也不一样。因纽特人对冰的认识与我们不同，因为在他们的周围到处都是冰。

5. 不同的文化背景和宗教信仰造成的差异

需要特别一提的是，在多元文化团队建设中，要注意不同文化背景的团队成员的宗教信仰和生活方式的差异。例如，在美国和大多数欧洲国家里，人们普遍信仰天主教或基督教，因此他们常会参加一些宗教活动，对此我们应有所了解，并给予理解。而在阿拉伯国家里，人们普遍信仰伊斯兰教，并且接受此种宗教的非常严格的宗教教规和教诫。所以，在多元文化团队中，一旦由于团队成员彼此的不了解，造成对他人宗教信仰的侵犯，可能会引起冲突，严重影响团队的团结，甚至妨碍团队工作的顺利进行。

当你在团队中与来自不同文化的人进行沟通时，为了减少错误的认知、解释和评价，有下列原则供你参考：

(1)在没有证实相似性之前，先假设有差异。大多数人常常自认为别人与自己非常相似，这是一种投射效应，但事实却并非如此。来自不同国家的人常常是非常不同的。因此，在未得到证实之前，应先假定你们之间有差异，这样就会减少犯错误的可能性。

(2)重视描述而不是解释或评价。相比描述来说，对某人言行的解释和评价更多是在观察者文化和背景基础上进行的。因此，你要留给自己充足的时间根据文化因素调整你的角度进行观察和解释，在此之前不要急于做出判断。

(3)移情。传递信息之前，先把自己置身于接受者的立场上。信息发送者的价值观、态度、经历、参照点是什么？你对他的教育、成长和背景有什么了解？试着根据别人的原本面貌认识他。

把你的解释作为工作假设。当你对新情境提出一种见解，或站在对方异国文化的角度上思考问题时，把你的解释作为假设对待，它还有待进一步的检验。仔细评价信息接收者提供的反馈，看看它们能否证实你的假设。对于重要决策，你还可以与文化背景相同的同事一起分析检查，以保证你的解释是准确的。

促成团队成员相互了解并接受相关培训。在团队建立之初，让团队各成员相互了解对方的文化背景、宗教信仰、生活习惯等，同时作为团队的领导者也要及时发现团队成员在跨文化交流中所遇到的困难，因人而异地施以疗救之法。当然最好的方式还是聘请一位有经验且文化背景丰富的专业培训师就此方面做内部培训，很好地调整多元文化团队的内部关系。

第三节　激励概述

一、激励的基本范畴

(一)激励的含义

“激励”一词，源自英文单词 Motivation，本意是指一个有机体在追求某种既定目标时的意愿程度。它有激发动机、鼓励行为、形成动力的含义，也就是人们常说的调动积极性。

激励可以看作是需要得到满足的过程。心理学家指出，人类的行为基本上都是动机性的行为，也就是说，人的行为都是有一定目的和目标的。而这种动机源于人的需求欲望。有需求欲望，就产生动机；有动机，就有行为。当需要未被满足时就会产生紧张，造成人的身体或心理失去平衡而感到不舒服，进而激发个体的内驱力，这种内驱力将导致寻求特定目标的行为。例如，饥饿时大脑会支配人去寻找食物，口渴时大脑会支配人去寻找水源。这种大脑指挥人去行动的心理过程就是动机。如果最终目标实现，则需要得以满足，紧张得以消除。行为在这里，是为消除不舒服和紧张进而达到目标所采取的一种手段。当目标达到之后，原有的需求和动机也就消失了。

因此，一个激励过程实际上就是人的需求得到满足的过程，它以未能得到满足的需求开始，以需求得到满足而告终(即解除了紧张)。

由于人们总是具有不同程度的多种需求，而且当一种需求得到满足之后，新的需求将会反馈到下一循环过程中去，因此，激励的过程也是循环往复、持续不断的。

从组织的角度看，激励是指通过高水平的努力实现组织目标的一种手段，而这种努力是以能够满足个体的某些需要为条件的。因此，在激励过程中起作用的关键因素有个人的需要、个人的努力和组织目标三个方面，这就成为人力资源管理的重要内容，也构成人力资源开发与管理操作系统中的一个重要部分。

(二)激励的划分

不同的激励类型对行为过程会产生程度不同的影响，因此激励类型的选择是做好激励工作的一个前提条件。激励有多种类型，可以从不同角度进行划分。

1. 从内容上划分

从激励内容的角度，可以分为物质激励与精神激励两种类型：(1)物质激励是从满足人的物质需要出发，对物质利益关系进行调节，从而激发人的向上动机并控制其行为的趋向。物质激励多以加薪、减薪、奖金、罚款等形式出现。(2)精神激励是从满足人的精神需要出发，对人的心理施加必要的影响，从而产生激发力，影响人的行为。精神激励多以表扬和批评、记功、评先进、授予先进模范称号或处分等形式出现。物质激励和精神激励二者目标是共同的，都是为了强化行为、提高人的工作积极性。但是，它们作用的着力点是不同的，前者主要作用于人的物质需要的满足；后者则着眼于人的心理，是对人的精神需要的满足。

2. 从性质上划分

从激励性质的角度，可以把激励分为正激励和负激励两种类型：(1)正激励是当一个人的行为符合组织的需要时，通过奖励的方式来鼓励这种行为，以达到保持这种行为的目的。正激励的手段如奖金、奖品、表扬、树立先进典型等。(2)负激励是当一个人的行为不符合组织需要时，通过制裁的方式来抑制这种行为，以达到消除这种行为的目的。负激励的手段可以是物质方面的，如降低工资级别、罚款等；也可以是精神方面的，如批评、通报、处分、记过等。正激励与负激励都以对人的行为进行强化为目的，但它们的取向相反。正激励起正强化的作用，是对行为的肯定；负激励起负强化的作用，是对行为的否定。

3. 从对象上划分

从激励作用对象的角度，可以把激励分为内激励和外激励两种类型。(1)内激励源于人员对工作活动本身及任务完成所带来的满足感。它是通过工作设计(使员工对工作感兴趣)和启发诱导(使员工感到工作的重要性和意义)来激发员工的主动精神，使人们的工作热情建立在高度自觉的基础上，以发挥出内在的潜力。(2)外激励是运用环境条件来制约人们的动机，以此来强化或削弱相关行为，进而提高工作意愿。它多以行为规范或对工作活动和完成任务付给适当报酬的形式出现，来限制或鼓励某些行为的产生。例如：建立岗位责任制，以对失职行为进行限制；设立合理化建议奖，用以激发工作人员的创造性和革新精神。

二、激励的主要理论

半个世纪以来，管理学家、心理学家和社会学家从不同的角度研究了应当怎样激励人的问题，提出了许多激励理论。这些理论基本上可以分为四类，如表 3－2 所示。

表 3—2　　激励理论划分

内容型	需要层次理论(马斯洛,A. Maslow),双因素理论(赫茨伯格,F. Herzberg),成就需要激励理论(麦克利兰,McClelland),生存—相关—成长理论(奥德弗,C. Alderfer)
过程型	公平理论(亚当斯,J. S. Adams),期望理论(弗鲁姆,Victor H. Vroom),主管人员激励理论(佩顿,Patton),目标设置理论(洛克,Edwin Locker)
行为改造型	强化理论(行为修正理论)(斯金纳,B. F. Skinner),力场理论(勒温,Kurt Lewin)
综合型	激励过程模式理论(波特,Porter;劳勒,Lawler),综合激励模式理论(豪斯,Robert House)

(一)内容型激励理论

内容型激励理论侧重研究激发动机的因素。由于这类理论的内容都围绕着如何满足需要进行研究,因此也称为需要理论。它主要包括马斯洛的“需要层次论”、赫茨伯格的“双因素理论”、麦克利兰的“成就需要激励理论”和奥德弗的“生存—相关—成长”(ERG)理论等。

马斯洛的需要层次论启示管理者们在工作中找出有关的激励因素,采取相应的组织措施,来满足不同层次的需要,以引导员工们的行为,实现组织目标。针对各个层次的需要,管理者们应注意以下几点:

1. 满足员工们的基本需要

如果员工们还在为生理的需要而奔波,他们就无法专心于本职工作,只要能谋生,任何一种工作都能接受。在现代的组织环境中,管理者可以通过增加工资、改善劳动条件和生活条件、给予更多的业余时间和更长的工休时间等办法来激励员工,调动其积极性,并把满足安全需要作为激励的动力,为员工提供安全、有保障、能长期从事的职业,使员工不致因技术进步而失业。

2. 满足和谐人际关系的需要

一些能够为人们提供社会交往机会的职业能产生较大的吸引力。当领导者和管理人员发现员工们追求的是这一需要时,应强调同事的共同利益,开展一些有组织的体育活动、联欢活动等,来增进相互间的感情,逐步形成集体公认的行为规范。通过这种激励,可使员工产生较高的满意感和对组织的忠诚感。不过,这也可能导致生产绩效的降低,因为员工的注意力可能从工作转移到社交上去。

3. 满足尊重需要,提高工作的自豪感

当员工们做出成绩时,对他们进行公开的奖励和表扬、发给荣誉奖章、设立光荣榜,并提供更多的独立自主地从事工作的机会,来提高员工对工作的满足感。

4. 促进员工创新和发挥潜能

有着“自我实现”需要的人,会把他们的创造性和建设性技能贡献于工作中。领导者和管理人员应很好地利用人们的创新心理和能力,吸引更多的组织优秀成员参与决策,注重民主管理,倾听员工的意见,给技术精、水平高、能力强的人安排重要工作,让他们充分认识到自身价值。同时,在设计工作程序、规定制度与执行计划时,也应当给予员工施展才能的余地。

马斯洛的需要层次理论是经典性理论,但其使用有一定的局限。因此,管理学家们在实践中又提出了新的需要激励理论。

(二)过程型激励理论

过程型激励理论着重研究从动机的产生到采取具体行为的心理过程。这类理论都试图弄清人们对付出劳动、功效要求、薪酬奖励价值的认识,以达到激励的目的。它主要包括弗鲁姆的"期望理论"、亚当斯的"公平理论"和洛克的"目标设置理论"等。

1. 期望理论

按照期望理论,个体动机行为的活动过程为"个人努力—个人成绩—组织报酬—个人目标"。该理论核心是"期望值"。一个人积极性被调动的程度取决于各种目标的价值大小与期望概率的乘积。用公式表示即:激励力量=目标价值×期望值。这一理论说明,激励对象对目标价值看得越大,估计实现的可能性越大,激发的力量也就越大;期望值的大小则取决于目标的价值大小和目标实现的可能性两个因素,为此,应当在人力资源使用和管理中,解决努力与绩效的关系、绩效与报酬的关系、报酬与满足个人需要的关系。

2. 公平理论

公平理论是指个人将自己的投入—报酬关系与他人进行比较得到一定的感受,这种感受的反馈会影响下一步的努力。公平理论对管理实践有很重要的价值。首先,公平理论强调组织对待员工公平的方法的重要性,管理人员应该让员工充分感受到他们受到了公平对待。其次,公平理论还提出在以人为中心的管理中,不仅要注意组织中各个人的自身状况,还要特别注意组织内外的人与人之间比较的影响,防止人的"社会比较"所引起行为的负效应。

(三)行为改造型激励理论

行为改造型激励理论,着眼于行为的结果,认为当行为的结果有利于个人时,行为会重复出现;反之行为则会削弱和消退。这类理论以斯金纳的操作性条件反射为基础,侧重研究对被管理者行为的改造修正。它主要有"强化论""归因论""力场论"和挫折理论等。

斯金纳的强化理论,又称行为修正理论,是指行为与影响行为的环境之间的关系,即通过不断改变环境的刺激因素来达到增强、减弱或消除某种行为的过程。对行为的强化类型包括正强化和负强化,用以鼓励或者反对和改变一定的行为,从而达到组织的预期目标。

(四)综合型激励理论

激励是一个十分复杂的问题,涵盖众多因素。学者们一直试图开发出包含与激励有关的所有主要因素的复杂激励理论和模型。在上述三类激励理论的基础上,一些学者提出了综合型的激励理论,波特—劳勒模型就是一种较成功的模型。

波特—劳勒模型是以弗鲁姆的期望模型为骨干的,认为一定的激励会产生一定的努力,并引致相应的工作绩效;通过达到一定绩效,可以获致所期望的外在性与内在性奖酬,这些二阶结果,是工作者的真正目标。波特—劳勒做了重要补充,增加了一定的影响因素和认知因素,如图3—2所示。

1. 增加的影响因素

在波特—劳勒模型中,所增加的影响因素有"能力与素质""工作条件""角色感知"三项,并对激励的内在性和外在性予以重视和区分,即分为"内在奖酬"和"外在奖酬"两个方面。

2. 增加的认知因素

其一,在波特—劳勒模型中,增加了对"内在外在性奖酬价值的认识",即"奖酬效价",它能够反馈到起点,对激励产生影响。

其二,增加了"对努力、绩效、奖酬之间关系可能性的感知",即把对期望值和奖酬工具作用的认知估计,也反馈到起点,对激励产生影响。

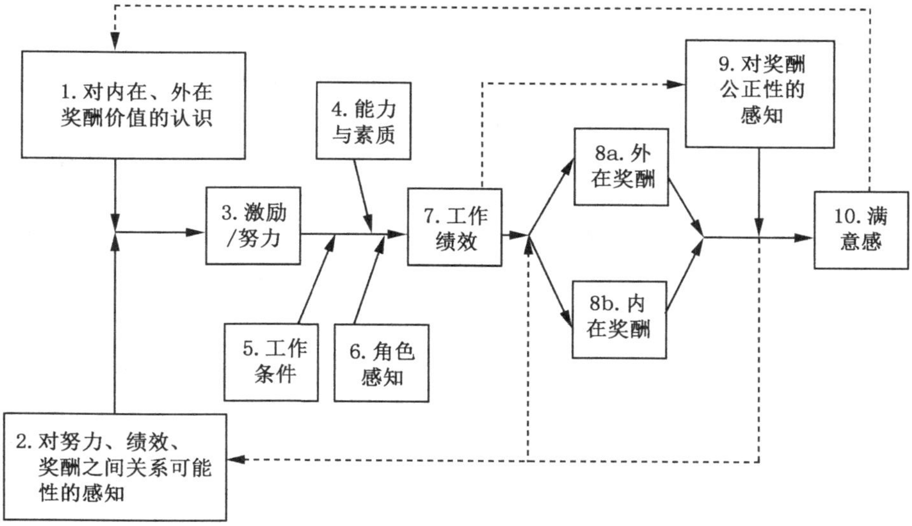

资料来源：余凯成：《人力资源开发与管理》，企业管理出版社 1997 年版，第 170 页。

图 3—2 波特—劳勒综合激励模型

其三，增加了对奖酬公正性的感知，即分配公平感。奖酬的绝对数量不能决定满意感，是要与自己的绩效（投入）相比，再做人际比较，才能决定其满意感，并反馈到起点去激励。

三、团队激励的作用机理

（一）协同工作及其困难

团队存在的意义在于，它能够实现员工单干或松散结合难以实现的目标，这也是团队生产的优势所在。确保团队目标的实现并保持团队的成功运作，或者说打造高绩效的团队，乃是企业组建团队之后应有的追求。不过，如果团队不具备“良好的装置和设备条件”，它的优势就难以自动体现。

罗宾斯（Stephen P. Robbins）指出，打造高绩效团队的条件包括：较小的团队规模；成员技能构成的多样化；成员角色的适当分配并增强多样性；成员对共同目标的承诺；具体实施计划的可行性；匹配的领导结构；个人责任和共同责任的明晰；适当的绩效评估与薪酬体系；成员之间相互信任精神的培养。[①] 汤姆森（Leigh L. Thompson）则认为，塑造成功团队的基本条件有三：充分的知识和技能资源；成员为达成可接受的共同目标付出积极努力；成员间的行为协调与相互交流。这些条件归根结底在于协同效应。所谓协同效应，是指“通过成员之间的共同努力与相互协作，能够创造出远大于成员单干产出之和的团队产出”这一独特功效。因为只有通过团队成员之间的共同努力、技能互补、资源共享以及行为协调，才能发挥团队合作的优势，才能实现员工随机组合难以实现的工作目标。罗宾斯和汤姆森所探讨的种种条件，其实大多是为了支持团队成员之间协同效应的培养。

但是，达到团队的协同又是较难的，团队的失败往往也在于没有达到协同的力量。这是因为，团队的每一个个体成员都有自己的意识，都有自己的行为习惯，都有自己的能力特长和对

① ［美］罗宾斯：《组织行为学》，中国人民大学出版社 1997 年版，第 274～277 页。

他人的匹配需求，这些方面在团队中同时达到协同确实很不容易。

（二）激励对团队的作用

既然团队的成功需要塑造成员之间积极的协同效应，而积极的协同效应又源自团队成员的共同努力和相互协作，那么如何才能保证团队成员按照组织的这一要求行事？经济学假定，努力工作会给团队成员带来负效用，作为理性人的团队成员只有在预期通过团队合作能够提升个人福利、满足个人效用的前提下，才会努力配合其他成员，积极参与团队生产。如此一来，管理者和团队成员有着不一致的目标追求，并且，通常情况下团队成员比管理者拥有更多的关于团队生产的信息。因此，管理者为了使得团队成员按照组织的目标行事，为了提升成员之间的协同程度，必须通过激励机制的构建，在驱使员工积极参与团队合作生产的同时，满足其个人效用，提升其个人福利水平。从对员工行为的经济分析中，可以肯定员工个人效用的复杂性：它既包括利己成分，也包括利他成分；既受货币因素驱动，也受非货币因素驱动。但是，利他也是为了利己，也是为了满足自己的效用。比如，员工为组织无怨无悔地做贡献，往往也是为了获得个好名声，或者为了体现自己的社会价值，但这些目的和需求都不过是其效用整体中的一个变量而已。组织行为学中的经典激励理论认为，个人的需要具有丰富性和层次渐进性，这与个人效用函数的复杂性假设是有共同之处的。正因为个人的需要是复杂多样的，管理者因此可以用多种激励因素来满足员工的多样化需要，从而激发团队成员的工作动机。

第四节　团队激励常用方法

一、竞争激励

一般来说，在竞争的氛围下，团队的表现可能越来越出色。因为竞争可以强烈地刺激每位团队成员的进取心，使他们力争上游，发挥出最大的潜能。需要强调的是，竞赛激励强调的是"促进"发展取向的，而不是"优胜劣汰"的思维，对于落后或后进者应当通过合作给予"帮助"。竞争激励主要有以下几种方式：

（一）优秀员工榜

优秀员工榜是很多团队都采取的激励方式。优秀员工榜可以分月评和季评，但绝不是轮流坐庄，如果以这种方式评奖，就达不到预期的效果。对于优秀成员，可以把他的照片放大粘贴在醒目的位置，这对他是一个很大的精神激励。

（二）竞赛

竞赛的激励方式有很多，比如设立全团队的业绩排行榜，每个月或每个季度将成员的销售业绩或生产业绩进行排名，对排行第一的给予奖励。也可以设"榜主奖"，对连续三个月都名列第一的给予重奖。类似的竞赛方式有很多，比如销售额比赛、质量比赛、利润比赛、服务明星大赛等。

竞赛激励方式的特点有：

(1)要了解员工目前最关注的需要和目标是什么。

(2)进行比赛要有一定的组织文化氛围。

(3)活跃工作气氛，提高工作效率。

(4)奖励要有一定的诱惑性。

(5)比赛时的规则不要太复杂。

(6)方法简单,操作方便。

(7)活动结束后应尽快以公开形式进行奖励。

(三)职位竞选

职位竞选也是许多团队内部实行的激励方式,可以通过让成员提供相关的职位方案,或进行职位演讲,让所有成员对心目中的人选进行投票,从而确定团队中最能胜任此项工作的成员。

二、个体薪酬激励

人,是一种具有目的性和利益比较的"经济动物",对人的奖励有时要比竞争或压力更能影响人的行为,也就能够使激励的效果更强大。当然,在团队管理中较为困难的是,如何设计合理的奖励制度和采用恰当的方式。

通过个体奖酬来进行的激励通常有以下几种:

(一)加薪

加薪是一种较普遍的激励方式。应当将基本工资、津贴、奖金结合起来为团队提供一个有竞争力、公平、有依据的总体奖励制度。加薪分为两种形式:一种是加奖金、津贴,针对短期优秀表现;另一种是提升基本工资,以奖励稳定的杰出贡献者、努力工作者或服务到一定期限的员工。要注意,如果领导者不管成员有何"功绩",加薪受到严格控制,额外工资的分配受到限制,或者如果奖励过于主观,工资上限似乎太"大方",这些情况下就会出现负面效应。其结果会导致团队成员灰心丧气、精神不振,最后发生人员流失。

(二)公司股份与期权

分配公司的股份和期权是现在很多团队采取的一种激励方式,它是将公司若干股份作为奖励,让成员以股权、股票的方式持股。通过这种股权激励的方式,可以让成员感觉到自己在团队中的主人翁地位。但由于股权变化比较敏感,有时候代价会很高,操作的难度相对也较大。

(三)休假与旅游

休假很重要,关系到团队成员的休整放松和生活、工作质量问题。假期长短、时间选择都可以用来激励成员。

让成员携带配偶或同伴出去旅游或组织团队旅游,也属于个体奖酬,比如考察参观、听音乐会、举行联欢会、看球赛等。旅游激励属于较高层次的奖赏,这需要员工离开工作岗位,组织起来比较耗费时间和精力,且成本较高。

(四)津贴和福利

通常指经济上的奖励,包括优惠的住房、车辆或帮助贷款,支付各项保险,如意外保险、人身保险和旅行保险等。

(五)游戏、奖品和其他形式

游戏、奖品、"出其不意的认可"等形式的奖励也成为领导者激励团队成员的方法。这样的激励形式很多,如员工狂欢夜、与员工合影、团队午餐、重新装饰工作场所、证书、特殊成就奖以及其他有趣的东西。

总之,对于奖励要注意恰到好处,过于频繁,或者给予大于应得,就有可能适得其反。

三、团队薪酬激励

尽管团队激励的方式如此众多,但在现实的管理实践中,绝大多数管理人员还是将金钱放在高于其他激励因素的地位,而且其实施效果也是明显的。这是因为,薪酬不仅能够满足团队成员的生活需要,而且能传递组织战略和团队方向等信息,牵引成员按照团队目标的要求行事,同时它也是表彰团队成员贡献、使其个人价值得以体现的较佳方式,还是培植团队合作环境的关键因素。因此,要强调薪酬支付这一激励方式的重要性,必须通过科学的薪酬激励机制设计来促使成员按照团队目标的指引方向努力工作、积极合作,从而增强团队的协同效应,提升团队的整体绩效和产出水平。

(一)团队的薪酬支付方式

在团队体制下,成员的薪酬支付一般包括三个方面:基薪、激励工资以及非货币报酬。其中,基薪包括基本工资以及绩效工资(即基薪调整),基薪的支付可采用职位工资制,也可采用技能工资制;激励工资则包括以个人业绩为基础的奖励部分和以团队绩效为基础的奖励部分,而后者一般又包括团队目标奖励计划、利润分享计划以及收益分享计划等类型;非货币报酬则主要指团队成员享受的各种福利。这里重点分析货币报酬部分。

1. 基本薪酬

在传统的薪酬支付结构中,基薪部分大多是以工作职位为基础支付的,并根据员工绩效、工龄以及物价水平定期或不定期地调整,但员工之间的调整额度差别不大,因此基薪通常不具有激励作用。然而,团队成员工作的相互依赖性以及工作职位和角色的多样性,均对以职位为基础的基薪支付方式提出了挑战。因此,在团队成员薪酬支付体系中引入基于员工知识技能水平的技能工资制已是势在必行。

应当注意的是,在引入技能工资制之前,管理者必须明晰两个问题:什么样的知识和技能是团队需要的?如何考评员工的知识和技能?

2. 个人导向和团队导向的薪酬激励

团队工作的特性在于,成员相互依赖,共同创造一个产出,成员们单独对团队绩效的贡献难以衡量。原有的以个人绩效为基础的薪酬激励计划从总体上来说不利于成员为团队目标的达成付出努力,破坏了团队的协作氛围。因此,单纯以个人业绩为导向的薪酬支付方式已不适用于团队,必须设计以团队绩效为导向的薪酬激励方案。在这里,又必须注意团队成员全力投入团队工作与在团队中兼职两种情况。对于前者,应单纯采用团队业绩导向的薪酬激励计划;对于后者,必须采用以本职工作的个人业绩为导向和以兼职工作的团队业绩为导向相结合的薪酬激励计划。

3. 团队目标激励计划

在这种薪酬激励计划中,每位成员只有在实现预先设定的团队目标以后才能获得预先设定的奖金。对于这一方案,应当强调两个方面的问题:一是团队目标如何设定?如何保证目标的可行性以及成员的一致接受?如果团队成员认为自己无法影响团队目标的实现,那么对他的激励将是无效的。二是奖金如何在成员之间分配?是平均分配,是根据成员贡献大小分配,还是根据每个成员基薪占团队基薪总额的比例分配?如果是平均分配,则会导致成员的“搭便车”行为。如果根据成员贡献大小分配,则如何准确评价个人贡献?如何避免成员之间的恶性竞争?如果根据成员基薪占团队基薪总额的比例来分配,则是假定拿高工资的人比拿低工资的人对组织贡献更大,但这一假定是否必然成立,团队成员们是否全部认可?

4. 利润分享计划和收益分享计划

利润分享计划是根据团队生产所获利润的大小，按照一定比例分配给团队成员薪酬的支付方式。目前的利润分享计划通常有两种形式：现金支付和延期支付。收益分享计划则是指通过提供给成员参与团队收益分享的权利来进行激励的一类分配方式的总称。其中，收益主要是指非货币化的团队产出，包括质量的进步、生产率的提高、顾客满意度的提升以及新产品新方案设计的成功等。对于这两种计划而言，关键问题有两个：一是如何确定最优的利润分享率和收益分享率？是按照固定比例法、比例递增法还是利润界限法？二是存在与团队目标计划一样的问题，即如何在团队内部分配奖金？

从上述分析中可以看到，以个人绩效为导向的薪酬支付方式不利于团队合作，也因个人绩效无法低成本地考核而较难付诸实施；而以团队绩效为导向的薪酬支付方式存在的突出问题就是，在团队内部平均分配奖金总额会使得成员个人难以发现自己的绩效与激励薪酬确切挂钩，因而可能挫伤团队成员工作的积极性。因此，必须通过更加科学有效的薪酬激励方式来提高团队成员的努力水平并促使成员之间相互协作。

（二）支持高绩效团队运作的薪酬支付体系

支持高绩效团队运作的薪酬支付体系应当具备哪些基本特征呢？刘磊认为，这些基本特征包括：促进企业的可持续发展；强化企业的核心价值观；支持企业战略的实施；有利于培养和增强企业的核心能力；有利于营造响应变革和实施变革的文化。有效的薪酬体系应当达到以下几点：

1. 支持组织的商务战略

这是薪酬体系设计最为基本的原则。McAdams 和 Hawk 的研究结果表明，薪酬支付的激励目标与组织总体战略目标联系越紧密，员工满意度、团队合作以及组织绩效水平就越高。因此，必须保证目标导向激励计划中的团队目标设置与组织战略相匹配。

2. 与组织结构、组织绩效考核体系相匹配

布雷克利等人在其《管理经济学与组织架构》一书中强调，组织架构的三大部件为决策权力分配、奖励系统以及业绩评估系统。三个部件如同一个凳子的三条腿，只有三条腿相互匹配，凳子才会平衡。

3. 与组织文化相适应

人的工作，除了要达到“人职匹配”，还要达到“人企匹配”，即达到与组织文化的融合，这是与能力并列的、必须在人才配置中实施的重要内容。因为一个组织的薪酬支付体系与该组织的文化相互影响、相互塑造，只有两者协调统一，才能有效地发挥薪酬支付体系的激励作用。例如，如果组织十分青睐于培养团队精神，就应侧重使用团队激励计划；如果组织注重知识资源的丰富以及核心技能的积累，就应侧重使用技能工资制。

4. 保证薪酬支付体系的内部协调

薪酬支付体系不仅强调与外部条件相匹配，还应强调支付方式的多样化以及不同支付方式间的有机组合。具体而言，包括三大原则：

第一，个人导向与团队导向相结合。只重前者，不利于团队合作精神的培养以及积极协同效应的产生，同时个人绩效考核的成本也较高；只重后者，不利于促进成员个人的工作积极性，难以避免“搭便车”行为。因此，应两者兼顾。

第二，绩效工资制与技能工资制相结合。个人绩效难以考核，而以团队绩效为基础的薪酬支付方式又忽略了个体差异，不利于有效地激励团队成员。因此，引入技能工资制并寻求其与

绩效工资制的优化组合,有助于塑造高绩效的团队。

第三,既注重一次分配,更注重二次分配。所谓一次分配,是指组织赋予团队的整体报酬,二次分配是指团队成员内部的再次分配。实际上,团队内部的二次分配更为重要,因为只有满足了团队成员对内部公平的追求,才能有效地激励团队成员。

四、事业激励

(一)工作激励

用工作本身来激励团队成员是很有意义的一种激励方式,如果能让员工从事他最喜欢的工作,他就能产生工作激情和兴趣。因此,管理者应该了解员工的爱好和特长,让他将职业与个人的兴趣结合起来,把工作当成事业来做,全身心地投入,这也是个人价值实现的最理想状态。将个人目标、自我发展与团队工作、组织目标联系起来,充分享受工作过程带来的乐趣。

(二)荣誉激励

"我们做得好",是团队追求的基本心理目标,不管是成为明星个人,还是成为明星团队,都是非常令人振奋和鼓舞的,也能大大提高团队士气。为了激励团队与成员,一些组织建有对于有出色业绩和成就的团队与成员进行表彰的体系,如领导者亲自表扬及感谢、在内部刊物上发表贴有成员照片的文章、以广告形式公开表彰、授予团队荣誉称号等。

(三)晋升与增加责任

晋升是指对团队成员的级别晋升和在更大组织中的任职。在采用此激励方式时,要注意晋升制度中的公开、公平、公正原则,创造科学合理的人才选拔和竞争机制。这种激励方式如果运用得当,其激励效果非常明显。但应当注意,该方法可能受到职位数目的限制;此外,如果提高一些成员的个人地位,也有可能会给团队合作带来一定的负面作用。

增加责任的方法主要有:领导项目任务小组;承担教学或指导工作的任务;给予特殊任务并放手让他去做;参与重大决策;授予荣誉职务。

五、愿景激励

团队管理中,对成员个人发展愿景的激励往往是最好的激励方式。采取个人发展的激励手段,可以将团队成员自我发展的目标与团队的目标融为一体,对团队成员的激励具有长久性、持续性和稳定性,它有利于团队的长远发展。下面是个人发展愿景激励的几种主要方法:

(一)职业发展

每个团队成员都关注自己职业生涯的发展,薪资在高成就需要的成员心目中往往是次要的,更重要的是个人未来的发展前景。公布明确的职业生涯发展路径,鼓励团队成员上一个台阶和职位,是非常重要的激励手段。例如,为员工制订个人的专项职业发展计划,并为他们搭建施展才华的平台,提供相应的便利条件。在使用"职业发展激励"方法时,还应当提醒员工,个人发展应与团队的战略和方向相一致。

(二)培训与学习机会

对团队中的优秀成员提供培训或其他的学习机会,可以作为对其杰出工作的奖励,因为培训或攻读学位可以扩大知识范围、学习新的技能,并拓宽与同行之间的交往,这对他们的职业发展同时也为团队的发展带来全新的视角。因此,挑选优秀的员工去参加行业的专业或学术研讨会,安排员工进行培训,能够为员工承担更大的责任、胜任更具挑战性的工作及提升到更重要的岗位创造条件。

在许多著名公司，培训已经成为一种正式的激励手段。例如，丰田汽车制造厂在厂房中设立专门的区域让员工进行学习，想要提高自己水平或承担更大责任的员工利用业余时间在学习场地中获取能提高能力、增长知识以及让他们挑起新担子的信息。福特公司把交流与学习都当作头等大事来抓，新千年开始时，公司宣布为公司35万名员工每人配备一台台式电脑、彩色打印机以及无限制上网机会，以使公司跟得上行业的飞速发展。

第四章　团队冲突与决策

第一节　团队冲突概述

一、冲突的含义

管理活动自古以来就存在,可以把管理看成是这样一种活动,即管理就是发挥某些职能,调整管理过程中不断出现的冲突,来实现某些目标的过程。纵观管理思想的发展史,其实质就是一部不断解决各种管理活动中冲突问题的历史。在团队管理中,对冲突的管理理应成为其研究的一个重要方面。

(一)冲突的定义

对于“冲突”一词,人们有着诸多不同的定义。从总体上看,冲突是指个人或团队对于同一事物持有不同的态度与处理方法而产生的矛盾。冲突常表现为由于观点不一致而引起的激烈争斗。美国学者刘易斯·科赛在《社会冲突的职能》中指出:没有任何团体是能够完全和谐的,否则它就会无过程与结构。在团体中,个人之间的冲突在一定程度上总是存在的。因为人与人之间存在各种差异,如价值观、信仰、态度以及行为上的差异。差异必然会导致分歧,分歧发展到一定程度就会导致冲突。因此,冲突是客观存在的,是无法逃避的,是不以人的意志为转移的。应该说,冲突是团队管理无法避免的问题之一。

可见,冲突是指两个(含)以上相关联的主体,因互动行为所导致不和谐的状态。冲突的实质是观点差异。对冲突的定义丝毫没有暗示其消极性或破坏性。

冲突之所以发生,可能是利益相关者对若干议题的认知、意见、需求、利益不同,或是基本道德观、宗教信仰等不同所致。

(二)冲突的表现

就团队而言,冲突的表现有以下几种①:第一,团队、个人、组织及其组成部分之间很少交流。第二,团队间不是在相互合作与相互尊重的基础上建立关系,而是基于对他人地位的羡慕、嫉妒和愤怒产生恶劣的关系。第三,团队成员之间的关系和职位之间关系的恶化,抵触增多。第四,规章制度增多,尤其是牵涉生产中细微领域的规章制度增多。第五,各种秘密和传闻不胫而走,小事情成了大事情,小问题成了大危机,很小的异议成了严重的争议。第六,组织、部门、团队和团队成员的成绩下降。

---

① 胡丽芳、张焕强主编:《团队管理实务》,海天出版社2004年版,第186页。

(三)团队冲突分类

团队冲突存在不同的层次和类型，大致可以归类为：

1. 角色冲突

角色冲突是指两人或更多的人之间由于所担负的角色不同而产生的不和谐。不同的角色依据其在团队中所处位置的不同，承担不同的职责和任务。每一角色总是与一组行为预期相联系。例如，工人被期望生产出更多、更好的产品，营销人员被期望开辟出新的市场空间。当某一团队成员被期望担负的角色与他实际所担负的角色不一致时，角色冲突就产生了。

2. 团际冲突

这种冲突发生在不同的团队之间，其表现形式可能与人际冲突相似，但起因通常是不同的，冲突原因更多是来自团队的因素。由于团队冲突涉及的人更多，因此冲突的情形也更为复杂。从团队冲突所起到的正负作用来分，又可以分为建设性的团队冲突和破坏的团队冲突两大类。

3. 关系冲突

关系冲突主要是由于人际关系的不协调，导致团队成员之间情感方面的紧张和摩擦，相互之间冷漠，甚至讨厌，感到烦躁、挫折、苦恼。

4. 任务冲突

任务冲突是指成员间对团队任务的看法和观点不同所产生的冲突，与有些国外学者提出的认知冲突相似，如解决和分析团队任务的方法、措施、建议等方面的不同容易产生任务冲突。任务冲突能够激发团队成员间的相互讨论和个人兴奋，但同时也可能引发与关系冲突相关的人际关系的紧张，并产生消极影响。

5. 过程冲突

在团队任务和目标的进展中，对如何完成任务所产生的争论和冲突与团队成员间责、权、利的安排有关。当团队对某个成员应该担负的职责存在分歧时，过程冲突就可能发生。

二、冲突的理念发展

(一)传统的冲突观念

传统的观念认为，冲突是不良的、消极的和有害的，出现冲突一定会导致团队成员相互间的抵触，引起团队的分裂甚至瓦解①，影响团队目标实现。因此，这种观念主张避免一切冲突。人们甚至把冲突同混乱、破坏联系起来，认为冲突会对社会造成危害。我们中国的传统文化强调“以和为贵”，主张“中庸之道”，因此，中国人比较容易接受传统的冲突观。

(二)人际关系观念

人际关系观念盛行于20世纪40年代至70年代，它认为对于任何组织、团队和个人而言，冲突都不可避免。

人际关系观念在一定程度上合理化了冲突的存在，而且还承认冲突有着对团队工作产生积极影响的潜在可能性。所以，应接纳冲突，并适当地控制和利用冲突。

(三)相互作用的观念

相互作用观念风行于20世纪80年代以后，是当代冲突理论的主流学派。

---

①　[美]理查德·L. 达夫特、雷蒙德·A. 诺伊著，杨宇等译：《组织行为学》，经济管理出版社2003年版，第215～216页。

相互作用的观念不但承认了冲突的存在，而且鼓励冲突在组织内发生。该观念认为融洽、和平及合作的组织容易对变革表现出静止、冷漠和迟钝。相反，某些冲突可以成为团队等组织内的积极动力，提高工作绩效。美国学者罗宾斯教授还对冲突与绩效之间的关系做了形象的描述，如图 4—1 所示。

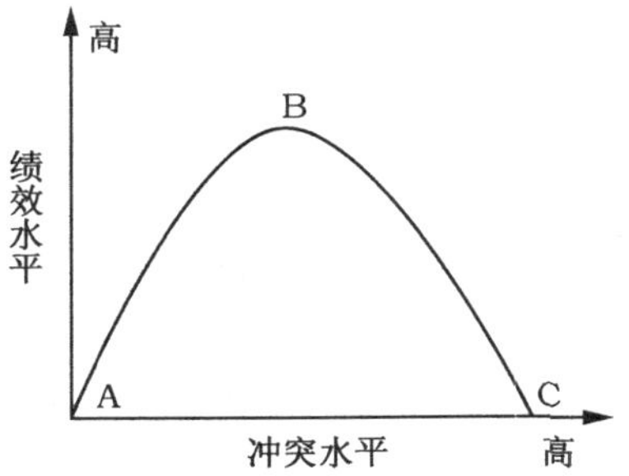

资料来源：孙成志、孙天隽编著：《组织行为学》，中国金融出版社 2004 年版，第 209 页。

图 4—1　冲突与绩效之间的关系

其中，A 点表示团队内无冲突或冲突很少，大家齐心协力。此时，团队对变化反应迟钝，缺乏新观念和创造性。这种低水平的冲突是消极的，因此团队绩效差。B 点表示团队内有适度的积极冲突或不同思想的交锋。此时，团队充满活力，自我批评及不断更新的能力都很强，团队业绩也是最佳的。C 点表示团队内的冲突过多，且多为消极性的，因而团队绩效也很差。

基于相互作用的观念，不能认为所有冲突都是好的或都是坏的，而应区别冲突的性质，辨别功能正常性冲突与功能失常性冲突，以便更好地管理团队和解决冲突问题。

(四)功能正常与功能失常的冲突

所谓功能正常冲突，也称建设性冲突，指让彼此间隐藏的不满和误解明朗化，说出来反而得以化解。[①] 在冲突的过程中双方目标一致，只是方法不同，但双方都关心共同的目标并努力实现，且只对事不对人。功能正常的冲突可以增强团队内部的凝聚力，激发员工的积极性和创造性。这种冲突的积极意义是很大的。

所谓功能失常冲突，也称破坏性冲突，指双方由于目标不同，各自对自己的观点深信不疑，坚持互不相让。功能失常冲突最终导致非理性行为，互相造谣诬蔑，直到合作关系破裂。在团队中，功能失常冲突往往使成员的努力偏离团队目标，造成组织的资源浪费以及团队的凝聚力下降，因此这种冲突的危害性是极大的。

三、团队冲突的作用

团队冲突与组织绩效之间有一定的关系，团队冲突水平太低，组织革新和变化困难，组织难以适应环境，其行为受阻；团队冲突水平太高，导致各种混乱，危及组织的生存。团队冲突的水平过高或过低，都将是破坏性的冲突，对组织绩效会产生负面的影响，只有团队冲突保持在适度的水平，才会对绩效产生积极的影响。

(一)团队冲突的破坏性作用

团队冲突的破坏性作用主要表现为：

---

① 黄培伦：《组织行为学》，华南理工大学出版社 2002 年版，第 252 页。

(1)耗费时间；
(2)妨碍组织的整体发展；
(3)带来个人情绪上和身心健康上的损害；
(4)导致组织内耗；
(5)极高的经济代价；
(6)组织内形成对立；
(7)导致信息失真。

(二)团队冲突的建设性作用

团队冲突的建设性作用主要表现为：
(1)增加才干和能力；
(2)带动创新和改变；
(3)学习有效解决和避免冲突的方法；
(4)对组织的问题提供诊断资讯；
(5)团队建设。

第二节　团队冲突过程

团队的冲突是一种动态过程，是从冲突的相关主体的潜在矛盾映射为彼此的冲突意识，再酝酿成彼此的冲突行为意向，然后表现出彼此显性的冲突行为，最终造成冲突的结果与影响。这是一个逐步演进和变化的互动过程。美国学者庞地(Pound)将冲突的过程分为以下五个阶段[①]：

一、潜在对立或不一致阶段

潜在的对立和不一致是团队中发生交互关系和互动过程的不同主体彼此之间存在能够激发冲突的一些必要条件，这些条件虽然不一定直接导致冲突，但往往都潜伏在冲突的背后，成为冲突产生的“导火索”。引起团队冲突的潜在因素可以分为三类：

(一)个体间的差异因素[②]

每个人都有独特的个性特点和行为习惯，世界上没有完全相同的两个人。在团队中，由于成员们个人因素方面存在着不同的差异，会导致各种各样的冲突。这种差异主要包括以下几个方面：

1. 年龄的差别

不同年龄的人由于社会经历以及社会知识的差异，出现了不同的定性反应，致使双方难以相互理解，因而酿成冲突。

2. 职位的不同

在一个团队中，各个不同职位的人应当认真把守好自己的岗位，尤其是领导，如果本位思想严重，就会涣散团体士气而导致冲突。

3. 思维的不同

① [美]谢默霍恩、亨特、奥斯本：《组织行为学》，清华大学出版社 2004 年版，第 329 页。
② 胡丽芳、张焕强主编：《团队管理实务》，海天出版社 2004 年版，第 188～189 页。

由于人们在知识、经验、态度、观点等方面存在差异，往往对同一事物有不同的认识，由此会产生一定的冲突。

（二）团队的结构因素

首先，从团队成员的构成来看，如果团队由具有不同利益的人或者不同价值观、人际风格的成员组成，成员们对团队和组织的认识就肯定会不一致。

同时，随着团队的发展，组织成员可能会改变，当一个新成员加入组织时，组织的稳定性被破坏，可能会引起冲突。

其次，从团队的规模来看，当团队规模越来越大、任务越来越专业化的时候，团队成员的分工就越细致，都有明确的工作范围和界限，如果其他成员有所涉及或进行干预，发生冲突的可能性就会加大。

再者，任职的时间与冲突成反比，团队成员越年轻，在团队工作的时间越短，发生冲突的可能性越大。

（三）沟通不良的因素

沟通不良是引起团队冲突的很重要的一个方面。团队成员之间是彼此存在差异的，如果能够顺利进行交流、相互理解，那么产生冲突的可能性就会大大减少。相反，如果沟通渠道不顺畅、沟通活动缺乏，冲突就会出现。

团队沟通的不良可能引起团队成员之间冲突的问题经常表现在以下方面：信息的差异、评价指标（如任务完成标准）的差异、倾听技巧的缺乏、语言理解的困难、沟通过程中的噪音（即干扰）以及团队成员之间的误解等。

二、认知和个性化阶段

冲突的认知是指当潜在的对立和不一致出现后，双方意识到冲突的出现。也就是说，在这一阶段客观存在的对立或不一致将被冲突主体意识到，产生相应的知觉，开始推测辨别是否会有冲突以及什么类型的冲突。①

意识到冲突并不代表着冲突已经个性化，个性化的处理将决定冲突的性质，因为此时个人的情感已介入其中。双方面临冲突时会有不同的心理反应，他们对于冲突性质的界定在很大程度上影响着解决方法。例如，团队决定给某位成员加薪，这在其他成员中，有人可能认为与自己无关，从而淡化问题，冲突不会发生；而另外一些人可能会认为对别人的加薪就意味着自己工资的下降，这样使得冲突升级。

三、行为意向阶段

冲突的第三个阶段是行为意向，指团队成员意识到冲突后该怎么办。要根据自己对冲突的认识、定义判别，开始酝酿和确定自己在冲突中的行为策略以及各种可能的冲突处理方式。行为意向的几种可能性包括②：

（一）回避

回避是团队成员的自我否定且互不合作的处理冲突的消极行为意向。这种行为意向指由于冲突而采取的既不合作也不维护自身利益，使其不了了之的做法。此方法适用于解决起因

---

① 章义伍：《如何打造高绩效团队》，北京大学出版社 2005 年版，第 135～136 页。

② [美]斯蒂芬·罗宾斯：《组织行为学》，中国人民大学出版社 2005 年版，第 381 页。

于琐碎小事并无关宏旨的团队冲突。

(二)合作

合作是团队成员的自我肯定并相互合作处理冲突的积极行为意向。这种行为意向指通过与对方一起寻求解决问题,进行互惠互利的双赢(Win-Win)谈判来解决冲突。此方法适用于消除由于成员之间共同利益较多和具有理解、沟通基础的冲突。

(三)妥协

妥协是团队成员的相互合作程度与自我肯定过程均处于中等水平的处理冲突的行为意向。妥协可以看作是半积极的行为意向。由于这种行为意向,双方都放弃一些应得的利益,以求事物的继续发展,双方也共同承担后果。妥协在一定程度上类似于合作。此方法适用于团队中为复杂问题寻求一个暂时的解决方案。

(四)竞争

竞争是团队成员的自我肯定但互不合作处理冲突的行为意向。这种行为意向指采取寻求自我利益的满足,而不考虑他人,它在团队中具有一定的对抗性。这种方法适用于提升行为效率的决策。

(五)迁就

迁就是团队成员的自我否定并相互合作的处理冲突的行为意向。这种行为意向指为了维持整体的友好共存关系,冲突一方愿意让步而自我牺牲,以服从他人的观点。此方法适用于团队工作的重点放在营造和谐、平静的气氛的条件下。

四、冲突出现阶段

冲突出现阶段指冲突公开表现的阶段,也称为行为阶段。进入此阶段后,不同团队冲突的主体在自己冲突行为意向的引导或影响下,正式做出一定的冲突行为,来贯彻自己的意志,试图阻止或影响对方的目标实现,努力实现自己的愿望。往往是一方提出要求,另一方进行争辩,你威胁我,我反过来威胁你,是一个相互的、动态的过程。

这样阶段的行为出现,体现在冲突双方进行的说明、活动和态度上,即一方有行为,看另一方的反应。此时,冲突的行为往往带有刺激性和对立性,而且有时外显的行为会偏离原本的意图。

五、冲突结果阶段

冲突对团队可能造成以下两种截然相反的结果:

(一)积极的结果

引致积极结果的冲突是建设性的冲突。这种冲突对团队目标的实现是有帮助的,可以增强团队内部的凝聚力、团结性,提高决策质量,调动员工的积极性,提供问题公开、紧张解除的渠道等。此外,有益的冲突还有助于做出更好更有创新的决定,并提高团队的协作效率。如果团队的意见统一,绩效提高反而较小。

(二)消极的结果

导致消极结果的冲突是破坏性的冲突。这种冲突给团队带来一些消极的影响,如凝聚力降低、成员的努力偏离目标方向、使组织资源的流向与预期相反、浪费团队的资源等,更严重的是,这种冲突如不加以解决,将会导致团队功能的彻底瘫痪,甚至威胁到团队的存亡。

第三节 团队冲突管理

传统思维中,冲突往往与无理取闹、各执己见、暴力破坏等词汇联系起来。人们认为团队合作就是要保证内部和谐,任何冲突都会有害于团队工作。因此,有些团队管理者往往采取各种手段来回避和掩盖冲突。事实上,团队冲突是团队发展过程中一种普遍的现象。处理团队冲突不只是消除冲突,而应该是一种策划、控制冲突的工作。

一、解决团队冲突的技术

当团队冲突发生时,首先要对冲突的性质进行全面细致的分析。在实践过程中,常常遇到各种各样的冲突:有的已形成现实、有的还是潜在的,有的冲突水平过低、有的过高,有的是建设性的、有的是破坏性的,所以要分清各种各样冲突的类型才能采取有效的技术有针对性地解决问题。一般来说,解决团队冲突的技术有以下几种:

(一)问题解决

问题解决的技术又称"正视法",即团队冲突的双方之间进行会晤,直面冲突的原因和实质,通过坦诚的讨论来确定并解决冲突。① 这种技术是以互相信任与真诚合作为基础前提的。其具体做法有:

(1)面对面会议法。把问题摆在桌面上,以正式沟通的方式列出导致团队冲突的主要分歧,不争胜负,只允许讨论如何消除分歧,妥善处理冲突。

(2)角色互换法。由于成员信息、认识、价值观等主观因素的不一致常常引起冲突,因此,团队成员间可以设身处地地为对方着想,设想自己处于对方的地位和环境中,从而相互理解,解决冲突。

(二)转移目标

转移目标的技术包括两个方面:一个是转移到外部,指双方可以寻找另一个共同的外部竞争者或一个将冲突双方的注意力转向外部的目标,来降低团队内部的冲突。另一个是目标升级,指通过提出能使双方冲突的利益更大的,并且是高一级的目标,来减少双方现实的利益冲突,往往这一更高的目标由上一级提出。

在团队中转移目标和目标升级的过程使得冲突双方暂时忽略彼此的分歧,使冲突逐渐化解。同时,由于目标的变化双方共同合作的机会增加了,这有利于双方重新审视自己工作中的问题,从而改变成员间的合作态度。

但此法知易行难,因为在实际操作中,首先冲突双方必须相互信任,而且共同目标的制定也不能太过于理想化而脱离实际,这对于团队管理者来说是很困难的。

(三)开发资源

如果冲突是由于团队资源缺乏造成的,致力于资源的开发就可以产生双赢的效果。假如冲突的发生是由于缺乏人才,团队就可以通过外聘、内部培训来满足需要。如果是由于资金缺乏或费用紧张,则可以通过申请款项和贷款等方法获得资金来满足不同团队的需求,从而化解它们之间的无谓冲突。

---

① [美]盖伊·拉姆斯登:《群体与团队沟通》,机械工业出版社 2003 年版,第 143～144 页。

(四)回避或抑制冲突

这是一种消极的解决冲突的技术,是试图将自己置身于冲突之外,或无视双方不一致的做法,以“难得糊涂”的心态对待冲突。这种方法常适用于以下情况:在小事上,或面临更加重要的事情时;当认识到自己无法获益时;当付出的代价大于得到的报酬时;当其他人可以更有效地解决冲突时。当问题已经离题时,此方法可以避免冲突的扩大,当冲突主体相互依赖性很低时,还可以避免冲突或减少冲突的消极结果。

回避或抑制方式的具体技术主要有:(1)忽略冲突并希望冲突消失。(2)以保密手段或言行控制来避免正面的冲突。(3)以缓和的程序节奏来抑制冲突。(4)思考问题,该问题不作为主要考虑对象或将此问题束之高阁。(5)以组织行政制度的规则和政策作为解决冲突的原则。

(五)缓和

缓和法的思路是寻找共同的利益点,先解决次要的分歧点,搁置主要的分歧点,设法创造条件并拖延时间,使冲突减少其重要性和尖锐性,从而变得好解决。[①] 虽然此法只是解决部分的而非实质性的冲突,但一定程度上缓和了冲突,并为以后处理冲突赢得了时间。具体的方法有:

(1)有意降低分歧的意义,强调各方的共同利益和共同做法,使大事化小、小事化了。

(2)相互退让。各有得失,令各方都能接受,即中庸之道。但要注意的是,冲突很可能还会再起来,因此要尽快实质性地解决问题。

(六)折中

折中实质上就是妥协,团队冲突的双方进行一种“交易”,各自都放弃某些东西而共同分享利益,适度地满足自己的关心点和满足他人的关心点,通过一系列的谈判、让步避免陷入僵局,冲突双方没有明显的赢家和输家。它是一种被人们经常使用的处理矛盾的方法,一般有助于改善冲突双方的关系和保持和谐。折中技术通常在以下场合运用:

(1)当合作或竞争都未成功时;

(2)由于时间有限采取的权宜之计;

(3)当对方权利与自己相当时;

(4)复杂的问题得到暂时的平息;

(5)目标很重要,但不值得与对方闹翻时。

运用此方法时,要注意双方应当相互信任并保持灵活应变的态度,不能为了短期利益,牺牲了长远利益。

(七)上级命令

这是通过团队的上级管理层运用正式权威来解决冲突。当冲突双方通过协商不能解决冲突时,按“下级服从上级”的团队原则,强调冲突双方执行上级的决定或命令。

这种使用权威命令的方法一般是不能从本质上解决问题的,在紧急情况时才有其特殊的作用,不能滥用命令,发号施令,而要注意上级裁决的公正性。

(八)改变人的因素

团队部门之间的冲突很大程度上是由于人际交往技巧的缺乏所造成的,因此,运用行为改变技术(如敏感性训练等),提高团队成员之间的人际交往技能,是有利于改变双方的态度和行为的。此外,通过对冲突较多的部门之间的人员互换,也有利于工作的协调和冲突的缓解。

---

① 胡丽芳、张焕强主编:《团队管理实务》,海天出版社 2004 年版,第 227 页。

(九)改变组织结构

通过重新设置岗位、工作再设计、调动团队小组成员等方式,可以改变正式的组织结构,可以调整工作目标而减少导致冲突产生的问题,也可以消除双方相互作用的机制协调,从而去除冲突问题使其不复存在。进行团队改组,重新设计团队所在的工作岗位和权责利关系,以确保职责无空白、无重叠,基于新的任务组建新的团队,有利于彻底解决冲突。

二、冲突管理的运用

开放、坦诚的建设性冲突给团队带来的不是困难,而是机遇,有益的冲突会给团队内部带来"清新的气氛"。可见,巧妙地运用冲突管理,对团队管理的有效运行是非常重要的。一般来说,冲突管理在团队管理中的运用可以采取如下方式:

(一)运用沟通技术

沟通是缓解团队成员之间的压力及矛盾的最有利的方式,同样也是激发团队冲突的技术。运用沟通技术主要分为两种情况:

一种是上级向下属团队提倡新观念,鼓励成员创新,明确冲突的合法地位。对于冲突过程中出现的不同意见以至一些未确认的"错误",团队管理者不应轻易批评、指责,而是要予以冷静的分析,对引发原因进行深入的思考。

另一种是运用具有威胁性或模棱两可的信息促进人们积极思考,减少默然态度,提高冲突的水平。

(二)鼓励团队成员之间适当竞争

鼓励竞争的方式包括开展生产竞赛、公告绩效记录、根据绩效提高报酬支付水平等。通过竞争,能够提高团队成员的积极性。但是,必须注意对竞争加以严格控制,严防竞争过度和不公平竞争对团队造成的损害。

(三)引进新人

引进新人作为激励现有成员的作用机制,被人们称为"鲶鱼效应"。其机制在于通过从外界招聘或内部调动的方式引进背景、价值观、态度或管理风格与当前团队成员不相同的个体,来增加团队中的新思维、新做法,造成与旧观念的碰撞、刺激、互动,从而激发员工间的良性冲突。

(四)重新构建团队

重新构建团队是改变原有的团队关系和规章制度,变革团队和个人之间的互相依赖关系,重新组合成新的工作团队。这种做法能打破原有的平衡和利益格局关系,提高冲突水平。重新构建团队与前面"控制冲突"技术中的"改变组织结构"是相似的,不同的是这里的"构建新团队"的技术是主动的,而前面的"改变组织结构"的控制技术是被动的。

(五)营造建设性的团队冲突的四种方法

(1)团队领导应主动鼓励团队成员发表不同意见。管理冲突的第一个重点就是鼓励所有人公开而直接地面对冲突。团队领导应该清楚地让所有人知道,当他们有任何不同的意见或是心里有丝毫的疑惑时,就应该直接说出来,当即解决,这是每个成员应有的责任。

(2)只用 1/10 的时间表达,其余时候应多听、多观察。通常团队成员很容易受到团队领导的影响,所以不应该在冲突一开始的时候就先开口,团队领导应该在所有团队成员都表达完自己的意见后,再提出自己的想法。

(3)理清冲突的发生是因为事实、目标、方法还是价值。只有这样才能有针对性地解决团队冲突问题。团队领导必须引导团队成员专注于实际作业面的讨论。

(4)适时地提出问题,化解冲突过程中的僵局。有时候讨论的过程可能陷入了僵局,争论的双方彼此争执不下,这时团队领导可以采取比较间接的方法,提出一些问题,提醒大家讨论的重点。

第四节　团队决策概述

一、团队决策的概念和特点

(一)团队决策的概念

所谓团队决策,是指团队的成员们共同针对需要解决的特定问题,制定明确的目标并运用科学的理论和方法,系统地分析主、客观条件,提出两种以上的可行方案,并从中选择一个合理方案的分析判断过程。其实质是团队成员共同对问题进行分析、探讨、争论和沟通,最终消除分歧达成共识的过程。

团队决策也是团队领导者与团队成员一起开展工作的核心程序之一。就团队成员与团队领导的互动状况而言,决策是有层次区别的。这种决策层次可以分为以下五个不同的等级:

(1)告知/指示:领导者告诉下属"我"决定要这样做。

(2)"推销"意见/征求意见:领导者在决策前听取他人的意见,再做出决定。

(3)咨询/对话:在决策之前,领导者组织下级对问题进行充分的讨论。通常每个人都赞成领导的决定。

(4)参与/所有权/一致同意:通过参与管理等途径,领导做出团队成员人人赞成、人人都能负责的决定。

(5)授权:团队领导授权给团队成员,完全让成员做出决定。

可以说上述五个层次,第一、第二层次并不构成团队决策,第四、第五层次构成团队决策,第三层次在一定意义上讲具有一定的团队决策特征。

(二)团队决策的特点

团队决策具有以下五个特点:

1. 目标性

团队决策的目标就是决策需要解决的问题。只有存在问题,而且团队领导者认为这些问题必须解决,才会有相应的决策。团队决策是通过解决某些问题来实现团队目标,无目标的决策或目标不明确的决策往往会导致决策无效甚至失误。

2. 选择性

团队决策必须有两个以上的可行方案,通过比较评定来进行选择。目标的实现,不可能只有一个可行方案。所以,在制订方案的过程中,要广泛发动群众,尽可能挖掘备选方案。

3. 过程性

团队决策不是一瞬间的行动,而是一种具有多阶段、多步骤的分析判断活动,即是一个过程。团队的不同决策,其重要程度、内容的繁简及所费时间长短因具体项目而异,但都必然具有过程性。

4. 判断性

团队决策属于人们的认识活动,具有明显的判断性。在决策过程中,无论是目标的确定还是方案的设计和选择，都要在一定程度上了解客观情况，认识、判断事物的客观规律。特别是最后对各种可行方案做出的选择决定，更要依赖于创造性的思维判断。

5. 时效性

由于团队所处的环境是在不断变化的，所以团队决策要讲求时效性。即决策要符合客观环境的动态变化，要不失时机，只有这样才能在激烈竞争的条件下，抓住机会并规避风险。

二、团队决策的分类

根据团队决策解决问题的性质和内容，可以对团队决策进行以下分类：

(一)按决策的重要程度划分

按照决策的重要程度分，团队决策可以分为战略决策、战术决策和业务决策。

战略决策是指对关系团队兴衰成败，带有全局性、长远性的大政方针所做的决策，如团队的目标与计划、技术的引进和改造、组织结构改革等。战略决策一般由团队高层领导承担。

战术决策是指为了实现战略目标而做出的带有局部性的具体决策，如财务的决策、销售计划的制订等。战术决策一般由团队中层领导承担。

业务决策是指属于日常活动中有关提高效率和效益、合理组织业务活动等方面的决策，如作业任务的安排、废品的处理等。业务决策一般由团队基层领导承担。

(二)按决策的重复程度划分

按照决策的重复程度，团队决策可以分为程序化决策和非程序化决策。

程序化决策是指经常重复发生，能按原已规定的程序、处理方法和标准进行的决策。其决策步骤和方法可以程序化、标准化，重复使用，如常用物资的订货与采购等。

非程序化决策是指具有极大偶然性、随机性，又无先例可循且具有大量不确定性因素的决策活动，其方法和步骤也是难以程序化、标准化，不能重复使用的，如新产品开发决策等。非程序化决策由于对环境信息把握有限，因此难度较大，是团队领导经常面临的主要决策。

(三)按决策的可靠程度划分

按照决策的可靠程度，团队决策可以分为确定型、风险型和不确定型决策。

确定型决策是指各种可行方案的条件都是已知的，并能较准确地预测它们各自的后果，易于分析、比较和抉择的决策。

风险型决策是指各种可行方案的条件大部分是已知的，但每个方案的执行都可能出现几种结果，各种结果的出现有一定的概率，决策的结果只有按概率来确定，存在着风险的决策。

不确定型决策与风险型决策类似，每个方案的执行都可能出现不同的后果，但各种结果出现的概率是未知的，是完全凭决策者的经验、感觉和估计做出的决策。

团队领导决策一般主要表现为风险型决策和不确定型决策。

三、团队决策的过程

团队决策是一项非常复杂的管理工作，团队领导者要做出正确的决策，必须遵循正确的决策程序。一般来说，团队的决策程序应包括以下内容：

(一)决策准备

决策准备主要是对团队的内部和外部环境与机会进行分析以及确定团队决策的目标。

分析团队的内部和外部环境，是团队决策的首要环节。为此，要明确问题，并在此基础上收集信息，力争把外部的机会和内部的优势结合起来。SWOT 方法是分析环境与机会的常用方法。

团队决策目标是团队决策活动的中心环节。进行团队决策对于目标的要求是：首先，要科学合理，即要把目标建立在需要和可能的基础上，目标应该具有挑战性，但也不能过高；其次，还要使团队决策的目标明确、具体，并尽可能定量化，以便于衡量决策的实施效果；最后，还要明确主要目标，即分清主次，突出主要目标。

（二）拟订备选方案

这一环节是在环境研究的基础上，将外部环境的机会和风险与内部环境的优势和劣势，同决策事物未来趋势和发展状况的各种估计进行排列组合，拟订出适量的实现目标的方案。再将这些方案同目标要求进行粗略的分析对比，权衡利弊，从中选择出若干个利多弊少的可行方案，供进一步评估和选择。

（三）评价备选方案

评价备选方案要从不同的角度对各方案分别进行评价，要论证每一方案是否能满足基本目标的要求，以及它们各自的优点和缺点，并通过定量分析，确定各方案实现目标的满意程度。

（四）做出决策

做出决策就是对各种备选方案进行总体权衡后，由团队决策者挑选一个最好的方案。这是决策最关键的环节，也是人们理解的狭义的决策。方案的选择方式，依决策事物的重要性程度不同而有所不同，重要的决策方案要广泛征求团队成员的意见，并经团队领导集体进行充分的讨论，以最后确定。但对一些时限性要求高的决策，或是一般性的、程序性的决策，也可以由团队领导者个人进行选择，以降低决策成本，提高工作效率。

（五）执行决策

决策制定的目的在于付诸实施，决策的正确与否及其效果如何，要以执行结果来验证。因此，必须制定相应的实施办法，如明确责任、制定考核标准等。决策执行过程也是信息反馈过程，就必须在不断的信息反馈过程中主动寻找问题，补充、修正决策，以争取满意的决策效果。

第五节　团队决策方法

团队决策通常包括定性决策和定量决策。定性决策在很大程度上体现了团队决策的特点，下面主要介绍几种定性决策的方法以及召开高效会议的方法。

一、定性决策方法

定性决策方法是决策者根据所掌握的信息，通过事物运动规律的分析，在把握事物内在本质联系基础上进行决策的方法。定性决策方法主要有以下几种：

（一）头脑风暴法

头脑风暴法是为了克服团体压力抑制不同见解而设计的、鼓励创造性思维的常用方法。它旨在营造一种鼓励大家畅所欲言的氛围，不论有人提出看来多么可笑的意见，在没有逐一讨论之前，都不得进行批评或嘲笑。

头脑风暴法的具体做法是，6～12 个人环桌而坐，主持人阐明问题，并保证每个人了解该问题。接下来在规定的时间里，每个人都各抒己见，发挥想象力，互相启发，发表自己想到的各种可能的选择方案。

头脑风暴法这一方法基于以下两条原则：

其一，延迟评判原则。头脑风暴法规定团队成员在发表意见时，无论多么不符合常理、不切实际，也不许评论和批评。创意一经提出，立即被一名组员记录下来，一段时间后再做出评价，这就将“思想创造”与“思想审查”分隔开。这样可以鼓励人们大胆对问题提出独创性的见解，而不需顾虑他人的看法，充分表现自己的想象力和创造力，因而可以产生出许多新颖独特的创意。

其二，量变酝酿质变原则。随着想法的积聚，通常会产生高质量的创意。

头脑风暴法的成功依赖于每位成员的能力，能否倾听别人的想法，这些想法能否激发自己新的灵感，能否自由地表达出来。

团队决策运用这一方法时，应选择思维活跃、有“创意”的团队成员参加，并对这一方法的组织程序予以落实，使之成为团队决策创新的制度，以发挥这种方法既简便易行，又能体现团队成员的深度交流这一特点。

(二)德尔菲法

德尔菲法是以匿名方式通过几轮函询征求专家的意见，并由统计人员对每一轮的意见进行汇总，作为参考意见再反馈给各专家，供他们分析判断，以提出新的论证。

经多轮的反复后，专家的意见逐渐收敛，趋于一致，最后供决策者进行决策。

团队决策运用德尔菲法的关键是要选好一批专家，根据决策内容逐渐形成较为稳定的专家队伍，并从团队成员中选择责任心强、熟悉业务的成员组成统计小组。

(三)哥顿法

哥顿法的主要思想是不直接讨论问题的本身，而用类比的方法提出类似的问题让大家讨论，从而解决决策者想要解决的问题。

这种方法的特点在于通过各种类比手段的运用，以消除无意识心理过程产生的妨碍灵活思维的障碍；充分调动小组成员的潜意识功能，使其自由活动并扩大联想的链条，从而促进异质因素的结合，达到创新的目的。

哥顿法与头脑风暴法类似，其区别主要是要把讨论的问题“隐蔽”起来，通过对类似问题的讨论，寻求思维创新。团队决策运用这一方法时，对团队领导要求较高。他们必须对问题的本质有较深的认识和理解，才能找到类似问题，并在团队成员或有关专家的讨论中，敏锐地发现创新思维。

二、定量决策方法

定量决策方法是利用数学模型优选决策方案的决策方法。根据数学模型涉及的决策问题的性质的不同，定量决策方法一般分为确定型决策、风险型决策和不确定型决策三类。这些方法在管理学中已有具体阐释。

三、召开高效会议的方法

在团队管理中，会议已成为人们互通信息、安排工作、综合协调、进行决策的重要方式。因此，必须科学地召开会议，计算会议成本，提高会议效率。

(一)科学的团队会议法

为了科学地召开团队会议，可以从以下方面入手：

第一，凡是可开可不开的会议，一般不开。任何会议都是有成本的，如果会议的收益低于成本，就没有必要召开会议。

第二，明确会议的主题和要解决的问题。开会要有明确的目的，并事先通知与会者做好充分的准备。要了解与会者的背景，即他们对会议的主题有多少了解，是否需要给他们准备一些资料等。

第三，控制会议的规模和人数。团队会议的规模一般不宜过大。因为团队会议需要必要的交流和沟通，要为每一个与会者提供发表意见的机会，对于可参加可不参加的人员，一般不安排参加。

第四，会议时间不要过长。在团队会议的准备工作时，就要确定会议的议程，以及会议的开始时间、延续时间和结束时间，并严格遵守。

第五，明确会后责任，切实组织实施。团队会议应力避议而不决或决而不行。一旦形成决议，要组织实施并监督会议决议的执行情况。会议决议一般通过会议备忘录落实，一般来讲，会议备忘录应该指明：需要完成什么事，由哪个人完成，完成的日期和时间。

(二)计算会议成本

日本太阳工业公司为避免无准备开会、议而不决或决而不行等问题，实行会议成本分析制度。即每次开会时，总是把一个醒目的会议成本分析表贴在黑板上，会议成本的算法是：

会议成本＝每小时平均工资×3×2×开会人数×开会时间(小时)

公式中，平均工资之所以乘以3，是因为与会者的劳动价值高于平均工资；乘以2，是因为参加会议要中断经常性工作，损失要以2倍来计算。因此，参加会议的人越多，成本就越高。有了成本分析制度，该公司开会极为慎重，会议效果也比较好。

(三)吸引听众的技巧

团队会议一般表现为经常性、例行性的会议，为了保证会议的高效率，需要抓住听众的注意力。为此，可以通过以下方法和手段以吸引听众：

1. 提问

提问是抓住听众注意力的好方法。每当回答问题时，人们必须思索和处理信息。思索的深度取决于所提问题的深度，所以最好布置问题促使听众思考或回答。

问题一般可以分为两类，即开放式问题和封闭式问题。通过封闭式问题可以获得简单的信息并引导听众相互交流，而开放式问题的目的则是鼓励听众做详细回答。同时，还要积极接受听众的反馈，并对其回答进行有效的控制。

2. 讨论

通过团队讨论，一方面可以把组织领导的精神传达给团队成员，另一方面还可以收集团队成员的反馈意见，实现有效的沟通。为此，首先要明确讨论目的并规定讨论时间；其次要选好讨论会的主持人，要善于引导与会成员发表建设性的意见，并妥善处理冷场、跑题、无谓的争论等现象；最后，还应该及时总结讨论取得的成果。

3. 布置简短的活动

为了使团队成员能更深入地参与到团队会议中，可以通过布置简短的活动，增强与会人员的参与感。例如，通过分散的配对或小组的游戏，让每一个团队成员都身临其境，活跃会议气氛。

4. 运用辅助视觉手段

由于视觉信息优于听觉信息，因此，借助视觉辅助手段，有助于吸引听众的注意力并增强记忆。例如，通过幻灯、投影、展示板等，强调关键论点，支持给出的信息，并增加兴趣和冲击力。

第五章　团队绩效与文化

第一节　团队绩效概述

一、团队绩效有关概念

(一)绩效与团队绩效

按照现实组织管理工作角度的理解，"绩效"是指员工在完成组织的经济效益方面的成果与贡献的具体内容，它包括数量和质量两个方面。例如，营销员完成商品的销售额、生产工人制造的机器零件、门诊医生看病的人数和治愈率等。"绩效"一词，英文为 Performance，其直译的中文含义是"表现"，是个体或群体的工作表现与直接成绩和最终效益的统一体。

进一步分析，对于"绩效"一词的理解，存在着"绩效是结果""绩效是行为"和"绩效是能力"三种不同的认识。其一，"绩效是结果"的观点是最经常采用的含义，该观点将绩效定义为"在特定的时间内，由特定的工作职能或活动产生的产出记录，工作绩效的总和相当于关键和必要工作职能中绩效的总和(或平均值)"。其二，"绩效是行为"的观点是将绩效定义为"一套与组织或个体所工作的组织单位的目标相关的行为"，主要是观察个体在完成某项工作过程中的相关角色行为。其三，"绩效是能力"的观点评估个体所拥有的完成某项工作所具备的知识和能力，认为基于能力的判断是"向前看"的绩效管理方式。能力则是造就这种绩效的个人素质前提。

什么是团队绩效？不同学者出于不同的研究目的，对其概念界定也有所不同。一般来说，出于"绩效"角度的团队绩效定义主要包括以下三个方面的内容：(1)团队的工作成果(数量或质量、速度、顾客满意度等)；(2)团队成员的工作成果；(3)团队未来工作能力的改善。

也有的学者对团队绩效偏重从"团队"角度看，主要包括三个方面：其一，团队对组织既定目标的达成情况；其二，团队成员的满意感；其三，团队成员继续协作的能力。

团队绩效首先是基于组织的绩效，要在组织绩效的基础上确定团队的绩效，在团队绩效的基础上确定团队成员的个体绩效。

绩效是需要通过人的努力来从事、来获得的。这里，我们进一步分析团队绩效与个人绩效、组织绩效的关系，看看能力(潜在绩效)、行为和结果在组织绩效取得方面的机制。

(二)绩效管理与团队绩效管理

"绩效管理"一词，其主要含义是对本组织的员工绩效进行管理的体系。在组织对一个员工进行考核以后，还要进行考核环节的扩大，一般要延伸到考核以后的奖惩措施，以及培训和岗位调整等人事措施。进而，绩效管理是把对组织绩效的管理和对员工的绩效管理两个方面结合在一起的体系。这是最全面的绩效管理观点。

从绩效管理活动环节的角度看，绩效管理是一个流程，它具有许多方面的内容：设定目标、进行工作分派、配置资源、建立规则、确定指标、工作运行、实时控制、结果验收、考核评价、反馈面谈、薪酬兑现、奖惩措施、人事措施、评价流程、调整目标，等等。

所谓团队绩效管理，是指在团队总体层面进行的绩效管理，当然这种绩效管理的内容和结果都脱离不开对其中的每一个团队成员的绩效管理。一般认为，团队绩效管理包括以下四个流程：团队绩效计划、团队绩效辅导、团队绩效测评和团队绩效报酬。这四个环节依次连接形成一个闭环。团队绩效计划是指根据组织的目标以及团队人员的素质来设定团队的目标。团队绩效辅导是指定期就团队重要事项进行沟通和持续性的辅导。团队绩效测评包括团队绩效测评指标的确定、团队绩效测评的实施和团队绩效反馈与经营检讨。团队绩效报酬主要是要明确绩效与报酬之间的关系。

二、影响团队绩效的因素

团队绩效是团队内外环境因素互相作用的结果。研究发现，团队结构、团队成员特征、团队激励等因素是对团队绩效有非常大影响的重要因素。

（一）团队成员特征与团队绩效

“团队成员”的自身状况无疑是影响绩效的重大方面。这可以包括以下方面：

1. 团队成员的素质

团队成员的个体素质水平当然对整个团队的绩效水平有重要影响，这是影响团队绩效的最基础内容。因此，团队应从知识、技能和态度几个方面对团队活动要求的核心进行界定，对团队成员进行合理配备与选拔。

2. 团队成员的人格特征

Susan L. Kichuk 和 Willi H. Wiesner 认为，“大五人格”的各个方面的因素，都对团队的绩效特别是技术开发团队绩效有着重要的影响。“大五人格”具体包括：谨慎（其内涵是责任心，Conscientiousness）、性格外向（Extraversion）、亲和力（也称宜人性，Agreeableness）、情绪稳定（Emotional Stability）和悟性（即开放性，Openness to Experience）。

（二）团队结构与团队绩效

团队结构包括团队的规模、团队成员的异质性、团队成员之间的熟悉度等方面内容。

1. 团队的规模

有研究认为，团队规模越大，团队成员的异质性越大，团队成员获得信息的途径越畅通，团队绩效就越容易得以提升。但关于团队的合理规模，目前还没有取得一致意见。Robbins 认为好的工作团队规模一般较小，不多于 12 人①；王青认为一个团队的适宜规模为 2～16 人②；一般认为少于 16 人的团队规模与团队绩效成正比例关系，超过 16 人后，团队规模的继续扩大将不利于团队绩效增加。

2. 团队成员的异质性

团队成员异质性，即具有多样性，也即团队是由具有不同个性、性别、态度、背景或经验等因素的成员们组成的混合体。研究表明，异质性的组织更有可能获得成功；来自不同背景的员

① 斯蒂芬·P. 罗宾斯：《组织行为学》（第七版），中国人民大学出版社 1997 年版，第 274 页。

② 王青：《团队管理》，企业管理出版社 2004 年版，第 90 页。

工能在一起工作并向组织目标靠近，组织的绩效就越高。当然，对这一因素也不能一概而论和绝对化，而拒绝同质团队成员的相互认同效果。有研究表明：高层管理团队成员中专家构成的多样化与组织的创新有着正相关的联系。

3. 团队成员之间的熟悉度

对于团队成员之间熟悉度的看法，一般认为，由相互熟悉的人们组成的团队要比相互不熟悉的人们组成的团队更有效。但在一些团队成立后 2 年或 3 年，群体资历和成员间的熟悉度的提高反而不利于提高群体绩效。团队成员构成与团队绩效密切联系的方面是：团队决策效率的提高，取决于成员之间的熟悉程度。相互熟悉的个人组成的团队与陌生人组成的团队相比，工作会更有效率。

(三)团队激励政策与团队绩效

激励理论认为，组织成员之间的合作由于受目标不一致和信息不对称等因素的影响，经常被部分成员的机会主义行为所破坏，而建立适当的激励机制能够减少这种行为。团队的管理方式可以看成是委托与代理关系，管理者希望成员为实现团队目标而努力工作、相互合作，而团队成员则从个人利益出发，投入项目上的精力或努力的方向与管理者预期的不一致，因此产生了激励问题。

对团队的激励不仅包括对集体层面的激励，而且包括对团队成员个体层面的激励。注重团队整体的激励对集体的合作与协同有很大的影响，注重个体的激励对团队中的个人主义即个体效能的发展有很大的影响。

(四)其他因素对团队绩效的影响

其他因素，如团队的绩效目标、团队的领导和团队凝聚力等，也会在不同程度上影响团队的绩效。

团队的绩效目标可以有许多种形式，如数量、速度、质量、客户满意度等。与没有明确目标的团队相比，团队绩效的提高反映了目标的内容，即量化的目标趋向于提高数量，速度性的目标趋向加快速度等。

团队领导对团队业绩有很大的影响。研究表明，团队氛围对团队绩效有 40％的影响，领导风格对团队氛围有 70％的直接影响。

团队凝聚力与绩效存在着很大的关联性。根据学者的研究，尤其在高技术公司的高层管理团队的凝聚力指标与公司财务绩效之间呈正相关。

三、团队绩效测评面临的问题

绩效考核与管理是人力资源管理中的一个世界级难题，而对团队绩效的测评则是难题中的难题。随着团队这种组织方式的普及，团队绩效测评越来越引起企业的关注，同时企业也面临许多困惑，主要问题有以下几个方面：

(一)团队绩效与组织绩效和组织战略的关系

在组建团队的时候，首先要回答的问题是：团队的业绩与组织的整体业绩和组织整体战略究竟是什么关系？但现实情况是当许多企业组建团队时，并没有构建出这样一种全面的以战略为导向的绩效管理系统来支持公司的战略落地，而经常遇到的情况是团队绩效与组织绩效分离，与战略相脱节，虽然实现了团队利益最大化，但却没有为组织的整体战略目标做贡献。

(二)对不同类型团队的测评

不同类型的团队需要不同的测评方法与测评要点。在设计团队业绩指标时需要予以考虑的因素便是所测评团队的类型；临时专攻难题的团队很可能要考虑测评诸如他们所开发的解决方案的有效性；而固定的工作团队不仅要测评业绩成果，而且要测评工作过程。如果工作团队仅仅测评业绩成果，但该团队没有达到绩效目标，则他们很难知道导致目标没有达成的原因，测评工作过程会使团队明白改进工作的切入点在哪里。

1. 针对团队特点提出如何测评的问题

任何成功的团队都需要建立明确的、以结果为导向的绩效目标。但在如何对团队进行绩效测评方面，却存在许多具体问题。比如，对不同类型的团队如何测评，要提出以下问题：团队绩效与组织绩效以及组织整体战略究竟是什么关系，应该由谁来负责测评，面向流程的绩效如何测评，对团队绩效数据采用何种收集与反馈方法等。[①]

2. 基于上述问题建立绩效测评体系

在综合思考前面诸多重要问题的基础上，要结合不同团队的类型特征，进行战略性绩效测评体系设计。这里提供一个“工作/服务团队”与“项目团队”两种团队类型的绩效测评范例，如表 5—1 所示。

表 5—1　　不同类型团队的战略性绩效考评方法和工作重点

			评什么			如何评		
团队类型	谁将被评	谁进行测评	结果	行为	能力	开发	测评	自我调整
工作/服务团队	团队成员	经理	√	√	√	√	√	
		其他团队成员		√	√	√		
		顾客		√		√		
		自我	√	√	√	√		√
	整个团队	经理	√	√	√	√	√	
		其他团队成员		√		√		
		顾客	√	√		√		
		自我	√	√	√	√		√
项目团队	团队成员	经理	√		√	√		
		项目经理		√	√	√		
		其他团队成员		√	√	√		
		顾客		√				
		自我	√	√	√	√		√
	整个团队	顾客	√	√			√	
		自我	√	√	√	√		√

（三）团队绩效与个人绩效之间的平衡

以团队的形式进行工作时，如果绩效测评与管理过程只关心个人绩效，而不关心团队绩效，奖励制度也只关注个人成就，这将导致团队成员间的激烈竞争，而且有时甚至以牺牲团队利益为代价。以个人为标准的绩效评估减少了工作中的偷懒、“搭便车”现象，但是它忽略了作为一个优秀团队的绩效中最本质的部分：合作与协同。经验告诉我们，只有当团队和个人的绩效都受到关注，而且都被看成是绩效管理过程中的重要因素时，团队的工作效果才能有所提高。因此，绩效标准要将团队工作行为慢慢融入个人考核中去，将团队绩效与个人绩效有机地

① 徐芳：《团队绩效的有效测评》，《中国人力资源开发》2002 年第 5 期，第 49～50 页。

衔接起来进行考核，员工作为团队成员和团队领导的绩效将被考虑在总体绩效考核之内，要在团队的背景下考虑个人工作的绩效。

（四）团队绩效测评的负责人

一般来说，负责对团队进行测评的人员也就是管理团队绩效的人员。在测评时可以从其他团队成员、团队的客户、团队的领导以及管理者那里搜集相关信息。一些要评价团队成员个人绩效的组织除了从管理人员和客户那里获得信息外，一般还允许团队成员自己选择一些同级别的同事来参加自己的绩效评价过程。但是，有时团队成员缺乏对他人所从事工作的相关知识的了解，或者不懂他们的技术特点，因此他们常常不能准确地评价出另外一个成员工作的好坏或者价值大小。

第二节　团队绩效测评流程

团队绩效测评是团队绩效管理活动中最重要的环节之一。通过团队绩效测评，能够使管理者及时、准确地把握员工和团队的真实绩效。其作用不仅在于为薪酬、奖惩、升降、培训等决策提供背景依据，更在于为员工和团队提供及时的绩效反馈，使之扬长避短，为下一步绩效的改进与提高、制定正确的决策与计划提供依据。对团队绩效的测评可以遵循一个固定的流程，即首先要制订绩效计划，接着要确定对团队层面的绩效测评维度和对个体层面的绩效测评维度，然后是在测评维度的基础上，建立团队绩效测评指标与标准，最后进行团队绩效考核。

一、制订团队绩效计划[①]

绩效计划（Performance Planning）是一个确定组织对员工的绩效期望并得到员工认可的过程。由于绩效包括结果绩效、行为绩效和能力绩效，因此，绩效计划必须清楚地说明期望员工达到的结果以及为达到该结果所期望员工表现出来的行为和技能，即确定工作目标（Work Objectives）和发展目标（Development Objectives）。

（一）确定工作目标

工作目标的设计是一个自下而上的目标确定过程，通过这一过程将个人目标、部门或团队目标与组织目标结合起来。目标设计也是一个员工全面参与管理、明确自己的职责和任务的过程，是绩效管理的一个至关重要的环节。员工只有知道了组织或部门对自己的期望是什么，他们才有可能通过自己的努力达到期望的结果。

在目标设计过程中，应注意以下几个方面：

1. 个人目标应与团队目标保持一致

个人目标是部门、组织目标的细化，个人目标的实现应能促进部门或组织目标的实现。在这里，个人目标的设计应是从团队目标到个人目标的目标逐步分解的过程。在确定个人目标时，还应考虑组织的战略目标、自己所在岗位的主要职责以及内部和外部客户的需求。

2. 目标设计是成员与团队共同的任务

团队成员应自主设计自己的目标，并与团队的领导和团队内部协调人达成一致。在过去的绩效评价中，员工的目标设计往往是一个自上而下的过程，目标是强加给员工的，不管员工愿不愿意去做，也不关心员工能否实现。一般做法是，年初上级领导为员工设计目标，年终进

---

① 仲理峰、时勘：《绩效管理的几个基本问题》，《南开管理评论》2002年第3期，第15～19页。

行目标完成情况测评，没有任何中间过程。正是因为这种“强加性”和缺乏员工的全面参与，使得绩效评价受到越来越多的批评。团队的目标设计则应当截然相反。

3. 目标简洁明了

目标的设定和表述应当简洁明了，并要符合著名的目标管理(MBO)的“SMART”原则，即工作目标准确界定、工作目标可以测量等。

4. 抓住核心业绩指标

应确定主要目标，一般为 5～7 个目标，每个目标都应赋予权重，并按重要程度进行排序，最重要的排在最前面。

5. 所定标准应尽可能量化

每个目标都应有可衡量的标准，可根据可量化的程度选择数量、质量、时间、成本等作为衡量指标。

(二)确定发展目标——胜任岗位的要求

工作目标的实现，离不开员工的实际工作行为表现，员工的行为表现应该保证主要工作目标的实现。因此，在确定工作目标的同时，还应该确定和认可相应的工作行为要求即胜任特征(Competency)。设计目标时还必须考虑到工作者的发展目标，这是与目前绩效管理系统所主张的“发展导向”(Development Orientation)相一致的。强调发展目标既可满足组织发展需要，也可为员工个人赢得利益。

制定发展目标时应注意以下几个方面：

第一，领导与员工应就员工个人发展目标达成一致。

第二，员工有权利和责任决定自己的发展目标。

第三，培训和发展活动应支持所确定的工作目标的实现。

第四，培训和发展活动应符合员工学习的风格。应该采用多种方法，如在职培训、进修、研讨会等。

根据“SMART”目标管理的原则，个体所设计的工作目标应该是可达到但有挑战性的，也就是说，工作目标应略高于自己的实际能力。因此，为了保证顺利实现所确定的工作目标，员工必须有一个提高自己的胜任能力的过程，而且，通过提高自己的胜任能力，还可以促进员工完成更高的工作目标。在这里，可以建立胜任能力模型，编制工作行为评价问卷，并采用 360°评定方法来确定员工实际具有的胜任能力与岗位要求的胜任能力的差距，即培训需求，然后就可以确定员工的发展目标和计划了。

二、确定团队绩效测评维度

在分解具体的团队测评标准前，应首先确定团队绩效的测评维度，如财务指标、客户满意度、员工队伍建设等几个方面。

确定团队绩效的测评维度，通常可以采用以下六种方法[①]：

(一)利用客户关系图确定团队绩效的测评维度

要描述团队的客户以及说明团队能为他们做什么，最好的方法就是画一张客户关系图。这张图能够显示出你的团队、提供服务的内外客户的类型以及客户需要从团队获得的产品和服务。该图完成以后，它就可以显示出团队及其客户之间的“连接”。

---

① 徐芳:《团队绩效的有效测评》,《中国人力资源开发》2002 年第 5 期，第 49～50 页。

客户图表法通常在以下情况下采用：当团队的存在主要是为了要满足客户的需求时，最理想的方法是采用客户关系图法。团队必须要考虑客户对团队的需求，客户的需求是团队绩效测评维度的一个主要来源。客户就是那些需要团队为其提供产品和服务并帮助他们工作的人，可以是组织内部的同事，也可能是组织外部的顾客。

（二）利用组织绩效目标确定团队绩效的测评维度

该方法最适用于那些为帮助组织改进绩效目标而组建的团队。组织的绩效目标体现在压缩运转周期、降低生产成本、增加销售额、提高客户的忠诚度等方面。通过以下步骤可以确定能够支持组织目标实现的团队业绩：

（1）首先要界定几项团队可以影响的组织绩效目标。

（2）如果团队能够影响这些组织绩效目标，接下来就要回答这样一个问题："团队要做出什么样的业绩才能有助于组织达到其目标？"

（3）把这些成果作为测评维度并把它们添加到业绩测评表内。

（三）利用业绩金字塔确定团队绩效的测评维度

业绩金字塔的出发点首先是要明确业绩的层次。组织必须创建这些绩效维度并选择那些能够把团队和组织目标紧密联系起来的绩效维度。因此，把团队业绩和组织绩效紧密联系起来，就能保证团队的成功将会有利于整个组织。

构筑一个有关工作成果业绩的"金字塔"，应当明确以下问题：

（1）什么是整个组织的宗旨或功能？组织要创建什么样的业绩？

（2）要什么业绩来产生组织绩效？

（3）在这些业绩中的哪几项是团队负责创建的？

如果公司的业绩金字塔是为整个组织而建立的，那么，只有金字塔内的某些部分才是一个团队需要对此负责的。通过对金字塔的观察，团队可以确定它应当对此负责的几项成果。

（四）利用工作流程图确定团队绩效的测评维度

工作流程图是描述工作流程的示意图。工作流程贯穿于各部门之间，向客户提供产品或服务的一系列步骤；客户既包括组织内部的顾客，也包括组织外部的顾客。用工作流程图来计划工作流程，并把它作为确定团队业绩测评维度的工具，具有以下几点好处：一是把质量与流程改良计划与绩效管理联系起来；二是那些有清晰工作流程的团队能够对它们在工作流程方面的有效性进行测评；三是对工作流程进行计划可以确定简化和重新设计流程的机会，从而形成更好的工作流程。

那么，怎样使用工作流程图来确定团队绩效测评维度呢？工作流程图内含有三个测评维度：

（1）向客户提供的最终产品。

（2）整个团队应负责的重要的工作移交。

（3）整个团队应负责的重要的工作步骤。

当客户满意度是团队的主要驱动力时，最常采用的方法是客户关系图方法；当重要的组织绩效目标必须得到团队的支持时，最常采用的方法是支持组织绩效的业绩方法；当团队与组织之间的联系很重要，但团队与组织之间的关系却不甚明了时，最常采用的方法是团队业绩金字塔方法；当团队的工作具有清楚明确的工作流程时，最常采用的方法是工作流程图方法。

（五）利用关键业绩指标（KPI）确定团队绩效的测评维度

KPI 为 Key Performance Indicators 的简称，其含义是"关键业绩指标"，是指企业宏观战略目标决策经过层层分解产生的可操作性的战术目标。KPI是宏观战略决策执行效果的检测指针，它通过目标层层分解的方法使得各级目标（包括团队目标和个人目标）不会偏离组织战略目标。KPI也是一整套关键业绩指标体系，它不仅能够约束和指导员工行为，同时发挥战略导向的作用，有效地阐释与传播企业战略，成为企业战略实施的工具。

在为团队选择KPI时，首先确定企业战略下团队的目标，据此确定团队整体绩效和团队成员个体绩效的测评维度，并分配不同的权重；然后进行各个维度下KPI的解析，确定每个维度的内容以及目标实现的标准；最后根据SMART原则来选择具体的关键业绩指标。

（六）利用平衡记分卡

平衡记分卡认为组织绩效应该从四个方面来衡量，即顾客满意度、内部运营、财务状况和学习与创新。它通过合理地安排这些绩效指标的优先顺序，按其重要性给予不同的指标配以不同的权数，从而为团队指出哪些因素是重要的。

平衡记分卡是一种使用比较普遍的战略性的绩效管理工具，它是由美国管理学家卡罗伯特·卡普兰和大卫·P. 诺顿在总结多家在绩效管理方面处于领先地位公司经验的基础上，于1992年共同开发并推广的。目前，《财富》杂志评出的世界1 000家大企业中，超过50%的企业使用平衡记分卡系统作为绩效管理和绩效测评的有效方法。

三、建立团队绩效测评指标与标准

（一）分解团队绩效的测评维度①

1. 格利伯特的“质量、数量、成本、时效性”四维度

根据格利伯特（Glibert）的四要素法，按照质量、数量、成本、时效性四个方面将每个维度分解为具体的团队测评标准。

（1）质量测评标准：当顾客非常关注工作成果的质量时，该标准显得更为重要。团队中经常采用精确性、优越性和创新性来测评质量标准。精确性是指工作成果与理想标准模式的匹配程度；优越性是指比单纯的精确性更卓越的绩效，可以体现在形式、风格、样式或方法等方面；创新性是指绩效表现中与众不同的、全新的和具有独特性的方面。

（2）数量测评标准：数量测评标准主要测量诸如“数量是多少”或“速度如何”，该标准主要通过统计计算来完成。格利伯特曾对速度和数量做出如下区分：当标准对时间更为敏感时，通常使用速度标准，以有时间限制的标准作为测评指标，如“每小时打包的数量”；在数量是重要的而对时间不敏感的情况下，则使用数量标准，如“你共销售了几套软件”。

（3）成本测评标准：包括劳动力成本、原材料成本和管理成本。劳动力成本包括工资、奖金、福利等，原材料成本包括供应物品、工具、场地和能源，管理成本是监督控制成本和借助外部咨询服务等方面的成本。

（4）时效性测评标准：用来衡量工作完成所需时间，这是与顾客打交道时要注意的重要问题。团队的顾客既包括内部顾客也包括外部顾客，顾客通常要求在规定的时限内按时收到产品，因此对顾客满意度的测评，该标准非常重要。顾客的需求，无论是产品还是服务，都必须认真对待。

2. 团队成员的个体行为与成果维度②

---

① 彭剑锋、徐芳：《团队绩效测评指标与标准如何建立》，《CEO总裁》2003年第6期，第30～31页。

② 张春霞：《KPI与团队绩效测评》，《上海商业》2005年第181期，第43～45页。

个体绩效测评的维度从个体行为和个体成果两个角度出发。

(1)个体行为:主要考察个体参与团队活动的情况。重点考察团队成员参加团队会议的程度、主动承担团队项目的程度、与其他成员进行建设性交流的程度、为其他成员提供帮助的情况等。

(2)个体成果:主要考察个体完成团队任务的结果。重点考察个体完成分配任务的时间和质量、为团队提供有效建议的情况、提供给团队数据的精确程度等。

团队成员的角色可以分为这样几种:报告建议者、发明革新者、开拓促进者、测评开发者、推进和组织者、总结和生产者、控制和检验者、支持维护者等。每个角色所要求的个人知识和能力结构不同,因此在分工上和绩效测评中的要求也不同。比如报告建议者,其行为绩效就应当侧重于在例会中提供建议的情况以及与他人分享信息的情况;而反映在结果上,可以表述为提供有效建议的数量等。

(二)确立包含个人绩效的团队绩效指标体系①

团队绩效的测评有两个重要的层面:团队层面和个体层面。在团队绩效测评时仅仅强调其中某个层面,都存在一定的缺陷。传统的以个人绩效或团队绩效为主的绩效管理实践表明,更重视个人绩效将导致团队成员间的激烈竞争,而且有时以牺牲团队利益为代价;更重视团队绩效将导致团队"大锅饭",团队成员个人责任感下降。虽然注重个人绩效的测评有助于减少工作中的"搭便车"现象,但却忽略了作为一个优秀团队的最本质部分——合作与协同。

所谓"包含个人绩效的团队绩效"的模式,就是以团队绩效为主、个人绩效为辅,个人绩效为团队绩效服务,形成团队合力,提升团队业绩,打造团队优势,提高核心竞争力。

(三)角色—业绩矩阵

所谓"角色—业绩矩阵",是用来确定团队成员为了对团队做出贡献所必须做出业绩的一个表格,同时它明确了各团队成员为了支持团队绩效而必须创造业绩时所扮演的角色。

在角色—业绩矩阵内,团队绩效列于表格横轴,团队成员则排在表格的纵轴。在中间,每个方格内是团队成员为了支持团队业绩而必须创造的个人业绩。

四、团队绩效测评的实施

在团队绩效测评指标与标准确定之后,接下来就是团队绩效测评的实施了。这部分主要包括以下两方面内容:

(一)团队绩效数据的搜集和反馈

在对团队及团队成员的绩效数据进行收集时,要采取及时的原则。这样可以花费更少的时间获得信息,而且及时的反馈能够增加团队改进自身绩效的机会。一般团队更倾向于关注及时的反馈,意见信息反馈如果总是滞后,则容易被忽略。及时收集绩效数据,团队成员更可能记得工作是如何完成的,因此原因和解决方案更容易找到。

尽管许多人可以收集数据,但最好是由团队或团队成员来收集数据。因为团队管理者可以很清楚地掌握团队本身的相关数据,团队所了解的自己团队的信息是准确的,又能保证获得及时的反馈,也为团队领导节省时间。但在以下三种情况下,应由团队以外的人来收集数据:(1)收集数据要打断工作流程和需要太多时间;(2)只有团队以外的人才能确认工作的完成;(3)尺度需要团队成员以外的人来判断。

---

① 万奇:《浅谈现代企业团队与个人绩效的管理》,《管理科学文摘》2005年第1期,第31~32页。

收集团队绩效数据首先应从现存的报告中寻找可以跟踪的报告。如果已经收集了数据，就不要再做重复的工作。一般来说，需要的信息都存在于一些表格中，但它可能没有送达需要的人或送达的时间太晚。作为团队领导，可以关注你的团队成员不知道的报告，可以通过向他们提供包含有用信息的现存报告副本，帮助他们建立跟踪系统。当设计一个跟踪报告的时候，可以选择修改一个现有的报告。通过增加一栏或者计算的方式，把现存的报告变为有用的跟踪报告。

要注意的是，在收集团队绩效数据时，应遵循以下原则：(1)数据应该与测评标准具有关联性、特殊性、经常性和时效性；(2)数据应该很具体，可以使人明白与标准相比做得好还是做得不好。

(二)团队绩效测评的真正实施

团队绩效测评既要测评团队绩效，也要测评团队成员个体绩效；既要强调工作过程，也要重视团队行为的结果。通过评价以上这些方面，我们就可以详细地描述、评价和诊断团队的绩效，从而制定具体措施来纠正偏差，改进团队成员以及团队的整体业绩。

第三节　绩效激励

一、团队激励薪酬计划[①]

制订团队激励薪酬计划，首先是针对团队整体进行绩效测评，以团队整体绩效的考察为主，兼顾团队成员的个人贡献，并体现对团队与个人两次激励薪酬的合理分配。

(一)针对团队整体进行绩效测评

团队激励薪酬必须首先建立在对团队整体绩效测评的基础上。团队成员的共同努力取得团队绩效，组织根据一定的绩效测评标准对团队所取得的绩效进行合理测评，按其绩效支付团队整体薪酬，组织对团队的奖励反过来强化团队绩效水平的提高；团队根据恰当的分配标准再把组织对团队的激励薪酬在团队成员之间进行二次分配，使成员个人满意度提高，从而又进一步促使团队成员为实现新的团队目标而共同努力。

(二)以团队整体绩效的考察为主，兼顾团队成员的个人贡献

团队激励薪酬计划实际上是把组织赋予团队的目标与成员个人的目标恰当地结合起来，首先关注的是团队整体的绩效，其次才是团队成员的个人贡献的不同。如果团队的整体绩效不能通过团队成员的共同努力得到有效的提高，团队目标没有实现，那么即使团队某个成员的个人贡献再大，也不能得到奖励。通过团队激励薪酬的有效实施，把团队与企业、团队成员与成员之间的利益关系理顺，能够使团队成员更紧密地团结在一起，与团队“荣辱与共”，从而达到成员个人与企业“双赢”的效果。

提倡建立团队中的个人绩效指标体系。每一个团队都拥有共同的宗旨和绩效目标，具有灵活的组织形式，但团队内的信息具有不对称的特点，需要对团队成员个体进行绩效测评。首先，过分强调团队的绩效则会引起团队成员的不公平感，不对团队内个人贡献进行确认，那么最终会导致每个人的实际努力水平低于其潜在的水平，从而影响团队效率。其次，对团队成员进行个人绩效测评是进行人事决策的基础。强调团队的整体绩效会导致诸如晋升、薪资调整

---

① 何叶、李鑫：《团队激励薪酬模式》，《软科学》2004年第6期，第39～40页。

等人事决策无所适从，没有科学量化的参考依据。最后，个人绩效测评是保证团队工作方式高效运作的基础。

（三）体现对团队与个人两次激励薪酬的合理分配

团队激励薪酬实施的关键在于其中的两次激励薪酬的分配过程，即组织根据对团队绩效的测评对团队进行薪酬奖励，以及团队根据内部的测评标准把团队薪酬在团队内部进行二次分配。这两个环节中的任何一个若没有处理好，都会影响团队激励计划的效果，进而影响到整个组织目标的实现。

下面是团队激励薪酬运行机制示意图（见图5—1）：

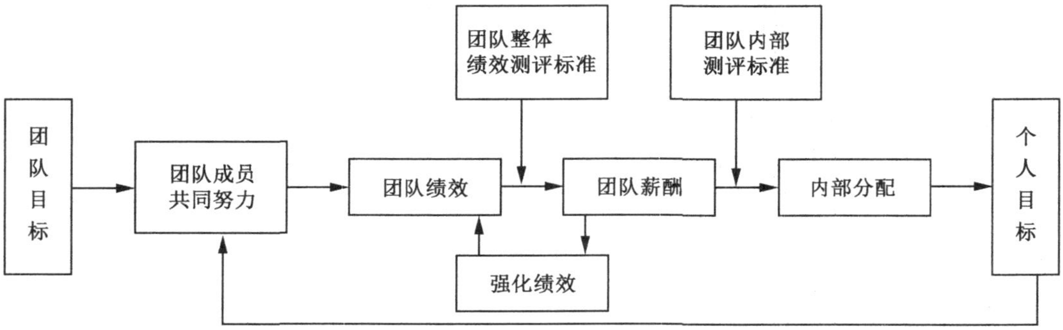

资料来源：何叶、李鑫：《团队激励薪酬模式》，《软科学》2004年第6期，第39～40页。

图5—1 团队激励薪酬运行机制示意图

二、激励薪酬的分配

团队绩效的提高有赖于团队成员的共同努力。在团队目标的指引下，要想创造更好的团队业绩，必须对团队成员进行有效的激励。有数据表明，以金钱作为刺激物能使生产率水平提高30%，在决定成员工作积极性上起着重要的作用，因此，必须做好薪酬在成员之间的内部分配。

（一）考虑团队成员工作的独立性与结构性

怎样才能使团队激励薪酬在团队成员之间进行有效分配呢？可以从团队成员工作的独立性和结构性这两个方面来考虑。经调查发现，工作性质对组织工资制度的有效性具有直接的影响作用，这就包括工作的独立性和结构性。如果员工个人几乎可以完全控制某一项工作的完成情况，其工作业绩主要取决于其自身的努力和能力，则可以认为该项工作的独立性较高，反之则较低。而判断一种工作结构性的高低，主要是看它的工作目标、工作内容、完成的方式及程序和结果等是否是确定的，如果工作的诸多方面都是确定的，则说明该项工作的结构性较高，反之则较低。

（二）合理运用技能工资与绩效工资制

如果该工作是低独立性、高结构性的，那么可以采取以技能工资为标准来支付成员个人薪酬，这就不仅可以使成员的贡献得到承认，而且还可使他们专注于个人能力的提高及团队的贡献。如果该工作是低独立性、低结构性的，则应以技能工资制为主，辅之以绩效工资制。

三、团队内部监督

要使团队激励薪酬有效发挥其激励作用，必须加强在团队内部的监督机制。委托—代理理论（Principal-Agent Theory）认为，委托人要想在零成本下确保代理人采取使委托人效用最大化的决策是不可能的。团队的管理方式可以看作是一种委托—代理关系，委托人即管理者是风险中性者，代理人即团队成员是风险规避者，委托人必须设计出一个契约，通过提供报酬吸引激励代理人，并对代理人行为进行监督和约束，使其投入达到最佳水平，从而使委托人的效用目标达到最大化。加强团队内部的监督机制，虽然它不能为管理者提供关于成员行为的充分信息，但它可以为管理者提供更多有关成员工作状态的信息，从而可以减少管理者和成员的风险成本，有效防止成员的机会主义行为。

此外，要努力在团队内部确立一种成功意识形态。按照诺思的说法，当一个人没有接受一种成功的意识形态时，他将根据成本与收益的简单计算来行事；而当他接受了某种成功的意识形态时，他将抛开这种规则，将不再考虑收益与成本的计算。

第四节 团队文化

一、团队文化的起源

“团队文化”理论的兴起就是从美国对日本经济崛起的思考中开始的。

第二次世界大战后，日本经济迅速腾飞，在 20 世纪五六十年代连续完成两次“国民收入倍增计划”，成为全世界关注的经济奇迹。管理研究者发现，日本企业具有强大竞争力的根源，不在于个体员工卓越的个人能力，而在于其强大的“团队合力”。如果把日本最优秀的员工与欧美最优秀的员工相比的话，日本企业的员工难显其优势，而如果以比个人扩大了的组织——企业来比，日本企业则总是处于优势。其中原因，就是渗透于日本企业中的“团队文化”。

20 世纪 80 年代以前，西方国家的企业强调个人的作用、责任和业绩，尤其是单打独斗、个人英雄主义的“牛仔”精神，由于“你强我也强”“你有主意我也有主意”的观点直接影响到同事之间的关系，结果是降低了员工的满意度，影响了生产效率。所以，从 90 年代开始，西方的企业转向对团队建设的重视，企业致力于增进员工们对彼此的了解，使团队配合达到默契，能够取长补短、协同作战产生更大的生产力，而减少组织中的内耗。在企业强调团队文化的氛围下，如果员工的业绩出色，得到奖赏的往往是一个团队，而不单单是某一个人。这样，90 年代以后，团队文化就风靡全球。

二、团队文化的作用

团队文化是组织文化的一个重要组成部分，是团队在建设、发展过程中形成的，为团队成员所共有的工作态度、价值观念和行为规范，它是一种具有团队个性的信念和行为方式。一个团队的文化状况，对其效能有着重大的影响。

团队文化作用的大小与团队文化是否强烈浓郁、团队共同愿望是否明确、团队成员是否具有进取心和合作性相关。在一个具有鲜明的集体意识、明确的共同愿景而团结向上的团队中，其成员没有分裂，不会形成敌对性小派系。这样的团队具有适应外部环境变化及处理内部冲突和竞争的能力；团队成员之间都明确理解团队的目标；团队成员都认可和接受团队的共同价值观，并在实践中维护和发展团队的价值观。

从总体上看，第二次世界大战后首先在日本形成的团队文化，其核心特征是以儒家文化为渊源的团队文化，主要包括对企业的归属感、义务的无限定性、父子式的亲情关系、协作文化、参与意愿等。在知识经济和经济全球化的形势下，在企业竞争越来越严峻、人才越来越宝贵的形势下，实行团队文化对于发挥人才的作用、整合和开发人力资源、提升市场竞争实力，都具有十分重要的现实意义。

一家著名的企业把团队文化列为企业文化重要的组成部分，在其员工手册的扉页上写着下面几句话：

(1)现代企业的发展不再信奉个人英雄主义，而要倡导集体英雄主义。

(2)不应将个人的发展孤立于企业发展之外，更不应将个人的利益凌驾于企业的利益之上。

(3)市场成功来自团队。

(4)只有风雨同舟、和衷共济，才能使企业立于不败之地。

三、团队文化的要素

(一)平等和民主

团队的目的是齐心协力提高效率，团队的实践可以改变人们之间的关系。团队是一个交流学习的空间、发挥创造力的空间，同时也是一个减少竞争带来的紧张气氛的缓冲空间，它使人们更加相互理解、支持，使工作充满乐趣且更有效率。

上述这一切的前提条件是团队成员之间的平等和民主，团队中没有官僚等级制，大家共同参与决策，在重大问题上有同等的发言权。沃伦·本尼斯说过：通常把团队与领导截然划分开来的做法已不再准确。最激动人心的团队，那些震撼世界的团队是有能力的领导者与非凡人群的相互尊重的结合。只有当团队的每一个人——领导和成员——能够自由地将潜能发挥到极致的时候，团队才能变得伟大。

(二)协作

团队的基本特征就是要进行协作。协作作为团队的基本文化，要落实到工作流程、操作分工、管理制度等多方面，也要反映在对于团队整体和团队成员的绩效考核上面，而且要在组织和团队领导的资源配置和日常工作中给予关注和支持。

进一步来说，团队内部的协调人更应当在解决好团队成员们的协作方面做好工作。

(三)创新

团队组织形式，经常用于高新技术行业和挑战性的工作。创新文化是要让每一位团队成员都深刻理解，在激烈的市场竞争中存在“人无我有，人有我优，人优我转”的理念，从而做出创造性的工作，在竞争中得以生存，在市场中找到位置、得以发展。不断奋进，不断创新，是保持团队发展的活力和动力。

创新，体现在组织经营管理的方方面面，从制定组织中长期的发展战略、市场定位、年度销售计划、人力资源规划到团队具体实施的每一个目标和环节都要有创新意识，制订和备选不同方案。在竞争社会，创新与变化是非常重要的，团队要注意外界的变化，要能够迅即反应和创新。

(四)速度

现代信息技术尤其是网络的快速发展，使得各个企业之间的竞争越来越激烈，这主要表现在人才、技术和时间上的竞争。人才流动的强度和速度越来越大，新产品的研发和更新换代的周期越来越短，顾客不但需要产品具有良好的性价比，还期望得到“零交货期”或瞬时服务。团队这种形式本身非常有利于以较快的速度进行反应、适应市场。戴尔公司的电脑产品零库存和 8 小时送货到门的模式，就是对速度的极好处理范例。

（五）学习

当今时代，人类的知识总量呈现“爆炸式”的急剧增长格局，知识废旧与更新的速度也越来越快。这就使企业持续的期限和生命周期受到极其严峻的挑战。据统计，世界 500 强企业的平均寿命是 40～50 年，美国新生的企业 10 年后存活的仅有 4%，日本企业存活 10 年的比例也不过 18.3%。中国大企业的平均寿命是 7～8 年，中小民营企业的平均寿命是 2.9 年。如果一个企业没有学习意识和行为体现，不注意员工的培训学习和知识更新，企业就不可能拥有持久的生命力。

团队组织的结构本身就与学习型组织有一定的契合。在团队层面，学习往往是自觉的、迅速的、实用的和有效的。

（六）融合

团队是由不同素质与不同文化背景的人构成的。团队文化的特征也就表现为多元文化、共享文化，从而实现资源的互补，发挥团队成员个体的优势，并尽量能够使成员们互相接受，努力达到成员们的“双赢”和“多赢”。

在当代，企业要以顾客为中心，要满足世界各地市场的需要和进行跨国经营，这就要求建立具有多元文化的团队，促进员工们不同文化的融合，这正在成为团队文化的发展趋势和特征。

四、高层管理者与团队文化

团队建设既有组织高层管理者对于团队文化的缔造和积极倡导，也有来自管理者的领导风格和管理方式。如同组织文化的创建和维持一样，CEO 们的个人典范及渗透于组织的各项管理制度和方法对团队理念有着根本的定性功能和巨大的推进作用。

微软公司的文化在很大程度上是其创始人、长期担任首席执行官的比尔·盖茨的形象反映。比尔·盖茨本人进取心很强，富有竞争精神，自制力很强。这些特点也正是人们用来描述他所领导的微软“巨人”的特点。公司创始人对公司文化产生巨大影响的例子还有很多，如索尼公司的盛田昭夫、通用电气公司的杰克·韦尔奇，我国海尔集团的张瑞敏、联想集团的柳传志等。

可以说，团队文化的建设是通过组织高层领导者对团队人员的甄选、绩效评估标准、奖酬措施、团队培训、沟通方式和职业开发活动以及晋升等过程来进行的。例如，美国的康柏计算机公司对求职者加以精心考察，以保证他们有能力适应该公司团队导向式文化。一位高级管理人员说：“我们发现能干的人很多……最重要的问题是他们是否能够适应我们的工作方式。”这意味着康柏公司的员工要易于相处，适应该公司“步调一致”的管理风格。为了尽可能地筛选掉性格孤僻、自高自大的求职者，求职者要接受来自公司各个部门、资历不同的 15 位主持人的面试。

又如，中国名牌企业海尔的总裁张瑞敏，带出了一支稳健又充满活力的队伍：海尔的员工既具有东方特色的团队精神，又有西方特色的创新精神，把海尔的一个个梦想一步步地变成了现实。

海尔人说，海尔之所以多年来平稳上升，是因为有一个好的带头人，创造了一种好的企业文化，让员工思想有寄托，有一种归属感。海尔从事的是制造业，而制造业需要一种大规模的集团行为，需要企业家将无数个体化的行为转化为整体集团化的行为，需要个人的感情和价值观念融入集团利益和集团奋斗目标。

可以说，企业的最高行政长官 CEO 是企业的精神领袖，是一个企业奉行团队文化的缔造者、倡导者和身体力行的实践者，他们对企业团队文化的建设起着重要的引导作用。

第二部分

实训篇

本篇脉络

第六章　团队组建与团队协作
第七章　团队纪律与团队礼仪
第八章　团队计划与团队执行
第九章　团队沟通与团队协调
第十章　团队领导与团队组织
第十一章　团队思维与团队情绪
第十二章　团队学习与团队创新

第六章　团队组建与团队协作

学习目标

1. 认识和了解团队，理解团队建设的重大意义。
2. 明确团队与协作的关系，掌握协作的内容。

第一节　团队组建

【主题意义】

帮助学员了解什么是团队，如何组建属于自己的团队，如何建设团队文化，树立正确团队观念，并打造优秀团队，为接下去的团队挑战进行铺垫。

【故事】

村里来了一位煮汤大师，大家想尝尝他的手艺，于是有人就找来一口大锅，也有人提了一桶水，并且架上炉子和木材，就在广场上煮了起来。这个大师很小心地把汤石放入锅中，然后用汤匙尝了一口，很兴奋地说："太美味了，如果再加入一点洋葱就更好了。"立刻有人冲回家拿来了一堆洋葱。大师又尝了一口："太棒了，如果再放些肉片就更香了。"又一个妇人快速回家端了一盘肉来。"再有一些蔬菜就完美无缺了。"大师又建议道。在大师的指挥下，有人拿了盐，有人拿了酱油，也有人捧了其他材料，当大家一人一碗蹲在那里享用时，他们发现这真是天底下最美味好喝的汤。

一、基础知识

(一)基本概念

1. 团队

团队(Team)是一种特殊类型的群体。团队是由具有相互补充的技能的人们组成的群体，团队中的成员彼此承诺为他们共同负有责任的绩效目标而努力。

2. 群体

群体是指由许多同种生物的个体组成的整体或同类人或事物组成的整体，即同种生物在特定环境空间内和特定时间内的所有个体的集群。

3. 区别

可以看出，团队与一般意义的群体的明显区别在于：首先，群体绩效表现为群体中的每个成员的成果，而团队的绩效则实现 1+1>2 的效果。其次，在群体中，尽管群体成员将自己的资源聚集在一起实现目标，但一般来讲，个人只为个人的工作结果承担责任，也就是说，群体不会为某个人承担责任。再次,团队不但像一般的群体有着共同的目标,而且还要对这个目标做出承诺。最后,在群体中,群体成员的技能有时是相同的,有时是不同的;而在团队中,团队成员的技能通常是互补的,他们在各自擅长的领域发挥作用,共同实现团队的目标。

(二)团队类型

1. 按照团队存在的目的和形态分类

如果按照团队存在的目的和形态进行分类,一般可以将团队划分成问题解决型团队、自我管理型团队和跨职能团队。

(1)问题解决型团队。这类团队常常是为了解决某些专门问题而设立的团队。团队的成员通常每周利用几个小时讨论改进工作程序和工作方法的问题并提出建议,但他们通常没有权力根据这些建议单方面地采取行动。

(2)自我管理型团队。自我管理型团队是与传统的工作群体相对的一种群体形式。传统的工作群体通常是由领导者做决策,群体成员遵循领导的指令。而自我管理型团队则承担了很多过去由他们的领导者承担的职责。自我管理型团队能够很好地提高员工的工作满意度,但是有人发现与传统组织比较起来,自我管理型团队的离职率和流动率偏高。

(3)跨职能团队。有的团队是由来自组织内部同一层次、不同部门或工作领域的员工组成的,他们合作完成包含多样化任务的一个大型项目,这样的团队就是跨职能团队。跨职能团队打破了部门之间的界限,使得来自不同领域的员工能够交流沟通,有利于激发出新的观点,协调解决复杂的问题。很多汽车和飞机制造公司利用跨职能团队来解决复杂问题。

2. 按照团队在组织中发挥的功能分类

按照团队在组织中发挥的功能进行划分,可以将团队分为生产/服务团队、行动/磋商团队、计划/发展团队、建议/参与团队。

(1)生产/服务团队。它通常是由专职工人组成的,从事的工作是按部就班的,很大程度上是自我管理的。

(2)行动/磋商团队。它由拥有较高技能的人组成,各成员的作用都有明确的界定。这些团队以任务为中心,具有不同专门技能的团队成员都对成功完成任务做出贡献。团队面临的任务十分复杂,有时是不可预测的。

(3)计划/发展团队。它由技术十分娴熟的科技或专业人员组成,并且包括不同的专业。这类团队的工作时间跨度一般比较长。有时可能需要很多年才能完成一项发展计划,有时也可能是组织中承担研究工作的永久性团队。

(4)建议/参与团队。它主要提供组织性建议和决策。大多数建议/参与团队的工作范围比较窄,不占用大量的时间,成员在组织中还有其他任务。

以上四种团队的主要特点比较如表 6—1 所示。

表 6—1

团队类型	成员差别度	一体化程度	工作周期	典型产出
生产/服务团队	低	高	重复性的或持久性的工作	制造、加工、零售、顾客服务、修理
行动/磋商团队	高	高	短期行动事件,往往在新的情况下才能重复进行	竞赛、探险、医疗手术、特殊任务
计划/发展团队	高	低	可变的	计划、设计、调查、创建原始模型
建议/参与团队	低	低	可变的,或长或短	决策、选择、建议、推荐

（三）创建团队

在现实生活中可以找出很多成功团队的例子，但也有很多团队在运行过程中遇到了障碍或困难，有的甚至以失败告终。

1. 阻碍团队成功的潜在障碍

阻碍团队成功的潜在障碍表现在：

第一，团队成员内部的冲突。造成这种情况只要是由于团队成员没有真正分享、认同团队的使命和目标。

第二，团队得不到相应的资源。

第三，管理层过分干预团队。

第四，团队与外部合作不力。

2. 高效团队的特征

通常认为，高效团队具有以下特征：

第一，拥有清晰的目标。

第二，具有对共同目标的信念。

第三，表现出高度的忠诚和承诺。

第四，具有良好的沟通能力。

第五，有恰当的领导提供帮助和支持。

3. 创建团队的过程

（1）准备工作。团队正式形成之前，首先要确定是否有必要建立这个团队。如果管理者认为相对于其他工作方式而言，团队的方式对于完成某项工作是最有创造力和洞察力的，那么就应该建立团队来工作。在这个阶段还必须确定团队的工作目标，以及完成团队目标需要哪些必备的技能。此外，还要确定团队的自主程度。

（2）创造工作条件。在这个阶段，要为团队提供完成目标所需的各种资源，包括人力资源（如完成任务所需的适当的技能组合）、物质资源（如工具、设备、资金）、组织支持（如组织支持团队完成预期工作的愿望）等。如果团队不能获得必要的资源，就无法完成预期的目标。

（3）团队形成阶段。在此阶段主要完成三件事情：首先，确定团队成员，使团队有清晰的界限，任何人加入或退出团队都需要经过正规的渠道。其次，团队成员必须理解和接受团队的使命和目标。最后，在组织中正式宣布团队的使命和职责，这样既使团队成员能够正视自己的身份，也能使团队之外的组织成员理解团队的存在。

（4）提供持续的支持。在团队开始运行之后，管理者也需要不断提供必要的支持，以消除存在的障碍，使团队工作得更好。应该注意的是，管理者应该在团队自身无法解决这些问题时或团队向管理者提出解决问题的请求时再着手解决，否则支持将变成一种干预。

4. 创建成功团队应该注意的问题

（1）明确共同的目标。共同的目标是团队存在的基础，也是团队凝聚力的源泉，同时也是其成功与否的关键要素。在集体层面和个人层面建立可以接受的目标，有利于促进每一个成员共同为实现目标而努力。“同志”来源于大家有一个共同的目标，才走在一起，而这些恰恰是团队的基础。

（2）要有控制的授权和信息共享。有控制地给予成员授权，使其在职责范围具有相对的自主决定和处理的权力，有利于激发其积极性。加强信息共享，有利于成员准确掌握信息。过程的掌控者要定期对过程的效率及效果与相关人员进行沟通，让这些人了解过程状态、本职工作对过程的影响，了解过程改进方向，强化对过程目标工作的热情。强有力的团队需要合作才能达成。

(3)有效的绩效评估和奖酬。要采取适当的激励手段，以促进合作，为共同提高过程结果提供推动力。人是需要激励的，平均主义是制约团队激情的重要障碍。当然激励并不仅仅是钱，还包括其他因素，我们都可以好好地把握。

(4)建立积极的改进氛围。员工对“风气”的感受要始终强于管理者的，人们对风气的感受强烈地影响着他们的行为。在过程团队中，要营造应用过程方法的氛围，营造持续改进和良好合作的氛围。好的氛围为团队成员提供了积极的合作理念。这种氛围不仅仅是文化的范畴，也是一种情绪影响形成的结果。

(5)适宜的团队制度。制度与规范构成了团队的标准的行为。这种行为久而久之就成为习惯。无论你承认与否，制定不制定文件，在一个团队中都存在这样东西。与其让一些“潜规则”存在，不如光明正大地制定一些规则。

(四)相关观点

1. 团队意识

团队意识是一种主动性的意识，是将自己融入整个团体来思考问题，想团队之所需，从而最大限度地发挥自己的作用。

(1)重要作用

①团队意识表现为一个整体的一种集体力，即 1＋1＞2 的结合力，或称“系统效应”。

②团队意识表现为全体成员的向心力、凝聚力，“心往一处想，劲往一处使”，真正把自己看成是企业的一部分。

③以自己作为企业的一员而自豪，并以企业为自己全部生活、价值的依托和归宿。

④每个员工都深深体味到这个企业是我获得基本生活保障和安身立命之所时，这种团队意识便成一种安全感意识。

(2)培养方式

①充分了解本身的职责与工作目标，若有任何疑问会主动、适时地与员工沟通，以达共识。

②知道如何区分事情的轻重缓急，以决定处理的优先顺序。

③对于每一件重要的交办事项，能事先做好沟通协调工作，并制订工作计划，依预计时间循序进行。

④分别列出自己工作上所谓“应为”与“不应为”的因素。

⑤随时注意观察其他同仁表现优异的工作方法，多吸取他们的经验，引为借鉴，甚或由此而举一反三，以提高自己的工作绩效。

2. 培育团队精神

管理好团队首先要培育团队精神。团队精神是高绩效团队的灵魂，是团队成员为了实现团队利益和目标而互相协作、尽心尽力的意愿和作风。

一个团队如果没有团队精神，那将是一盘散沙。所谓团队精神，简单来说就是大局意识、协作意识和服务意识的集中体现。团队中的每个成员，若想要把事情做好，想获得成功，首先要有团队意识。在现代组织中，最优秀的成员不一定是能力最强的，可一定是最具有团队精神、能够融入整个组织之中的人。

团队精神包含两方面的含义：一是与别人沟通、交流的能力，二是与人合作的能力。你可以从以下几个方面培养你的团队精神：

(1)信任同伴，相信他们也能做好。相信他人才能与其真诚而放心地合作。每个人都有自己的长处、都有自己的缺点，我们应取他人之长补自己之短，从而完美地完成任务。况且每个人都有被别人重视的需要，只要重视对方，善于合作，就可以使对方释放出无限的工作热情。

(2)时常进行反省。你应该时常检查自己，反省自己。比如，态度是不是有些冷漠？言辞是不是有些犀利？团队合作需要成员在一起讨论，这时如果你固执己见，不能听取他人意见，团队的工作就无法进行了。

(3)保持足够的谦虚，想办法获得同伴的好感。毋庸置疑，谁都不喜欢骄傲自大的人，这种人在团队中只能受到他人排斥。要知道，你的工作需要得到同事的支持和认可，而不是反对。一滴水只有融入大海，才能永不枯竭；一个人只有充分融入整个组织、整个团队，他的潜能和才干才能得到充分发挥。

二、项目一

(一)项目演练

拉开序幕——团队组建

1. 项目概述

选择合适的方式将所有学员分成若干个组，并让每个小组进行团队建设，内容包括：选队长、选副队长、设计队名、设计口号、编队歌、排队舞、画队旗、设计团队造型、制定团队规章制度。最后每个小组进行展示。老师根据每小组表现进行点评与打分。此项目让学员开始拥有团队意识，并且能够为团队建设奉献自己的一分力量。

2. 项目说明

(1)每组人数：10 人为宜。

(2)项目时间：40～50 分钟。

(3)项目场地：户外或室内，空旷场地。

(4)项目器材：队旗、旗杆(匹配组数)，马克笔(每组两支)，水笔(每组两支)，白纸(每组两张)。

3. 项目布置

(1)提前准备好项目器材。

(2)将班级成员进行分组(方法自行选择，如报数等)。

(3)宣布项目任务：每个小组在接下去 30 分钟内进行团队建设，内容包括：选队长、选副队长、设计队名、设计口号、编队歌、排队舞、画队旗、设计团队造型、制定团队规章制度。

(4)宣布项目要求：队长要有责任心、队名积极向上、口号响亮、队歌队舞有新意、队旗要漂亮、团队展示造型要美观。

(5)确认大家是否明白项目规则。

(6)发放道具，进行挑战。

(7)倒计时开始，老师观察、记录团队和学员表现。

4. 项目控制

(1)将学员分组的方式有很多，老师一定要根据学员情况选择合适的分组方式。

(2)任务过程中每隔 5 分钟进行时间提醒，督促学员完成指定任务。

(3)要求每个小组中的每一位成员都要参加团队建设工作，防止出现个别学员边缘化。

5. 项目安全

(1)提醒学员时刻注意安全。

(2)每组成员在指定区域进行任务，无特殊情况不得离开。

(3)马克笔、旗杆在展示结束后回收使用。

图 6—1 团队组建

(二)项目点评

(1)团队组建工作可加强团队成员间的交流合作。

(2)作为团队的第一个任务，每个成员在挑战的过程中展现自己的特长与优势，进行合理的分工与配合，很好地从个人行动转换到团队合作。

(3)在项目中可能会出现，一人揽多职或部分成员边缘化的情况。教师一定要加以提醒，给学员正确的团队观念，并在最后点评时对这种行为进行批评指正。

(三)学员分享

(1)______________________________

(2)______________________________

(3)______________________________

(4)______________________________

(5)______________________________

……

三、项目二

(一)项目演练

团队首战——怪兽挑战

1. 项目概述

怪兽游戏，共计进行三轮比拼，最终成绩取三轮中最好成绩。每一组所有成员都需要在绳圈内(每组人数一致),身体的所有部位中只有脚可以接触地面。小组成员需要通过团队协作,让更少的脚接触地面,就像一个庞大的怪兽一样。此项目培养学员的牺牲精神,懂得在团队面前放弃自我,成全团队。

2. 项目说明

(1)每组人数:10 人为宜。

(2)项目时间:40~50 分钟。

(3)项目场地:户外或室内,空旷场地。

(4)项目器材:直径为 1 米的绳圈(每组一个)。

3. 项目布置

(1)提前准备好项目器材。

(2)根据组别带学员到指定地点集合。

(3)宣布项目任务:每个小组在接下去 30 分钟内进行怪兽游戏,共计进行三轮比拼,最终成绩取三轮中最好成绩。每一组所有成员都需要在绳圈内(每组人数一致,10 人为宜),身体的所有部位中只有脚可以接触地面。小组成员需要通过团队协作,让更少的脚接触地面,就像一个庞大的怪兽一样,能够保持这样的形态 5 秒则视为成功。

(4)宣布项目规则:

①挑战过程中,所有人必须在绳圈内,并且只有脚可以接触地面,违反上述规定,则视为此轮挑战失败。

②每一轮进入绳圈有 3 分钟时间可以进行准备,超过 3 分钟未进行抱团则视为此轮挑战失败。

③抱团后必须保持至少 5 秒,不然同样视为此轮挑战失败。

④每轮挑战间有 5 分钟时间进行休息交流。

(5)确认大家是否明白项目规则。

(6)发放道具,进行挑战。

(7)老师观察、记录团队和学员表现。

4. 项目控制

(1)鼓励学生打破男女隔阂,为了团队一起奋斗。

(2)用言语刺激男生,主动承担起重任。

(3)用历史最好成绩(10 人 3 脚)来刺激个别取得较好成绩的团队,让他们能够充分激发个人,实现不可能。

5. 项目安全

(1)提醒学员时刻注意安全。

(2)一旦学员出现危险动作,老师立刻上前阻止。

(3)可允许部分同学脱掉鞋子。

(二)项目点评

(1)为了团队目标,我们必须做出个人牺牲,就像女同学为完成挑战脱去鞋子,积极踊跃地爬上男同学的肩膀,一位男同学身上需要背负多位同学。这些行为和付出都是值得被称赞的,他们忘了自我,不顾一切为团队而奋斗。

(2)记住个人的力量永远都是有限的,但团队的潜力是无止境的。当团队取得优异成绩时必须保持谦虚和热情,一定要相信团队可以取得更加优秀的成绩,没有最好只有更好!

图 6—2 怪兽挑战

(三)学员分享

(1)______________________________

(2)______________________________

(3)______________________________

(4)______________________________

(5)______________________________

……

四、项目引申

有人说过这样一个故事:“在非洲大草原上,如果你看到羚羊在奔跑,那一定是狮子来了;如果你看到狮子在躲避,那一定是大象发怒了;如果你看到大象和狮子同时在逃亡,那一定是来了——蚂蚁军团。”蚂蚁军团之所以强大,就是因为团结的力量。狮子、大象尽管强壮,但仅仅是个体的强壮。个体的力量终究比不过团体的力量。

德国哲学家亚瑟·叔本华说过:“单个的人是软弱无力的,就像漂流的鲁滨孙一样,只有同别人在一起,他才能完成许多事业。”

由此可见,团队力量之强大是为世人所公认的,这也是我们推崇团队的缘由。

五、问题思考

(1)请简单描述你对团队的理解。
(2)你认为团队的意义是什么?
(3)请用自己的话叙述建团的要点。
(4)你所喜欢的团队有哪些?为什么喜欢?
(5)请选择一个你了解的团队进行评价。

第二节　团队协作

【主题意义】

帮助学员了解协作,明白协作的重要性,学习在协作过程中的关键行为——积极主动地配合、各司其职、扬长避短;培养在协作过程中的心态——重视团队利益、包容其他成员。

【故事】

从前,有两个饥饿的人得到了一位长者的恩赐:一根鱼竿和一篓鲜活硕大的鱼。其中一个人要了一篓鱼,另一个人要了一根鱼竿,于是他们分道扬镳了。得到鱼的人原地就用干柴搭起篝火煮起了鱼,他狼吞虎咽,还没有品出鲜鱼的肉香,转瞬间,连鱼带汤就被他吃了个精光,不久,他便饿死在空空的鱼篓旁。另一个人则提着鱼竿继续忍饥挨饿,一步步艰难地向海边走去,可当他已经看到不远处那片蔚蓝色的海洋时,他浑身的最后一点力气也使完了,他也只能眼巴巴地带着无尽的遗憾撒手人寰。又有两个饥饿的人,他们同样得到了长者恩赐的一根鱼竿和一篓鱼。只是他们并没有各奔东西,而是商定共同去找寻大海,他俩每次只煮一条鱼,他们经过遥远的跋涉,来到了海边,从此,两人开始了捕鱼为生的日子,几年后,他们盖起了房子,有了各自的家庭、子女,有了自己建造的渔船,过上了幸福安康的生活。一个人只顾眼前的利益,得到的终将是短暂的欢愉;一个人目标高远,但也要面对现实的生活。只有把理想和现实有机结合起来,才有可能成为一个成功之人。有时候,一个简单的道理,却足以给人意味深长的生命启示。

一、基础知识

(一)协作概念

1. 劳动协作

劳动协作,即许多人在同一生产过程中,或在不同的但互相联系的生产过程中,有计划地协同劳动。在一个企业,协作是指为实现预期的目标而用来协调员工之间、工作之间以及员工与工作之间关系的一种手段。协作能创造出一种比单个战略业务单元收益简单加总更大的收益,即实现协同效应。

2. 团队协作

团队协作是指为了实现共同的目标,充分有效地利用组织资源,依靠团队共同的力量共同完成某一件任务。协作可以集中力量在短时间内完成个人难以完成的任务。

(二)协作基本内容

1. 资源协作

实现目标需要一定的资源,包括人力、财力、物力等方面。但在目标实施过程中,往往会出现某一部门资源不足的情况，如人力不足或设备不足等。这就需要其他部门从全局观念出发，给予必要的支援，互通有无，互相帮助，为实现共同的目标开展协作。

2. 技术协作

技术协作既包括技术部门为其他部门提供未实现目标所必需的技术资料、技术知识、工艺方法等，也包括部门与部门之间、个人与个人之间进行的技术交流等。

3. 配合协作

一个部门（或个人）目标的实现，总是与其他部门（或个人）的工作有着一定的联系。这种联系也就产生了在实现目标过程中互相配合的问题。如生产车间生产目标的实现，需要供应部门及时提供足量的原材料，需要动力部门提供足够的动力。

4. 信息协作

信息协作实质是在实现目标过程中，保证部门与部门之间、个人与个人之间及时的信息交流、情报传递。及时地掌握信息，才能制定正确的决策，进行有效的控制，这是实现目标的重要保证。

（三）协作特性

搞好协作是一个单位完成总体目标的必要条件。其特性表现如下：

1. 严密性

各层次之间、部门之间、岗位之间，有着严谨的结构和密切的联系，互相制约、互相影响。这种结构的本身，要求层次之间、部门之间及岗位之间必须有良好的协作和紧密的配合，才能使组织正常地运行，各项工作同步地进行。

2. 完整性

总目标与分目标之间、分目标与分表之间有些连锁关系，形成环环相扣的链条和网络。其中任何一环脱节，都会影响整个网络和链条，从而影响总目标的实现。

3. 复杂性

由于现代科学技术的发展，专业化、综合化程度越来越高，实现一项目标需要多个部门、多个岗位的共同努力、互相支援。这也要求部门之间、岗位之间有很好的、有力的协作配合。

（四）协作过程中的关键行为

1. 重视团队利益

意识到只有成就了团队才能成就自我，将团队放在首要位置，把集体的事情当自己的事情来对待，要求自己先主动意识到团队利益实现依赖于成员共识，主动在公开场合表达这一观点。

2. 建立信赖关系

重视合作伙伴在共同工作中的价值，强调“我们”而非“我”做了什么。真诚表达自身对他人的尊重和认可，使用那些亲近的昵称（但不会引起误解），拉近彼此关系。一旦确定业务内容，要求自己先做而非等到他人率先开展。表达对目标达成的乐观态度，为业务伙伴鼓劲，加强其信心。

3. 主动支持与配合

对制定的协作内容和临时承担的协作任务，应该以积极负责的态度去完成，因为这内容和任务都是紧紧围绕着总目标、服从总目标的需要而确定的。高效率高质量地完成自己所负责的工作，不给其他合作成员带来延误或困扰。邀请合作成员就开展的工作提供建议及支持。察觉到工作伙伴的困难或需求，在力所能及的范围，主动提供支持和帮助。

4. 提供反馈

针对合作成果定期进行工作总结。在合作成员提出咨询时，能积极提供建设性反馈。在合作过程中，能客观传递自己的观察结果，主动提供反馈意见。共同制订改善计划，以期提高合作效率。

二、项目一

(一)项目演练

能量传输

1. 项目概述

小组成员每人手持一截对剖的 PVC 管，用 PCV 管将乒乓球从起点运到终点处的接球杯内。此项目旨在增强学员间的协作性，告诉学员如何充分有效地利用组织资源，依靠团队共同的力量共同完成某一件任务。

2. 项目说明

(1)每组人数：10 人为宜。

(2)项目时间：30～40 分钟。

(3)项目场地：户外或室内，空旷场地。

(4)项目器材：对剖的 PVC 管(每人一截)、乒乓球(每组一个)、接球杯(每组一个)。

3. 项目布置

(1)提前准备好项目器材。

(2)根据团队分组集合学员。

(3)宣布项目任务：每个小组接下去进行能量传输项目挑战，挑战进行三轮，取三轮中最好成绩。小组内一位成员持球，其余每位成员手持一截对剖的 PVC 管，站在起点之前。挑战开始，持球者在起点处将球放入 PVC 管内，通过管内运输和学员跑动接力，将球运到终点处接球杯中。若中间球掉落或出现违规现象，立刻返回起点重新开始。每轮挑战开始到挑战成功所需时间记为本轮成绩。

(4)宣布项目规则：

①整个过程中除持球者以外，其他成员都不允许接触到乒乓球。

②乒乓球只能在管道内运行，不能悬空。

③球在管道内不能出现回滚现象。

④乒乓球通过该队员设置的管道时，该队员不能离开自己的位置，球体通过后，才可离开。

⑤乒乓球必须进入接球杯中。

违反上述任何一项规定，所有成员立刻回到起点，重新开始，计时继续。

(5)确认大家是否明白项目规则。

(6)发放道具，进行挑战，每轮挑战间有 10 分钟时间进行练习。

(7)计时开始，教师观察、记录团队和学员表现。

4. 项目控制

(1)为练习能顺利进行，将练习场地按小组进行划分。

(2)提醒学员每组只有一个乒乓球，请爱护自己仅有的道具。

(3)提醒学员在练习前先进行计划安排。

(4)根据学员具体表现设置终极目标，鼓励学员不断练习、不断提升。

5. 项目安全

(1)提醒学员时刻注意安全,小心使用道具以免划伤手指。

(2)道具轻拿轻放,不可随意丢弃以免砸伤其他学员。

(3)在跑动过程中注意安全,避免出现碰撞现象。

图 6—3 能量传输

(二)项目点评

1. 学员表现

(1)挑战过程中屡屡出现掉球现象。

(2)部分学员跟不上整体移动速度,导致管道越来越短。

(3)每一位成员担负了一样的挑战任务,并无差异性。

2. 点评指正

(1)做好自己,为团队减压:每一位学员就是一条完整管道的一截,少了谁都会使得管道脱节,不要因为个人的某一个小失误,为团队带来失败。每一个成员在团队中都是非常重要的,只有不断做好自己,才能使得团队挑战越来越顺利。

(2)积极主动地配合,帮助自己的团队成员:高效率、高质量地完成自己所负责的工作,不给其他合作成员带来延误或困扰。主动邀请成员提供建议及支持。察觉到工作伙伴的困难或需求,在力所能及的范围,能主动提供支持和帮助。

(3)各司其职,扬长避短:我们每一位学员在团队中都是很重要的,同时又是独一无二的,各自有各自的特点和优势。我们在挑战的过程中一定要学会扬长避短,把每个人最强的能力展现出来,去做自己最擅长的事,来一起帮助团队取得胜利。

(三)学员分享

(1)____________________________

(2)____________________________

(3)____________________________

(4)____________________________

(5)____

……

三、项目二

(一)项目演练

不倒森林

1. 项目概述

不倒森林挑战,共计进行三轮比拼,最终成绩取三轮中最好成绩。小组每位学员竖起一根PVC杆,并进行整体性平移,无人违规或无杆倒地,则视为成功一次。每组在指定时间内累计成功的次数为本轮成绩。该项目让学员明白自己在团队中的重要性,自己的失误会导致团队的失败;并且明白协作的前提是包容和尊重。只有包容才能更好地协作,只有更有效的协作才能取得更大的成功。

2. 项目说明

(1)小组人数:10人为宜。

(2)项目时间:40～50分钟。

(3)项目场地:户外或室内,空旷场地。

(4)项目器材:PVC长杆(直径1cm,长度1米左右),每人一根。

3. 项目布置

(1)提前准备好项目器材。

(2)根据组别带学员到指定地点集合。

(3)宣布项目任务:每个小组接下去进行不倒森林挑战,共计进行三轮比拼,取三轮中最好成绩。小组成员手拉手形成一个圆,然后放手,以掌心朝下的形式在双脚中竖起一根PVC杆,进行整体性平移,无人违规或无杆倒地,则视为成功一次。每组每轮有2分钟时间,2分钟内累计成功的次数为本轮成绩。

(4)宣布项目规则:

①在活动开始前决定哪一只手放在长杆上,挑战过程中不允许再次换手。

②活动进行中,不允许用手握杆身,只允许用手抵住或握住杆头,且身体其他部位不允许接触长杆。

③当杆倒地拿起时,必须要放在原位上。

(5)确认大家是否明白项目规则。

(6)发放道具,进行挑战,每轮挑战间有10分钟时间进行练习。

(7)教师观察、记录团队和学员表现。

4. 项目控制

(1)一定要严格控制违规现象,在练习时候一旦发现立刻阻止。

(2)可以在每个杆下面进行粉笔定点,让学员在每次倒杆后都能放在原位置。

(3)为保证项目相对公平,整个项目的计数和计时工作由教师来完成。

5. 项目安全

(1)提醒学员时刻注意安全,禁止用杆打闹。

(2)道具轻拿轻放,不可随意丢弃以免砸伤其他学员。

(3)在移动过程中注意安全,避免出现碰撞现象。

图 6—4 不倒森林

(二)项目点评

1. 学员表现

(1)不认真对待,无团队意识。

(2)只想着自己,而不顾他人。

(3)对失败成员进行责备。

(4)过于紧张,导致发挥失常。

2. 点评指正

(1)重视团队利益,为团队目标而奋斗。意识到只有成就了团队才能成就自我,将团队放在首要位置,把集体的事情当自己的事情来对待。

(2)协作需要包容。时刻强调"我们"而非"我"做了什么。真诚表达自身对他人的尊重和认可,即使他们出错也能时刻包容,拉近彼此关系。表达对目标达成的乐观态度,为业务伙伴鼓劲,加强其信心。

(3)积极主动地配合、帮助自己的团队成员。高效率高质量地完成自己所负责的工作,不给其他合作成员带来延误或困扰。邀请合作成员就开展的工作提供建议及支持。察觉到工作伙伴的困难或需求,在力所能及的范围,主动提供支持和帮助。

(三)学员分享

(1)____

(2)____

(3)____

(4)____

(5)____

……

四、项目引申

木桶原理

一个木桶无论有多高，它盛水的高度取决于其中最短的那块木板。

所谓“木桶理论”也即“木桶定律”，其核心内容为：一只木桶盛水的多少，并不取决于桶壁上最长的那块木块，而恰恰取决于桶壁上最短的那块。根据这一核心内容，“木桶理论”还有两个推论：其一，只有桶壁上的所有木板都足够高，那木桶才能盛满水。其二，只要这个木桶里有一块不够高度，木桶里的水就不可能是满的。

五、问题思考

(1)你如何看待你在团队中的身份？

(2)在这个项目中，你的职责是什么？

(3)在这个项目中，你是否感受到了团队协作？这种力量是如何形成的？

(4)看似不可能完成的任务，通过团队协作达到之后，你的内心感受是怎样的？

第七章　团队纪律与团队礼仪

学习目标

1. 认识纪律和礼仪的内涵，理解两者间的联系。
2. 培养学员纪律、礼仪的意识，促其养成讲礼守纪的良好习惯。

第一节　团队纪律

【主题意义】

国有国法，家有家规。一个好的团队也应该有一个适合自己的规章制度。通过本节的学习，让学员了解什么是纪律，学习纪律的强制性，加强自身纪律意识；完善团队规章制度，约束团队行为，提升团队纪律。

【故事】

有一次，刘少奇同志去散步，走到某炮兵阵地，想进去看看。站岗的战士不让进。随行人员上前对战士说："少奇同志想去看看阵地。"战士认真地说："上级有规定，要有上级指示才能看。"随行人员很生气，少奇同志却没有生气。反而笑着说："回去吧！"说着就往回走。一边走一边告诉随行人员："回去告诉那个战士的领导，不要批评他，他做得很对。"后来部队领导知道了，要批评那个战士，少奇同志再次让工作人员转告部队领导："这个战士认真执行规章制度，不但不应批评，还应该表扬。"

一、基础知识

(一)基本概念

纪律，是指为维护集体利益并保证工作进行而要求成员必须遵守的规章、条文。纪律作为人们的一种行为规则，是伴随着人类社会的产生而产生的，伴随着人类社会的发展而发展的，因此具有历史性的特点。纪律既然随着人类社会的发展而发展，那么，当人类社会出现阶级以后，纪律就必然打上阶级的烙印。纪律既然是维持人们一定关系的规则，就要求集体成员必须执行。

一般来说，纪律有三种基本含义：(1)纪律是指惩罚；(2)纪律是指通过施加外来约束达到纠正行为目的的手段；(3)纪律是指对自身行为起作用的内在约束力。

(二)历史性

在原始社会里，人们在共同生活中养成集体行动的习惯。他们总是成群结队地寻食打猎，如果没有一定的行为规则，就无法进行协同活动，甚至连抵御野兽的侵袭也不可能。所以，纪律就作为人们的习惯而产生。随着生产力的发展,特别是随着大工业革命的到来,生产越社会化和现代化,分工越精密,协作越广泛,纪律就越重要、越发展。例如,一个现代化大企业生产的一件产品,就有成千上万个零部件,这就需要许多人相互配合、进行协同作业,也就必须制定一套具有高度科学性的工艺规程和规章制度。由此可以看出,纪律的演变标志着人类的进步。

(三)阶级性

纪律是统治阶级的权力和意志的体现,各阶级总是按照他们的需要,运用手中的权力,制定出一定的纪律。所以,纪律在阶级社会里具有鲜明的阶级性。

(四)强制性

纪律是以行为的限制、以服从为前提的。无论是象征着统治阶级权力和意志的政治纪律,还是反映社会化大生产规律的各行各业的职业纪律;无论是维护社会正常秩序的规章制度,还是机关团体的各种公约章程,都具有强制性。一定集体的纪律一经制定,每个成员就必须执行,违反了纪律,就要受到批评或者惩罚。

二、项目一

(一)项目演练

完善团队规章制度

1. 项目概述

对团队组建过程中制定的团队规章制度进行完善,并加以落实。没有规矩不成方圆,纪律靠制度来约束,所以在纪律课程上的第一个项目为完善规章制度,希望通过团队共同完成此项工作,让每一位学员遵守章程,严守纪律。

2. 项目说明

(1)每组人数:10 人为宜。

(2)项目时间:30～40 分钟。

(3)项目场地:户外或室内,空旷场地。

(4)项目器材:A4 白纸(每人一张)、黑色水笔(每人一支)、A3 白纸(每组一张)、马克笔(每组一支)。

3. 项目布置

(1)提前准备好项目器材。

(2)根据团队分组集合学员。

(3)宣布项目任务:每个小组接下去完善在团队组建中制定的规章制度。首先给各小组每个成员 10 分钟进行思考:你觉得作为该团队的成员,你应该遵守哪些规章?并将这些规章制度写在 A4 白纸上。最后,队长召集团队成员进行整合,并规整地写在 A3 白纸上。

(4)宣布项目规则:

①规章内容必须积极向上。

②每个成员在思考阶段必须写 5 条以上规章。

③团队规章制度必须在 10～20 条。

④A3 白纸纸面干净、字迹清晰、字体工整。

⑤团队成员必须遵守团队规章制度。

(5)确认大家是否明白项目规则。

(6)发放道具,进行思考。

(7)计时开始,教师观察、记录团队和学员表现。

4. 项目控制

(1)思考期间严禁学员间进行交流。

(2)提前准备一些组织规章制度,给予学员一定引导,发散学员思维。

(3)提醒学员在 A3 纸上书写一定要仔细认真,切勿出现错字现象。

5. 项目安全

提醒学员时刻注意安全。

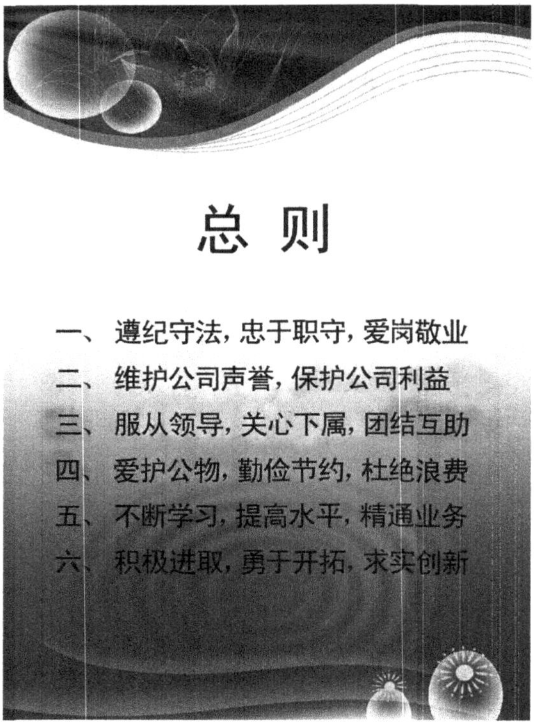

图 7—1 规章制度示例

(二)项目点评

国有国法,家有家规。一个好的团队也应该有一个适合自己的规章制度。建立团队制度的原则:效率优先,兼顾公平。制度面前人人平等。任何成员提出的任何意见只要有利于团队的建设,均可考虑补充到制度中。

制度不在多,在于适合团队;制度不在苛刻,在于每个人都能严格遵守。规章制度是凌驾于任何个人之上的。假若个人的权威可以凌驾于规章制度之上,任何人都试着去挑战规章制度的权威,那么制度不但成了一纸空文,而且还会消磨整个团队的意志力。所以,我们必须遵守制度。

(三)学员分享

(1)____________________

(2)____________________

(3)____________________

(4)____________________

(5)______________________________

……

三、项目二

(一)项目演练

集中注意力

1. 项目概述

一个完整的集中注意力挑战为:口中响亮喊出“集中注意力”的同时进行标准深蹲动作。项目要求:团队成员横排同向站立,需要同步连续进行 12 个变化式集中注意力挑战。该挑战存在一定的难度,只有每一位学员牢记规定不犯错,并且所有学员都能够同步进行的情况下才算成功。让学员们明白制度的强制性和约束力。

2. 项目说明

(1)小组人数:10 人为宜。

(2)项目时间:40～50 分钟。

(3)项目场地:户外或室内,空旷场地。

(4)项目器材:无。

3. 项目布置

(1)根据组别带学员来指定地点集合。

(2)宣布项目任务:每个小组接下去进行集中注意力挑战。一个完整的集中注意力挑战为:口中响亮喊出“集中注意力”的同时进行标准深蹲动作。项目要求:团队成员横排同向站立,需要同步连续进行 12 个变化式集中注意力挑战:第一、二、四、六、七、十一、十二个为完整集中注意力;第三、八个只需要做标准深蹲,不需要喊集中注意力口号;第五、九个不需要做标准深蹲,只需要喊集中注意力口号;第十个不需要做标准深蹲,也不需要喊集中注意力口号,整体停顿两秒。每小组在接下去 30 分钟内每隔 10 分钟有一个挑战机会,共有 3 次机会,完成一组完整动作所需时间越短,成绩越好。

(3)宣布项目规则:

①队列要整齐,口号要响亮,动作要标准,整个团队要同步进行。

②第十个两秒停顿要到位。

③整个挑战过程中发出其他声音或出现其他动作,视为本轮挑战失败。

④三次挑战失败进行集体俯卧撑惩罚。

(4)确认大家是否明白项目规则。

(5)团队进行练习,自行上前进行挑战。

(6)教师观察、记录团队和学员表现,评判是否通过。

4. 项目控制

(1)对学员严要求、高标准。

(2)惩罚后可根据学员整体表现看是否给予再一次挑战机会。

5. 项目安全

(1)若有膝盖、腰部受伤者,不建议加入挑战。

(2)提醒学员时刻注意安全。

(3)项目练习前可进行适当热身运动。

图 7—2 集中注意力

(二)项目点评

1. 学员表现

(1)不认真对待。

(2)试图改变规则。

(3)不愿承担失败带来的惩罚。

2. 点评指正

(1)一丝不苟:一切伟业都是从小事做起的,动作虽然简单,但一定要严格要求自己,尽力做到最好。

(2)服从:规则是用来服从的,纪律既然是维持人们一定关系的规则,那么就要求集体成员必须执行。它带有强制性,必须服从,不要试图去改变外在,努力让自己适应并接受。

(3)责任:既然遵守了规则,那么就要承担规则背后的责任。如果说限制行为是纪律的前提,那么承担责任则是纪律的根本。

(三)学员分享

(1)____________________

(2)____________________

(3)____________________

(4)____________________

(5)____________________

……

四、项目引申

古往今来有许多关于遵守纪律的故事。三国时期的曹操,军纪如山,不让将士踩踏庄稼。可是有一次,他的马受惊了,踩了一大片庄稼,他要自刎,在将士们的劝说下,他割下自己的一缕头发,在当时已经是一种很重的惩罚了。我们不要过分地放任自由,一点也不加以限制的自由,它的危害实在不少。所以,我们要遵守纪律,这样我们的班级就会得到表扬,会很优秀;学生会更加努力,团结;学校会变得很有秩序。

五、问题思考

(1)如何看待自己团队内制定的规章制度?是否能实施?
(2)当你的队长违反规章制度时,你会怎么做?
(3)你是否愿意为自己的错误接受惩罚?
(4)你怎样认识遵守纪律的重要性?
(5)结合实际生活的例子,谈谈怎么做一个遵守纪律的人。

第二节　团队礼仪

【主题意义】

成功的职业生涯并不意味着你要才华横溢,更重要的是,在工作中你要有积极的心态、良好的职场礼仪和职场技巧,用一种恰当合理的方式展示自己,与人沟通和交流,这样才能在职场中赢得别人的尊重,才能在职场中获胜。本节的学习让学员了解什么是礼仪,明白学习礼仪的重要性。

【故事】

曾子避席

"曾子避席"出自《孝经》,是一个非常著名的故事。曾子是孔子的弟子,有一次他在孔子身边侍坐,孔子就问他:"以前的圣贤之王有至高无上的德行、精要奥妙的理论,用来教导天下之人,人们就能和睦相处,君王与臣下之间也没有不满,你知道它们是什么吗?"曾子听了,明白老师孔子是要指点他最深刻的道理,于是立刻从坐着的席子上站起来,走到席子外面,恭恭敬敬地回答道:"我不够聪明,哪里能知道,还请老师把这些道理教给我。"

在这里,"避席"是一种非常礼貌的行为,当曾子听到老师要向他传授时,他站起身来,走到席子外向老师请教,是为了表示他对老师的尊重。曾子懂礼貌的故事被后人传诵,很多人都向他学习。

一、基础知识

(一)基本概念

1. 礼仪

礼仪(Etiquette)是在人际交往中,以一定的约定俗成的程序方式来表现的律己敬人的过程,涉及穿着、交往、沟通、情商等方面的内容。礼仪是我们在生活中不可缺少的一种能力。

2. 礼貌

礼貌(Politeness),是人类为维系社会正常生活而要求人们共同遵守的最起码的道德规范,它是人们在长期共同生活和相互交往中逐渐形成,并且以风俗、习惯和传统等方式固定下来。

3. 礼节

礼节(Protocol)是个人对人表示尊重的各种形式,包括动作形式和语言形式。如握手、鞠躬等,是动作形式;问候、道谢等,是语言形式。

礼貌、礼节和礼仪都是人们在相互交往中表示尊重、友好的行为,三者是相互联系、相辅相成的。从本质上说，三者是一致的，但又各有其自身的特殊含义和要求。如果说礼貌侧重于强调个人的道德品质，那么礼节强调的就是这种品质的外在表现形式。而礼节是礼仪的基础，礼仪是程式化了的礼节。

（二）礼仪准则

仅仅了解礼仪的内容是远远不够的，只有把它切实地转化为日常工作和生活的行为时，它才会发挥其应有的作用。绝不可以把它作为向别人炫耀的资本，这不符合礼仪规范和准则。那么，我们应该遵循的礼仪一般有什么样的准则呢？

1. 尊重

尊重他人必先尊重自己，我们尊重自己到什么地步，我们尊重他人才会到什么地步。尊重他人意味着承认他人的价值。尊重他人的人绝不会去鄙视在街头擦鞋或地位和职位比自己低很多的人，也不会随意去贬低他人的想法或思想，同时拥有一颗宽容的心。不能因为交往对象在年龄、性别、种族、文化、教育、身份和财富等方面有所不同而区别对待。

2. 真诚

在人际交往中运用礼仪时，务必诚实，言行一致，表里如一。当我们用自己的知识和能力表现出对别人的尊重时，这种行为才不会有任何的虚假，才会体现出彻底的真诚。与其说它是一种礼仪，不如说是一种道德品质。只有如此，自己在运用礼仪时所表现出来的对交往对象的尊重与友好，才会更好地被对方理解并接受。

3. 体谅

从他人的角度出发体谅他人。你希望他人以怎样的方式对你，你就要以怎样的方式去对待他人。多以同理心去看待周边的人或事。

（三）礼仪功能

1. 提升教养水平

礼仪反映一个人的气质风度、阅历见识、道德情操、精神面貌。因此，在这个意义上，完全可以说礼仪即教养，而有道德才能高尚，有教养才能文明。个人形象，是一个人仪容、表情、举止、服饰、谈吐、教养的集合，而礼仪在上述诸方面都有自己详尽的规范。

2. 改善人际关系

运用礼仪，除了可以使个人在交际活动中充满自信、胸有成竹、处变不惊之外，其最大的好处就在于，能够帮助人们规范彼此的交往，更好地向交往对象表达自己的尊重、敬佩、友好与善意，增进彼此之间的了解与信任，人际关系将会更加和睦，生活将变得更加温馨、和谐。

3. 强化职场能力

礼仪体现了职场人士的习惯和修养，良好的礼仪将帮助求职者更顺利地面对应聘，增大面试成功的概率。同时，礼仪是职场人士最亮丽的名片，职场上交往的对方不仅要看你的职务，还要看你的修养和素质，如果对方认为你不值得信任，你的努力都将白费。

（四）有关礼仪理解的误区

1. 礼仪是一种过时的、刻板的规矩

礼仪的发展与时代是同步的。虽然在当今充满压力的社会中很多刻板的东西、烦琐的程式会显得多余，但必要的礼仪是指导我们在与他人相处时让对方感到舒适的行为准则。同时，如果没有表现适当的礼仪，那我们的表现就与动物的行为没有多大的差别了。

2. 上流社会才需要礼仪

礼仪是适用于不同阶层和职业的行为规范。任何人掌握和具备良好的行为规范后，将会给人一种良好的精神面貌，其生活品质将会有质的提升。

3. 礼仪是谄媚的行为和表现

遵守礼仪规范并不意味着你是势利小人。看不起别人的人不可能通过这种方式达到显示自身优越性的目的，而只能让自己更渺小，因为他根本不懂得尊重他人或体谅他人。

4. 礼仪的目标是赢得合同

礼仪的最终目标不是去赢得合同，而是去建立互利互惠的关系，是为自己赢得尊重和友谊，这种尊重和友谊可以超过很多商业利益。所以，无论你处于哪个层次，无论你在什么样的环境，都要记住这个学习礼仪的最高目标。

(五)礼仪的分类

礼仪主要分为仪容与形象礼仪、餐饮与娱乐休闲礼仪、社交礼仪、科技时代礼仪、商务礼仪、涉外礼仪以及沟通与职场礼仪。本章内容主要讲述沟通与职场礼仪。

1. 职场礼仪

职场礼仪，是指人们在职业场所中应当遵循的一系列礼仪规范。了解、掌握并恰当地应用职场礼仪，有助于建立、完善和维护良好的职业形象，会使你在工作中左右逢源，使你的事业蒸蒸日上，使你成为一个成功的职业人。

成功的职业生涯并不意味着你要才华横溢，更重要的是，在工作中你要有积极的心态与职场技巧，用一种恰当合理的方式与人沟通和交流，这样你才能在职场中赢得别人的尊重。

(1)求职与面试礼仪

面试是成功求职的临门一脚。在面试中，面试官对求职者的了解，语言交流只占 30%，眼神交流和面试者的气质、形象、身体语言占了绝大部分，所以求职者在面试时不仅要注意自己的形象外表、谈吐和举止，还要注意避免做出很多下意识的影响形象的小动作和姿态。求职者除了具备良好的专业素质外，掌握相关的求职面试礼仪也是十分重要的。

①面试前的准备

求职者在参加面试前要做好各种准备工作，包括面试前的物件及服装仪容等方面的准备。

求职者在参加面试前要准备好各种物件，如公文包、求职记录笔记本、多份打印好的简历、个人身份证、所获奖励证书、登记照等，所有准备好的文件都应该平整地放在一个文件夹或牛皮纸信封中。求职时带上公文包会给人以专业人员的印象。

参加面试的服饰要求能匹配求职者的身份。面试时，合乎自身形象的着装会给人以干净利落、有专业精神的印象，男生应显得干练大方，女生应显得庄重俏丽。

A. 男士面试

人们普遍认为“西装革履”是现代职业男士的正规服饰，就求职面试活动而言，穿西装也是最为稳妥和安全的，因此，西装一般成为许多求职者的首选装束。然而，穿西装也有许多讲究：应聘者最好穿深色的西服，西服以天然织物做的为佳，并且要得体。

衬衫必须是长袖的。衬衫应当是白色或淡蓝色，不带图案或条纹。跟西服一样，衬衫的最理想布料也是天然织物。

领带的面料选用真丝即可。它的宽度随衣服款式的不同而不同。

注意使你的鞋面保持锃亮，系带的皮鞋一定要检查鞋带是否干净且系紧了。

袜子的颜色应当与西服相配。袜子要够长，而且要有足够的弹性。

求职者去应聘时要保持头发整洁，精心梳理；发型简单、朴素、稳重大方；头发也不能压着衬衣领子；胡须最好刮干净，不要留仁丹胡、络腮胡。

厚重的上衣已经逐渐被轻便的新式样代替了，因为它几乎适用于所有场合且耐用。另外，人们潜意识中往往对穿浅色上装的人投以更深的信任。

简单细长的公文包是最佳选择。如果适合你的职业，携带一个整洁的文件夹。

在面试官看到你之前，先检查自己的手，务必使其洁净且不留长指甲。

男士的饰品较为简单，一般为皮夹、手表、手帕。一个小巧的钱包不易使口袋鼓起变形，且钱包里的东西应是必需品。

B. 女士面试

女士求职服装一般以西装、套裙为宜，这是最通用、最稳妥的着装，不论年龄，一套剪裁合体的西装、套裙和一件配色的衬衣或罩衫外加相配的小饰物，会使你看起来显得优雅而自信，会给对方留下良好的印象。切忌穿太紧、太透和太露的衣服。

鞋子要便利，在颜色和款式上与服装相配。设计新颖的靴子也会显得自信而得体。

袜子也很重要，不能有脱丝。普遍认为，肉色作为商界着装是最适合的。

饰物要少而精，需要注意的主要有：公文包或手提小包，带一个即可；一顶既无饰边也不艳丽却很雅致的帽子（如果帽子与着装相配）；首饰尽量少戴，耳环应当小巧且不引人注目，朴实无华的项链和手镯，总之，戴首饰的重要原则是少则美；眼镜，尽量选择适合自己的镜框，式样宜新；一条漂亮的丝巾有画龙点睛的妙用，选择丝巾时一定要注意与衣服的协调搭配。

发式要适宜，选择最适合自己脸型的发型。

对于女性求职者，化妆一定要坚持素淡的原则，切不可浓妆艳抹。

女人的手通常是其气质外观的一个方面。为充分显示其魅力，应保持干净，指甲应修剪好，千万不要留长长的指甲，另外不要涂艳丽的指甲油。

对于求职者而言，其服饰除了要符合一般社交场合服饰的共同要求外，更要注重和突出服饰的职业特点，使你的着装打扮与应聘的职业相称，给人以一种鲜明的职业形象。

②面试过程中的礼仪

很多面试充满戏剧性，我们可以把它想象成一个舞台剧。戏里的主角是人力资源经理和求职者，角色只有两个，但剧情千变万化。作为求职者的一方，一定要把握求职礼仪上的分寸，不要过火或不到位，把"好戏"给演砸了。

进入面试场地，求职者应始终面带微笑，不要过分紧张，对碰到的每个公司员工都应彬彬有礼。

A. 面试时，应试者应当与面试官保持目光接触，以表示对面试官的尊重。切忌目光游移、躲避闪烁，这是缺乏自信的表现。

B. 身体姿势和习惯动作。在进出面试办公室时，应注意进退礼仪，一定要保持抬头挺胸的姿态和饱满的精神，手势不宜过多，需要时适度配合表达。

C. 讲话时的嗓音。控制说话的语速，应保持音调平静、音量适中，回答简练，不带"嗯""这个"等无关紧要的习惯语，以免显得自我表达方面不专业。

在整个面试过程中，表达要简洁、清晰、自信、幽默，同时注意观察主考官的表情变化，也就是要做到察言观色。

③面试后的礼仪

面试结束后，不论是否如你所愿被顺利录取，得到梦寐以求的工作机会，或者只是得到了一个模棱两可的答复，我们都要礼貌相待，用平常心对待。

如果得到模棱两可的答复，我们应对用人单位的人力资源经理抽时间与自己见面进行交谈表示感谢，并且希望今后能有机会再次得到对方进一步的指导，有可能的话，可约定下次见面的时间。这样既保持了与相关单位经理的良好关系，又表现出了自己杰出的人际交往能力。

告别时可以主动与面试官们握手，但要注意握手的基本礼节。一般来说，握手告别要讲究先后的顺序，握手的先后顺序是根据握手人双方所处的社会地位、身份、性别和条件来确定的，其基本原则是：上级在先，长辈在先，女士在先。

握手通常以三五秒钟为宜，并且要注意把握好力度，要双目注视对方，面带笑容，不可目光四顾、心不在焉，同时应配以适当的敬语，如"再见""再会""谢谢"等。

(2)工作沟通与交往礼仪

①语言沟通礼仪

真诚的态度，是交谈的基础。谁都希望别人尊重自己，但自己首先要尊重别人。在交谈中，谈话的态度应该是真挚、平易、热情、稳重的。

谦虚是一种美德，但是凡事皆有度。议论问题，表达看法，不能过度谦卑，也不能自以为是；赞美别人，不能言过其实，而应恰如其分；反省自己，不能文过饰非，也不应妄自菲薄。

每个人由于经历、所受教育、家庭、兴趣、性格等不同，由此带来其谈话的领域、内容、兴奋点的差异，在与不同性格、不同行业、不同熟悉程度的人交流时，就要察言观色，选择语言，甚至还要会转移话题。

②同事交往礼仪

我们每天有 1/3 的时间和同事待在一起，与同事相处得如何直接关系到自己的工作是否顺利、事业能否发展。如果同事之间相处融洽和谐，就会感到心情愉快，有利于工作的顺利进行，从而促进事业的发展。

(六)相关概念

1."55387"定律

根据西方学者的研究得出：决定一个人的第一印象中 55%在于外表、穿着、打扮，38%在于肢体语言及语气，而谈话内容只占到 7%。这也就是所谓的"55387"定律，从定律中不难发现，注重我们的外表形象，不论是在生活中还是在工作中都很重要。

2. 仪容与形象礼仪

形象礼仪同"礼仪形象"，是指社会公众对个体在遵循礼仪规范方面所表现出来的礼仪修养的总的印象和评价。礼仪形象是个体形象的外在表现形式之一，礼仪形象的高低往往反映出一个人教养、素质的高低。形象礼仪主要包括着装与配饰礼仪、仪容与表情礼仪和体态与举止礼仪。

职场着装的关键是适宜，下列着装不适合办公室或商务往来：运动服、运动鞋，T 恤，沙滩服、户外服，短裤，褶皱、划破或者穿烂的衣服，凉鞋、拖鞋、雨靴、船鞋以及鞋跟坏了的鞋子。

3. 餐饮与娱乐休闲礼仪

餐饮礼仪是指人们在赴宴进餐过程中，根据一定的风俗习惯约定俗成的仪式和行为，在仪态、餐具使用、菜品食用等方面表现出的自律和敬人的行为，是餐饮活动中需要遵循的行为规范与准则。它主要包括中西餐和自助餐的礼仪，酒水、茶及咖啡的礼仪，娱乐活动礼仪，运动竞技礼仪。

4. 社交礼仪

社交礼仪是指在人际交往活动中，用于表示尊重、亲善和友好的首选行为规范和惯用形式。社交礼仪体现在人们在人际交往过程中所具备的基本素质、交际能力等。社交在当今社会人际交往中发挥的作用愈显重要。社交礼仪主要包括称呼礼仪、介绍礼仪、握手礼仪、名片礼仪、馈赠与答谢礼仪、出行礼仪和公共场合礼仪。

5. 科技时代礼仪

随着手机、电子邮件和一些其他技术手段的诞生，商业关系已经不再是以前的状况了。现代科技众多自相矛盾的特点之一是，这些发明在方便人们联系的同时也疏远了人们之间的关系。科技时代礼仪主要包括电话礼仪、邮件礼仪、网络礼仪等。

6. 商务礼仪

在商务活动中，为了体现相互尊重，需要通过一些行为准则去约束人们在商务活动中的方方面面，这其中包括仪表仪态、言谈举止、书信来往、电话沟通等技巧，从商务活动的场合又可以分为办公礼仪、宴会礼仪、迎宾礼仪等。商务礼仪可以展示企业的文明程度、管理风格和道德水准，塑造良好的企业形象。

7. 涉外礼仪

涉外礼仪是涉外交际礼仪的简称，是指在长期的国际往来中，逐步形成的外事礼仪规范，也就是人们参与国际交往所要遵守的惯例，是约定俗成的做法。它强调交往中的规范性、对象性、技巧性。涉外礼仪主要包括国际交往常用的礼仪、世界主要国家的礼仪。

二、项目一

(一)项目演练

模拟面试

1. 项目概述

小组自行编排演绎模拟社交礼仪场景，内容包括面试前的准备、面试中的礼仪、面试后的礼仪，时长5分钟。此项目一方面能够帮助学员更好地学习到面试方面的礼仪，另一方面也能让学员充分了解到面试的全过程，为今后的求职做准备。

2. 项目说明

(1)每组人数：10人为宜。

(2)项目时间：40～50分钟。

(3)项目场地：户外或室内，空旷场地。

(4)项目器材：桌椅、文件夹、正装。

3. 项目布置

(1)学生自行提前准备好项目器材。

(2)根据团队分组集合学员。

(3)宣布项目任务：每个小组接下去要自行编排和演绎模拟面试场景，内容包括面试前的准备、面试中的礼仪、面试后的礼仪，角色包括应试者、面试官和旁白，总时长控制在5分钟左右。练习时间30分钟。

(4)宣布项目规则：

①工作岗位自行设定，最好与学习专业挂钩。

②作品内容要丰富，不能过于简单。

③面试官提问要有价值，不能过于简单。

④至少设定3名应试者参与面试，表现不同礼仪行为，供学习参考。

⑤小组间切勿出现雷同场景。

(5)确认大家是否明白项目规则。
(6)计时开始,学员自行编排。
(7)教师观察、记录团队和学员表现。
(8)学员根据组别上前进行展示,并进行评价。
4. 项目控制
(1)提前准备面试案例,供学员学习。
(2)为增加面试效果可提前准备桌椅、文件夹等面试常用物品。
(3)在学员正式演绎前进行指导工作。
5. 项目安全
提醒学员时刻注意安全。

图 7—3　礼仪展示

(二)项目点评

面试基本要求:大方、稳重,语速适中、吐词清晰,回答问题条理清晰、逻辑性强,最好配合肢体语言。面试官提问后稍做思考再回答,问题没有听清楚可有礼貌地请面试官重复。

1. 面试前的准备

求职者在参加面试前要做好各种准备工作,包括见面前的物件及服装仪容等方面的准备。参加面试的服饰要求能匹配求职者的身份。面试时,合乎自身形象的着装会给人以干净利落、有专业精神的印象,男生应显得干练大方,女生应显得庄重俏丽。

2. 面试过程中的礼仪

进入面试场地,求职者应始终面带微笑,不要过分紧张,对碰到的每个公司员工都应彬彬有礼。

(1)面试时,应试者应当与面试官保持目光接触,以表示对面试官的尊重。

(2)身体姿势和习惯动作。在进出面试办公室时,应注意进退礼仪,一定要保持抬头挺胸的姿态和饱满的精神,手势不宜过多,需要时适度配合表达。

(3)讲话时的嗓音。控制说话的语速,应保持音调平静、音量适中。

在整个面试过程中，表达要简洁、清晰、自信、幽默等，同时注意观察面试官的表情变化，也就是要做到察言观色。

3. 面试后的礼仪

面试结束后，不论是否如你所愿被顺利录取，得到梦寐以求的工作机会，或者只是得到了一个模棱两可的答复，我们都要礼貌相待，用平常心对待。

(三)学员分享

(1)______

(2)______

(3)______

(4)______

(5)______

……

三、项目二

(一)项目演练

模拟社交礼仪

1. 项目概述

小组自行编排演绎社交场景，内容包括称呼礼仪、介绍礼仪、握手礼仪、名片礼仪、馈赠与答谢礼仪、出行礼仪和公共场合礼仪，时长5分钟。此项目能够帮助学员更好地学习到社交方面的礼仪，提升学员社交能力。

2. 项目说明

(1)每组人数：10人为宜。

(2)项目时间：40～50分钟。

(3)项目场地：户外或室内，空旷场地。

(4)项目器材：名片、礼盒。

3. 项目布置

(1)学生自行提前准备好项目器材。

(2)根据团队分组集合学员。

(3)宣布项目任务：每个小组接下去要自行编排和演绎社交礼仪场景，内容包括称呼礼仪、握手礼仪、名片礼仪、馈赠与答谢礼仪、出行礼仪和公共场合礼仪，时长5分钟。练习时间30分钟。

(4)宣布项目规则：

①每位学员在练习阶段需练习每种礼仪动作。

②礼仪动作要到位，注重细节。

③将上述礼仪场景结合在一起设计成一个故事进行展示。

(5)确认大家是否明白项目规则。

(6)计时开始，学员自行编排。

(7)教师观察、记录团队和学员表现。

(8)学员根据组别上前进行展示，并进行评价。

4. 项目控制

(1)专业教师提前进行动作展示。

(2)为使演绎效果更加逼真,可提前准备社交礼仪常用物品。

(3)在学员正式演绎前进行指导工作。

5. 项目安全

提醒学员时刻注意安全。

图 7—4 握手礼仪

(二)项目点评

社交礼仪是一种无声的人际交往语言,它不仅能体现出一个人的修养、涵养、教养和素质水平,而且有利于我们的身心健康,它是我们个人发展、事业进步的需要,是社会时代的需要,是一门必修课,每个人都应该学习社交礼仪。下面着重讲解握手礼仪:

1. 握手的顺序

主人、长辈、上司、女士主动伸出手,客人、晚辈、下属、男士再相迎握手。

2. 握手的方法

(1)握手时一定要用右手,这是约定俗成的礼貌。在一些东南亚国家,如印度尼西亚等,人们不用左手与他人接触,因为他们认为左手是用来洗澡和上卫生间的。如果是双手握手,应等双方右手握住后,再将左手搭在对方的右手上,这也是经常用的握手礼节,以表示更加亲切,更加尊重对方。

(2)要紧握双方的手,时间一般以 1 至 3 秒为宜。当然,过紧地握手,或是只用手指部分漫不经心地接触对方的手都是不礼貌的。

(3)被介绍之后,最好不要立即主动伸手。年轻者、职务低者被介绍给年长者、职务高者时,应根据年长者、职务高者的反应行事,即当年长者、职务高者用点头致意代替握手时,年轻者、职务低者也应随之点头致意。与年轻女性或异国女性握手,一般男士不要先伸手。

(4)握手时,年轻者对年长者、职务低者对职务高者都应稍稍欠身相握。有时为表示特别尊敬,可用双手迎握。男士与女士握手时,一般只宜轻轻握女士手指部位。男士握手时应脱帽,切忌戴手套握手。如果是戴着手套,握手前要先脱下手套。若实在来不及脱掉,应向对方说明原因并表示歉意。不过在隆重的晚会上,女士如果是穿着晚礼服并戴着薄纱长手套则可不必脱下。

(5)握手时双目应注视对方,微笑致意或问好,多人同时握手时应顺序进行,切忌交叉握手。

(6)在任何情况下拒绝对方主动要求握手的举动都是无礼的，但手上有水或不干净时，应谢绝握手，同时必须解释并致歉。

以上便是握手礼仪的基本要点，虽然握手是一个再简单不过的动作，但它贯穿于各国人们交往、应酬的各个环节，因此我们决不能忽视以上所说的握手礼节。

(三)学员分享

(1)________________________________

(2)________________________________

(3)________________________________

(4)________________________________

(5)________________________________

……

四、项目引申

卡耐基说过一句话："一个人的成功，15％是靠专业知识，85％是靠人际关系和处世能力。"这里所说的"人际关系和处世能力"，其实就是礼仪固化和外化的表现。

中国古代哲学家荀子说过这样一句话："礼，所以正身也；师，所以正礼也。人无礼则不生，事无礼则不成，国家无礼则不宁。"由此可见，礼仪是多么重要。

五、问题思考

(1)请简述礼仪的概念。

(2)请讲讲你对于职场礼仪的理解。

(3)请你谈谈礼仪的重要性。

(4)请你简要分析一下纪律与礼仪的联系。

(5)结合实际生活的例子，谈谈怎么做一个讲礼的人。

第八章　团队计划与团队执行

学习目标

1. 认识计划及其作用，并学会做好计划工作。
2. 了解执行及执行力，学会在计划下更好地执行。

第一节　团队计划

【主题意义】

在管理实践中，计划是其他管理职能的前提和基础，并且还渗透到其他管理职能中，在管理活动中具有特殊重要的地位和作用。本节内容让学员了解计划的基本概念、计划的过程以及计划的作用。

【故事】

四只毛毛虫的故事

毛毛虫都喜欢吃苹果，有四只要好的毛毛虫，都长大了，各自去森林里找苹果吃。

第一只毛毛虫跋山涉水，终于来到一棵苹果树下。它根本就不知道这是一棵苹果树，也不知树上长满了红红的可口的苹果？当它看到其他的毛毛虫往上爬时，稀里糊涂地就跟着往上爬。

第二只毛毛虫也爬到了苹果树下。它知道这是一棵苹果树，也确定它的“虫生”目标就是找到一个大苹果。问题是它并不知道大苹果会长在什么地方？但它猜想：大苹果应该长在大枝叶上，于是它就慢慢地往上爬，遇到分枝的时候，就选择较粗的树枝继续爬。于是它就按这个标准一直往上爬，最后终于找到了一个大苹果，这只毛毛虫刚想高兴地扑上去大吃一顿，但是放眼一看，它发现这个大苹果是全树上最小的一个，上面还有许多更大的苹果。更令它泄气的是，要是它上一次选择另外一个分枝，它就能得到一个大得多的苹果。

第三只毛毛虫也到了一棵苹果树下。这只毛毛虫知道自己想要的就是大苹果，并且研制了一副望远镜。还没有开始爬时就先利用望远镜搜寻了一番，找到了一个很大的苹果。同时，它发现当从下往上找路时，会遇到很多分枝，有各种不同的爬法；但若从上往下找路时，却只有一种爬法。它很细心地从苹果的位置，由上往下反推至目前所处的位置，记下这条确定的路径。于是，它开始往上爬了，当遇到分枝时，它一点也不慌张，因为它知道该往哪条路走，而不必跟着一大堆虫去挤破头。但是真实的情况往往是，因为毛毛虫的爬行相当缓慢，当它抵达时，苹果不是被别的虫捷足先登，就是苹果已熟透而烂掉了。

第四只毛毛虫可不是一只普通的虫，它做事有自己的计划。它知道自己要什么苹果，也知道苹果将怎么长大。因此，当它带着望远镜观察苹果时，它的目标并不是一个大苹果，而是一朵含苞待放的苹果花。它计算着自己的行程，估计当它到达的时候，这朵花正好长成一个成熟的大苹果，它就能得到自己满意的苹果。结果它如愿以偿，得到了一个又大又甜的苹果，从此过着幸福快乐的日子。

其实，我们就是毛毛虫，而苹果就是我们的人生目标——职业成功。爬树的过程就是我们职业生涯的道路。毕业后，我们都得爬上人生这棵苹果树去寻找未来，完全没有计划的职业生涯注定是要失败的。

一、基础知识

(一)基本概念

1. 计划

在管理学中，计划(Plan)具有两重含义：其一是计划工作，是指根据对组织外部环境与内部条件的分析，提出在未来一定时期内要达到的组织目标以及实现目标的方案途径。其二是计划形式，是指用文字和指标等形式所表述的组织以及组织内不同部门和不同成员，在未来一定时期内关于行动方向、内容和方式安排的管理事件。

2. 规划

规划的意思就是个人或组织制订的比较全面长远的发展计划，是对未来整体性、长期性、基本性问题的思考和考量。规划是融合多要素、多人士看法的某一特定领域的发展愿景。

3. 区别

规划与计划基本相似，不同之处在于：规划具有长远性、全局性、战略性、方向性、概括性和鼓动性。

计划是规划的延伸与展开，规划与计划是一个子集的关系，即“规划”里面包含着若干个“计划”，它们的关系既不是交集的关系，也不是并集的关系，更不是补集的关系。

(二)计划分类

1. 按计划的重要性划分

从计划的重要性程度上来看，可以将计划分为战略计划和作业计划。

应用于整体组织的、为组织设立总体目标和寻求组织在环境中的地位的计划，称为战略计划。规定总体目标如何实现的细节的计划称为作业计划。战略计划的一个重要的任务是设立目标；而作业计划假定目标已经存在，只是提供实现目标的方法。

2. 按计划的时期界限分

管理人员也采用长期、中期和短期来描述计划。长期计划描述了组织在较长时期(通常 5 年以上)的发展方向和方针，规定了组织的各个部门在较长时期内从事某种活动应达到的目标和要求，绘制了组织长期发展的蓝图。短期计划具体地规定了组织的各个部门在目前到未来的各个较短的时期阶段，特别是最近的时段中，应该从事何种活动、从事该种活动应达到何种要求，从而为各组织成员的行动提供了依据。中期计划介于长期计划和短期计划之间。

3. 按计划内容的明确性分

根据计划内容的明确性指标，可以将计划分具体性计划和指导性计划。

具体性计划具有明确规定的目标，不存在模棱两可。指导性计划只规定某些一般的方针和行动原则，给予行动者较大自由处置权，它指出重点但不把行动者限定在具体的目标上或特定的行动方案上。相对于指导性计划而言，具体性计划虽然更易于执行、考核及控制，但缺少灵活性，它要求的明确性和可预见性条件往往很难满足。

（三）计划分层

哈罗德·孔茨和海因·韦里克从抽象到具体，把计划划分为目的或使命、目标、战略、政策、程序、规则、方案，以及预算。

1. 目的或使命

它指明一定的组织机构在社会上应起的作用、所处的地位。它决定组织的性质，决定此组织区别于彼组织的标志。各种有组织的活动，如果要使它有意义的话，至少应该有自己的目的或使命。

2. 目标

组织的目的或使命往往太抽象、太原则化，它需要进一步具体为组织一定时期的目标和各部门的目标。组织的使命支配着组织各个时期的目标和各个部门的目标。并且，组织各个时期的目标和各部门的目标是围绕组织存在的使命而制定的。

3. 战略

战略是为了达到组织总目标而采取的行动和利用资源的总计划，其目的是通过一系列的主要目标和政策去决定和传达一个组织期望自己成为什么样的组织。战略并不打算确切地概述组织怎样去完成它的目标，这是无数主要的和次要的支持性计划的任务。

4. 政策

政策是指导或沟通决策思想的全面的陈述书或理解书。但不是所有政策都是陈述书，政策也常常会从主管人员的行动中含蓄地反映出来。政策能帮助事先决定问题处理方法，这一方面减少对某些例行问题在时间上处理的成本，另一方面把其他计划统一起来了。政策支持分权，同时也支持上级主管对该项分权的控制。政策允许对某些事情处理的自由，一方面我们切不可把政策当作规则，另一方面我们又必须把这种自由限制在一定的范围内。自由处理的权限大小一方面取决于政策本身，另一方面取决于主管人员的管理艺术。

5. 程序

程序是制订处理未来活动的一种必需方法的计划。它详细列出必须完成某类活动的切实方式，并按时间顺序对必要的活动进行排列。它与战略不同，它是行动的指南，而非思想指南。它与政策不同，它没有给行动者自由处理的权利。出于理论研究的考虑，我们可以把政策与程序区分开来，但在实践工作中，程序往往表现为组织的政策。

6. 规则

规则没有酌情处理的余地。它详细、明确地阐明必需行动或无需行动，其本质是一种管理决策。规则通常是最简单形式的计划。规则不同于程序。其一，规则指导行动但不说明时间顺序；其二，可以把程序看作是一系列的规则，但是一条规则可能是也可能不是程序的组成部分。

规则也不等于政策。政策的目的是指导行动，并给执行人员留有酌情处理的余地；而规则虽然也起指导作用，但是在运用规则时，执行人员没有自行处理之权。

必须注意的是，就其性质而言，规则和程序均旨在约束思想，因此只有在不需要组织成员使用自行处理权时，才使用规则和程序。

7. 方案

方案是一个综合的计划，它包括目标、政策、程序、规则、任务分配、要采取的步骤、要使用的资源以及为完成既定行动方针所需要的其他因素。一项方案可能很大，也可能很小。通常情况下，一个主要方案（规划）可能需要很多支持计划。在主要方案进行之前，必须要把这些支持计划制订出来，并付诸实施。所有这些计划都必须加以协调和安排时间。

8. 预算

预算是一份用数字表示预期结果的报表。预算通常是为规划服务的，其本身可能也是一项规划。

（四）计划的特点

1. 针对性

计划是根据党和国家的方针、政策和有关的法律、法规，针对本系统、本部门的实际情况制定的，目的明确，具有指导意义。

2. 预见性

计划是在行动之前制订的，它以实现今后的目标，完成下一步工作和学习任务为目的。

3. 首位性

计划是进行其他管理工作的前提，计划在前，行动在后。

4. 普遍性

实际的计划工作涉及组织中每一位管理者及员工，一个组织的总目标确定后，各级管理人员为了实现组织目标，使得本层次的组织工作得以顺利进行，都需要制订计划。

5. 目的性

任何组织或者个人制定的各种目标都是为了促使组织的总目标的实现和一定时期目标的实现。

6. 明确性

计划应明确表达出组织的目标和任务，明确表达出实现目标所需的资源以及所采取的程序、方法和手段，明确表达出各级管理人员在执行计划过程中的权利和职责。

7. 效率性

计划的效率性主要是指时间性和经济性两个方面。

（五）计划的过程

任何计划工作都要遵循一定的程序或步骤。虽然小型计划比较简单，大型计划复杂些，但是，管理人员在编制计划时，其工作步骤都是相似的，依次包括以下内容：

1. 认识机会

认识机会先于实际的计划工作开始以前，严格来讲，它不是计划的一个组成部分，但却是计划工作的一个真正起点。因为它预测到了未来可能出现的变化，清晰而完整地认识到组织发展的机会，搞清了组织的优势、弱点及所处的地位，认识到组织利用机会的能力，意识到不确定因素对组织可能发生的影响程度等。

认识机会，对做好计划工作十分关键。一位经营专家说过："认识机会是战胜风险求得生存与发展的诀窍。"诸葛亮"草船借箭"的故事流传百世，其高明之处就在于他看到了三天后江上会起雾而曹军不习水性不敢迎战的机会，神奇般地实现了自己的战略目标。企业经营中也不乏这样的例子。

2. 确定目标

制订计划的第二个步骤是在认识机会的基础上，为整个组织及其所属的下级单位确定目标，目标是指期望达到的成果，它为组织整体、各部门和各成员指明了方向，描绘了组织未来的状况，并且作为标准可用来衡量实际的绩效。计划的主要任务，就是将组织目标进行层层分解，以便落实到各个部门、各个活动环节，形成组织的目标结构，包括目标的时间结构和空间结构。

3. 确定前提条件

所谓计划工作的前提条件，就是计划工作的假设条件，简言之，即计划实施时的预期环境。负责计划工作的人员对计划前提了解得越细越透彻，并能始终如一地运用它，则计划工作也将做得越协调。

按照组织的内外环境，可以将计划工作的前提条件分为外部前提条件和内部前提条件；还可以按可控程度，将计划工作前提条件分为不可控的、部分可控的和可控的三种。外部前提条件大多为不可控的和部分可控的，而内部前提条件大多数是可控的。不可控的前提条件越多，不肯定性越大，就越需要通过预测工作确定其发生的概率和影响程度的大小。

4. 拟定可供选择的可行方案

编制计划的第四个步骤是，寻求、拟定、选择可行的行动方案。“条条道路通罗马”，描述了实现某一目标的方案途径是多条的。通常，最显眼的方案不一定就是最好的方案，对过去方案稍加修改和略加推演也不会得到最好的方案，一个不引人注目的方案或通常人提不出的方案，效果却往往是最佳的，这里体现了方案创新性的重要。此外，方案也不是越多越好。编制计划时没有可供选择的合理方案的情况是不多见的，更加常见的不是寻找更多的可供选择的方案，而是减少可供选择方案的数量，以便可以分析最有希望的方案。即使用数学方法和计算机，我们还是要对可供选择方案的数量加以限制，以便把主要精力集中在对少数最有希望的方案的分析方面。

5. 评价可供选择的方案

在找出了各种可供选择的方案和检查了它们的优缺点后，下一步就是根据前提条件和目标，权衡它们的轻重优劣，对可供选择的方案进行评估。评估实质上是一种价值判断，它一方面取决于评价者所采用的评价标准；另一方面取决于评价者对各个标准所赋予的权重。应该用运筹学中较为成熟的矩阵评价法、层次分析法、多目标评价法，进行评价和比较。

评估可供选择的方案，要注意考虑以下几点：第一，认真考察每一个计划的制约因素和隐患；第二，要用总体的效益观点来衡量计划；第三，既要考虑到每一个计划的有形的可以用数量表示出来的因素，又要考虑到无形的、不能用数量表示出来的因素；第四，要动态地考察计划的效果，不仅要考虑计划执行所带来的利益，还要考虑计划执行所带来的损失，特别注意那些潜在的、间接的损失。

6. 选择方案

计划工作的第六步是选择方案。这是在前五步工作的基础上，走出的关键一步，也是决策的实质性阶段——抉择阶段。可能遇到的情况是，有时会发现同时有两个以上可取方案。在这种情况下，必须确定出首先采取哪个方案，而将其他方案也进行细化和完善，以作为后备方案。

7. 制订派生计划

基本计划还需要派生计划的支持。比如，一家公司年初制订了“当年销售额比上年增长15％”的销售计划，与这一计划相连的有许多计划，如生产计划、促销计划等。再如，当一家公司决定开拓一项新的业务时，这个决策需要制订很多派生计划作为支撑，比如雇用和培训各种人员的计划、筹集资金计划、广告计划等。

8. 编制预算

在做出决策和确定计划后，计划工作的最后一步就是把计划转变成预算，使计划数字化。编制预算，一方面是为了计划的指标体系更加明确，另一方面是更易于对计划执行进行控制。定性的计划往往在可比性、可控性和进行奖惩方面比较困难，而定量的计划具有较硬的约束。

(六)计划的作用

在管理实践中,计划是其他管理职能的前提和基础,并且还渗透到其他管理职能之中。列宁指出过:"任何计划都是尺度、准则、灯塔、路标。"它是管理过程的中心环节,因此,计划在管理活动中具有特殊重要的地位和作用。

1. 计划是组织生存与发展的纲领

我们正处在一个经济、政治、技术、社会变革与发展的时代。在这个时代里,变革与发展既给人们带来了机遇,也给人们带来了风险,特别是在争夺市场、资源、势力范围的竞争中更是如此。如果管理者在看准机遇和利用机遇的同时,又能最大限度地减少风险,即在朝着目标前进的道路上架设一座便捷而稳固的桥梁,那么,组织就能立于不败之地,在机遇与风险的纵横选择中,得到生存与发展。如果计划不周,或根本没计划,那就会遭遇灾难性的后果。

2. 计划是组织协调的前提

现代社会的各行各业的组织以及它们内部的各个组成部分之间,分工越来越精细,过程越来越复杂,协调关系更趋严密。要把这些繁杂的有机体科学地组织起来,让各个环节和部门的活动都能在时间、空间和数量上相互衔接,既围绕整体目标,又各行其是、互相协调,就必须要有一个严密的计划。管理中的组织、协调、控制等如果没有计划,那就好比汽车总装厂事先没有流程设计一样不可想象。

3. 计划是指挥实施的准则

计划的实质是确定目标以及规定达到目标的途径和方法。因此,如何朝着既定的目标步步逼近,最终实现组织目标,计划无疑是管理活动中人们一切行为的准则。它指导不同空间、不同时间、不同岗位上的人们,围绕一个总目标,秩序井然地去实现各自的分目标。行为如果没有计划指导,被管理者必然表现为无目的的盲动,管理者则表现为决策朝令夕改、随心所欲、自相矛盾。结果必然是组织秩序的混乱,事倍功半,劳民伤财。在现代社会里,可以这样说,几乎每项事业、每个组织,乃至每个人的活动都不能没有计划蓝图。

4. 计划是控制活动的依据

计划不仅是组织、指挥、协调的前提和准则,而且与管理控制活动紧密相连。计划为各种复杂的管理活动确定了数据、尺度和标准,它不仅为控制指明了方向,而且还为控制活动提供了依据。经验告诉我们,未经计划的活动是无法控制的,也无所谓控制,因为控制本身是通过纠正偏离计划的偏差,使管理活动保持与目标的要求一致。

(七)相关观点

1. 目标管理

目标管理是以泰罗的科学管理和行为科学管理理论为基础形成的一套管理制度,其概念是管理专家彼得·德鲁克(Peter Drucker)1954 年在其名著《管理实践》中最先提出的,其后他又提出"目标管理和自我控制"的主张。

德鲁克认为,并不是有了工作才有目标,而是相反,有了目标才能确定每个人的工作。所以"企业的使命和任务,必须转化为目标",如果一个领域没有目标,这个领域的工作必然被忽视。因此管理者应该通过目标对下级进行管理,当组织最高层管理者确定了组织目标后,必须对其进行有效分解,转变成各个部门以及各个人的分目标,管理者根据分目标的完成情况对下级进行考核、评价和奖惩。

2. 滚动计划法

滚动计划法是按照"近细远粗"的原则制订一定时期内的计划,然后按照计划的执行情况和环境变化，调整和修订未来的计划，并逐期向后移动，把短期计划与中期计划结合起来的一种计划方法。

这种方法根据计划的执行情况和环境变化定期修订未来的计划，并逐期向前推移，使短期计划、中期计划有机地结合起来。由于在计划工作中很难准确地预测将来影响组织生存与发展的经济、政治、文化、技术、产业、顾客等各种变化因素，而且随着计划期的延长，这种不确定性就越来越大。因此，如机械地按几年以前编制的计划实施，或静态地执行战略性计划，则可能导致巨大的错误和损失。滚动计划法可以避免这种不确定性带来的不良后果。具体做法是用近细远粗的办法来制订计划。

3. 网络计划技术

网络计划技术是20世纪50年代后期在美国产生和发展起来的。这种方法包括各种以网络为基础判定的方法，如关键路径法、计划评审技术、组合网络法等。

网络计划技术是一种科学的计划管理方法，它是随着现代科学技术和工业生产的发展而产生的。1956年，美国杜邦公司研究创立了网络计划技术的关键线路方法（缩写为CPM），并试用于一个化学工程上，取得了良好的经济效果。1958年美国海军武器部在研制“北极星”导弹计划时，应用了计划评审方法（缩写为PERT）进行项目的计划安排、评价、审查和控制，获得了巨大成功。20世纪60年代初期，网络计划技术在美国得到了推广，一切新建工程全面采用这种计划管理新方法，并开始将该方法引入日本和西欧国家。随着现代科学技术的迅猛发展、管理水平的不断提高，网络计划技术也在不断发展和完善。目前，它已广泛应用于世界各国的工业、国防、建筑、运输和科研等领域，已成为发达国家盛行的一种现代生产管理的科学方法。

二、项目一

（一）项目演练

建绳房

1. 项目概述

小组成员在戴着眼罩、不允许说话的情况下，利用三根绳子分别围成一个圆形、正方形、三角形，最后再组合成一个房子。用时越短，成绩越好。此项目难度极高，考验组织者的领导能力、学员间的配合度以及团队的整体战斗力。完善周密的计划可以帮助小组更快地完成任务。

2. 项目说明

（1）每组人数：10人为宜。

（2）项目时间：50～60分钟。

（3）项目场地：户外或室内，空旷场地。

（4）项目器材：12米长绳、18米长绳、20米长绳、眼罩（每人一个）。

3. 项目布置

（1）提前准备好项目器材。

（2）根据团队分组集合学员。

（3）宣布项目任务：每个小组成员戴上眼罩，并且不允许说话，利用长12米、18米、20米的三根绳子分别围成一个圆形、正方形、三角形，最后再组合成一个以三角形为房顶，正方形为房体、圆为窗的房子。计划和挑战时间共计40分钟。用时越短，成绩越好。

（4）宣布项目规则：

①不限制计划时间。

②队长索要道具则视为接受挑战，挑战开始则不允许再次进行计划。

③整个挑战过程中除身体不适外不允许摘取眼罩或说话。

④被发现摘去眼罩或说话，一次警告，两次则视为放弃挑战。

⑤40 分钟内挑战完成，队长举手示意，若听到成功则摘取眼罩，若听到失败则继续接受挑战。

⑥在黑暗情况下不允许快速跑动或走动，而应摸索前进。

⑦若需要放弃，请队长举手并说“放弃”。

(5)确认大家是否明白项目规则。

(6)计时开始，进入计划阶段。

(7)接受挑战，学员确认绳索位置，并佩戴眼罩。

(8)挑战开始，教师观察、记录团队和学员表现。

4. 项目控制

(1)计划时间不得少于 5 分钟。

(2)严格控制学员违规现象。

(3)若学员出现低迷状态，终止挑战。

(4)若学员表现较差，可将任务进行划分，第一阶段拼单个形状，第二阶段拼房子。

5. 项目安全

(1)提醒学员时刻注意安全，小心使用绳索以免划伤手指。

(2)在蒙眼状态下注意安全，时刻观察学员动向。

(3)长绳较粗，防止学员绊倒。

(4)清空活动场地一切障碍。

图 8—1 建绳房

(二)项目点评

1. 学员表现

(1)计划不到 5 分钟就想实施。

(2)真正参与任务成员较少,边缘化严重。

2. 点评指正

(1)在遇到一件棘手的事情时,我们的反应是如何的,是急着想把它给解决了,是想到一点就想去做?最后又会出现什么问题,是做到一半,不知道怎么进行了,抑或是直接做不下去了?就像我们的项目,规则已定,如果不进行周密的计划会直接失败。那为什么我们做计划做得不够完善呢?因为我们没有真正明白计划的过程:第一认识机会,这是一个前提,在计划之前就需要思考;第二确定目标;第三确定前提条件;第四拟定可供选择的可行方案,注意方案不在多,而在于细;第五评价可供选择方案;第六选择方案;第七制订派生计划,为这个计划进行辅助。认真合理地去进行这七个步骤,会使计划更加周密。

(2)什么计划才是有价值的计划,什么团队才是有战斗力的团队?就是可以用上每一项资源,包括每一个团队成员。团队为什么要比个人强,最基本的一点就是人多,人才多。作为团队,尽量要让每个成员都能加入挑战,让每个成员都能拿出自己的才干来一起奋斗。

(三)学员分享

(1)____

(2)____

(3)____

(4)____

(5)____

……

三、项目二

(一)项目演练

模拟电网

1. 项目概述

小组成员来到洞口大小不一的模拟电网前,所有学员在 30 分钟内,根据规则从网的一侧到达另一侧。此项目需要学员拥有较强的体力,通过协作一起渡过难关,同时还需要有十分周密的计划来使得挑战能够顺利完成。

2. 项目说明

(1)小组人数:15 人为宜。

(2)项目时间:40~50 分钟。

(3)项目场地:户外空旷场地。

(4)项目器材:模拟电网专业道具。

3. 项目布置

(1)提前准备好项目器材。

(2)根据组别带学员来指定地点集合。

(3)宣布项目任务:所有成员需要在 30 分钟内,穿越网洞,到达对面安全区域。项目挑战前,小组有 10 分钟交流计划时间。

(4)宣布项目规则:

①在穿越过程中所有人员都不能接触网线,否则被碰网线网洞被封,穿越者返回原位。

②每个网洞只能使用一次,不能重复使用。

③所有学员只能在自己所在区域进行辅助工作，不能越过电网去到另一侧帮助其他学员通过。

④若要通过学员人数已经多于所剩网口数，则视为挑战失败。

⑤不能使用辅助工具。

(5)确认大家是否明白项目规则。

(6)学员有10分钟计划交流时间。

(7)挑战开始，教师观察、记录团队和学员表现。

4. 项目控制

(1)一定要严格控制违规现象。

(2)对于洞口的使用进行标注，以防重复使用。

(3)若出现身材特别魁梧学员，可允许在最上面网线上方翻越。

5. 项目安全

(1)提醒学员时刻注意安全。

(2)禁止学员出现危险动作，如头部向下等。

(3)在项目开始前进行保护动作示范。

(4)尽量选择在草地等柔软地面进行挑战。

图8—2 模拟电网

(二)项目点评

1. 学员表现

(1)10分钟计划时间的利用率，决定了接下去半个小时的挑战。

(2)失败后，郁郁寡欢。

2. 点评指正

(1)在开始挑战任务之前，队长应该发挥领导的作用，带领团队做好周密的计划——时间安排、人员分配、通过时间、网洞分配等；这样既可以避免多次尝试浪费时间，又可以顺利完成任务。到底一个周密的计划有哪些作用呢？计划是组织协调的前提，如何衔接每一位成员的挑战，如何决定每一个洞的顺序，能够让每一项工作都能在时间、空间上紧密衔接，这就需要计划；计划还是指挥实施的准则，计划是活动中人们的准则，可以约束、控制其行为。

(2)在挑战过程中，失败是不可避免的，爱迪生在失败了一千多次才发明了灯泡，我们失败几次岂不正常；在完成整个团队任务的过程中，队友之间更多的应该是鼓励、支持和理解，这样才能激发团队的斗志，让团队能够更好地完成任务。

(三)学员分享

(1)________________

(2)________________

(3)________________

(4)________________

(5)________________

……

四、项目引申

对于计划，不同人拥有着不同的见解，以下便是各位名人的理解：

想得好是聪明，计划得好更聪明，做得好是最聪明又是最好。——拿破仑

计划的制订比计划本身更为重要。——戴尔·麦康基

五、问题思考

(1)请你简述对计划的理解。

(2)请叙述计划的分类方式。

(3)请简要叙述计划的作用。

(4)如何做好计划?

第二节　团队执行

【主题意义】

执行力的建设和培养对于个人成长、企业发展，乃至政府机关部门的效率提升都有着至关重要的作用。本节内容让学员明白影响执行的因素，以及加强执行的要点。

【故事】

阿诺德和布鲁诺同时受雇于一家店铺，拿着同样的薪水。可是一段时间以后，阿诺德青云直上，而布鲁诺却仍在原地踏步。布鲁诺到老板那儿发牢骚。老板一边耐心地听着他的抱怨，一边在心里盘算着怎样向他解释清楚他与阿诺德之间差别。“布鲁诺，”老板说话了，“您去集市一趟，看看今天早上有什么卖的东西。”

布鲁诺从集市上回来向老板汇报说，今早集市上只有一个农民拉了一车土豆在卖。“有多少?”老板问。布鲁诺赶快又跑到集市上，然后回来告诉老板说一共有40袋土豆。“价格是多少?”布鲁诺第三次跑到集市上问来了价格。“好吧，”老板对他说，“现在请你坐在椅子上别说话，看看别人怎么说。”阿诺德很快就从集市上回来了，向老板汇报说，到现在为止，只有一个农民在卖土豆，一共40袋，价格是多少；土豆质量很不错，他带回来一个让老板看看。这个农民一个钟头以后还会运来几箱西红柿，据他看价格非常公道。昨天他们铺子的西红柿卖得很快，库存已经不多了。他想这么便宜的西红柿老板肯定会要进一些的，所以他不仅带回了一个西红柿做样品，而且把那个农民也带来了，他现在正在外面等回话呢。此时，老板转向布鲁诺说：“现在你知道为什么阿诺德的薪水比你高了吧。”

点评：员工开始执行时都想把工作做好，也不是不聪明，但往往因为缺少结果思维，导致有苦劳无功劳，而执行要的是功劳！

一、基础知识

(一)基本概念

执行，指承办、经办，坚守节操。语出汉刘向《列女传·黎庄夫人》："黎庄夫人，执行不衰，庄公不遇，行节反乖。"

从管理的角度看，执行是基层员工与中层领导者要完成的工作，是要把上级的任务和指示完成好、贯彻好。

(二)执行的影响因素

(1)意愿：如果不想做，肯定做不好。执行的意愿来自目标、利益、危机。有目标才有愿望，有利益才有动力，有危机才有压力。

(2)环境：企业文化环境影响行动，要行动就要给自己创造行动的环境。

(3)能力：想做还要会做。提升方法、技能、知识。

(三)四个要点

(1)"严"。积极进取，增强责任意识。责任心和进取心是做好一切工作的首要条件。责任心强弱，决定执行力度的大小；进取心强弱，决定执行效果的好坏。

(2)"实"。脚踏实地，树立实干作风。天下大事必作于细，古今事业必成于实。虽然每个人岗位可能平凡，分工各有不同，但只要埋头苦干、兢兢业业，就能干出一番事业。好高骛远、作风漂浮，结果终究是一事无成。

(3)"快"。只争朝夕，提高办事效率。"明日复明日，明日何其多。我生待明日，万事成蹉跎。"因此，要提高执行力，就必须强化时间观念和效率意识，弘扬"立即行动、马上就办"的工作理念，坚决克服工作懒散、办事拖拉的恶习。

(4)"新"。开拓创新，改进工作方法。只有改革，才有活力；只有创新，才有发展。面对竞争日益激烈、变化日趋迅猛的今天，创新和应变能力已成为推进发展的核心要素。

(四)执行力提升方法

执行力的建设和培养对于个人成长、企业发展，乃至政府机关部门的效率提升，加快国家政策方针的落实都有着至关重要的作用。2016 年 7 月，人民网发表了来自中国组织人事报的文章，文章中就指出：干部执行力是贯彻落实党和国家的方针政策，执行上级的决策部署，实现战略目标和任务的能力。党员干部要把执行力建设作为一项基本功，努力提升落实效率，当好提高执行力的表率。

那么关于"执行力"的建设和培养，对于所有人来说都是刻不容缓的事情。在执行力培养的过程中，据调查显示，大部分人都有提高执行力的意识，但是由于方法的错误导致半途而废或者徒增工作量。

二、项目一

(一)项目演练

急速追击

1. 项目概述

急速追击挑战，在终点处摆 26 张扑克牌，所有学员站在距离终点 6 米左右的起始线上，小组队员以接力的形式轮流上前进行翻牌，直到按规定的顺序翻出所有的扑克牌，小组挑战成功。用时越短，成绩越好。该项目是让学员明白执行的重要性，“知道怎么做”与“做出来”之间还有着较长的距离。

2. 项目说明

(1)小组人数：10 人为宜。

(2)项目时间：40～50 分钟。

(3)项目场地：户外或室内，空旷场地。

(4)项目器材：1 副扑克牌，每小组 1 根接力棒。

3. 项目布置

(1)提前准备好项目器材。

(2)根据组别带学员来指定地点集合。

(3)宣布项目任务：每个小组接下去进行急速追击挑战，共计进行一轮比拼。小组队员在起始线后排成一字纵行，在终点处摆 26 张扑克牌(两种花色的 A～K)。计时开始后，第一位学员拿着接力棒跑到终点处翻牌，当翻到正确的牌时，将其正面朝上放到原位，否则扣回原位，然后返回，与下一位队员进行接力，直到所有的扑克牌正面朝上，小组挑战成功。用时越短，成绩越好。

(4)宣布项目规则：

①在起始线后进行接力过程。

②亮牌正确顺序为同种花色的 A 到 K，结束一种花色再亮第二种。

③每个学员每次只有一次翻牌机会，每次只能翻一张牌。

④翻过的扑克牌必须放回原位。

⑤不允许折叠或损坏扑克牌。

⑥一旦违规在起点等待 30 秒。

(5)确认大家是否明白项目规则。

(6)发放道具，进行挑战，挑战前每队有 10 分钟讨论时间。

(7)教师观察、记录团队和学员表现。

图 8—3　急速追击

4. 项目控制

(1)一定要严格控制违规现象,一旦违规立刻罚时。

(2)一定要求在起点处进行一字纵行排列。

(3)若有助理老师协助监督,一定要做到公平公正。

(4)小组长时间难以完成可中止挑战,进行适当点评后进行第二轮挑战。

5. 项目安全

(1)提醒学员时刻注意安全。

(2)跑动过程注意安全,防止碰撞和摔跤。

(3)切勿乱扔接力棒,以免损坏道具或砸伤其他学员。

(二)项目点评

1. 学员表现

(1)队伍开始时设置了自己的翻牌方法,但是后来,有的学员并没有遵循。

(2)每个学员都不可避免地翻到同一张牌,队伍开始慌乱起来。

(3)有学员自行调换队伍中的位置。

2. 点评指正

(1)合理分工,执行到底。在一开始,队长可以带领团队对任务进行分工,将总任务细分给每位队员,并且按照商定的方法,执行到底,直到完成任务。项目布置者一定要确保每一位成员都已全面了解各自的任务;而任何接受者一定也要摆正态度,明确自己的职责,将任务进行到底,不放弃。

(2)沉着坚定,屡败屡战。就算是在同一个地方上失败多次,没关系,仔细想想整个过程,做好调整,让团队重新开始战斗。

(3)严格遵守项目规则,让团队之间进行公平的竞争,这样才能体现出团队的实力;如果无视规则,想投机取巧获得成功,那也是一种失败。

(三)学员分享

(1)____________________

(2)____________________

(3)____________________

(4)____________________

(5)____________________

……

三、项目二

(一)项目演练

扑克之夜

1. 项目概述

一个小组7人,分三排就座,第一排位置为A,第二排位置为B、C,第三排位置分别为D、E、F、G。每个角色都有一个信封,信封里有任务单和四张扑克牌。任务单里会描述本次游戏的任务和规则。此项目极其考验小组领导的计划能力和其他成员的执行能力。

2. 项目说明

(1)小组人数:7人为宜。

(2)项目时间:40～50 分钟。

(3)项目场地:室内场地,配有桌椅。

(4)项目器材:一副扑克牌、7 份任务单。

3. 项目布置

(1)提前准备好项目器材。

(2)根据组别带学员来指定地点集合。

(3)宣布项目任务:每个小组派出 7 人,分三排就座,第一排位置为 A,第二排位置为 B、C,第三排位置分别为 D、E、F、G。每排人只可以看到前面的人,但不可以看到后排的人。A 是团队领导者,B、C 是团队领导者 A 的直接下属,D、E 是 B 的直接下属,F、G 是 C 的直接下属。每个角色都有一个信封,信封里有任务单和四张扑克牌。任务单里会描述本次游戏的任务和规则。每组需要共同完成任务,如果完成任务举手示意。项目时间为 30 分钟。在项目正式开始之前有 10 分钟小组计划讨论时间。

(4)宣布项目规则:

①不能讲话,如有不清楚的地方,请举手。

②不能让别人看到你手上的扑克牌。

③不能同直接下属以外的任何人越级交流和换牌。

④请仔细阅读任务单,遵循任务单上的规则,以及完成任务单的任务。

(5)确认大家是否明白项目规则。

(6)学员计划阶段,10 分钟倒计时开始。

(7)计划结束,学员就位,教师发放道具和任务单。

(8)教师观察、记录团队和学员表现。

4. 项目控制

(1)控制好桌间距离,使得学员不能自行传送。

(2)一定要严格控制违规现象,一旦发现立刻阻止。

(3)为每一小组安排一位助理教师传送道具和纸条。

(4)安排剩余学员充当观察人员进行观察,记录学员表现,结束后进行分享。

5. 项目安全

提醒学员时刻注意安全。

6. 任务书展示

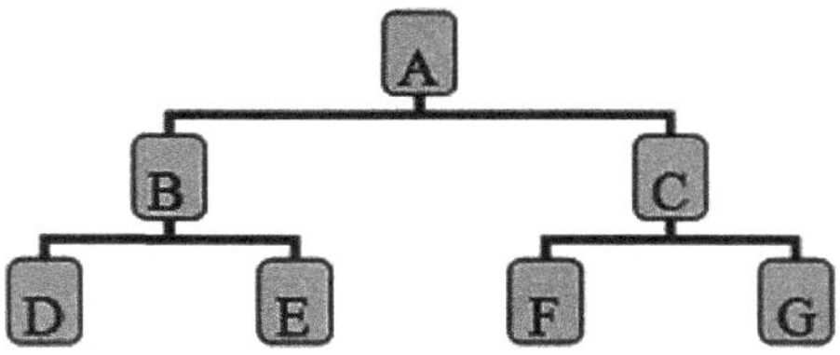

图 8—4　扑克之夜

(1)A 的任务单

你现在属于一个团队(组织结构如座位所示),

A 是你自己的职位(团队领导者),B、C、D、E、F、G 都是你的下属(其中 B、C 是你的直接下属)

游戏规则：

不能讲话，如有不清楚的地方，请举手；

不能让别人看到你手上的扑克牌；

可以同直接下属 B、C 进行信息交流，但只能采用写纸条的方式交流；

可以同直接下属 B、C 换牌，但每次只能换一张，而且你手上始终应持有四张牌（交换过程除外）；

不能同直接下属以外的任何人越级交流和换牌。

游戏任务：

请在 30 分钟时间内，采用规则允许的办法，将你所有下属手中的扑克牌置换成同一花色或同一数字。

(2)B 的任务单

你现在属于一个团队（组织结构如座位所示），

B 是你自己的职位，A 是你的上级，C 是你的同级、D、E 都是你的下属

游戏规则：

不能讲话，如有不清楚的地方，请举手；

不能让别人看到你手上的扑克牌；

可以同上级 A 和直接下属 D、E 进行信息交流，但只能采用写纸条的方式交流；

可以同上级 A 和直接下属 D、E 换牌，但每次只能换一张，而且你手上始终应持有四张牌（交换过程除外）；

不能同直接上下级以外的其他任何人交流和换牌。

准备好了吗，游戏现在开始了！

(3)C 的任务单

你现在属于一个团队（组织结构如座位所示），

C 是你自己的职位，A 是你的上级，B 是你的同级，F、G 都是你的下属

游戏规则：

不能讲话，如有不清楚的地方，请举手；

不能让别人看到你手上的扑克牌；

可以同上级 A 和直接下属 F、G 进行信息交流，但只能采用写纸条的方式交流；

可以同上级 A 和直接下属 F、G 换牌，但每次只能换一张，而且你手上始终应持有四张牌（交换过程除外）；

不能同直接上下级以外的其他任何人交流和换牌。

准备好了吗，游戏现在开始了！

(4)D/E 的任务单

你现在属于一个团队（组织结构如座位所示），

D/E 是你自己的职位，B 是你的上级，E/D 是你的同级

游戏规则：

不能讲话，如有不清楚的地方，请举手；

不能让别人看到你手上的扑克牌；

可以同上级 B 进行信息交流，但只能采用写纸条的方式交流；

可以同上级 B 换牌，但每次只能换一张，而且你手上始终应持有四张牌（交换过程除外）；

不能同直接上级以外的其他任何人交流和换牌。

准备好了吗，游戏现在开始了！

(5)F/G 的任务单

你现在属于一个团队(组织结构如座位所示)，

F/G 是你自己的职位，C 是你的上级，G / F 是你的同级

游戏规则：

不能讲话，如有不清楚的地方，请举手；

不能让别人看到你手上的扑克牌；

可以同上级 C 进行信息交流，但只能采用写纸条的方式交流；

可以同上级 C 换牌，但每次只能换一张，而且你手上始终应持有四张牌(交换过程除外)；

不能同直接上级以外的其他任何人交流和换牌。

准备好了吗，游戏现在开始了

(6)观察员的任务

任务：作为观察员，认真仔细地观察整个游戏过程，在纸上写下你所观察到的内容(包括违规现象)，再根据自己的思考，分析活动成员所表现出来的优势或者不足的地方，最后总结项目失败或成功的原因。整个观察过程中，你无须入座，可围绕小组行走，方便观察。

注：整个过程中，你不得说话。

(二)项目点评

1. 学员表现

(1)A 队员并没有很好地把项目任务进行传递。

(2)B、C 成员桥梁搭建问题。

(3)D、E、F、G 状态问题。

2. 点评指正

这个项目难度在于整个项目目标只有 A 知道，而目标的传递任务只能由 B、C 来完成，而项目任务还需要 D、E、F、G 共同完成。A 必须要明确，自己必须要全面地将任务进行下放，这个任务目标必须是清晰的，明确到个人的；而 BC 在执行的过程中一定要与 A 进行反馈，明确任务目标后再进行传递；最后的 D、E、F、G，作为知道信息最少、任务执行最多的成员，一定要有良好的态度，积极询问自己的任务，跟进整个项目任务，不要让自己脱节。这是个极其考验执行力的项目，每一个角色都有自己的任务，将自己的事情做到极致，那就是执行力的体现。

(三)学员分享

(1)________________________________

(2)________________________________

(3)________________________________

(4)________________________________

(5)________________________________

……

四、项目引申

(1)接受任务不讲条件，执行任务不找借口，完成任务追求圆满。

(2)刚性化执行，人性化管理。

(3)管理标准化、反应快速化、执行规范化。

(4)凡事要求落实、求具体、求深入、求细致、求效率、求质量。

(5)执行力是推动工作的前提,提高执行力必须在刚性化、效能化、精细化、人本化上下功夫。

(6)成功的秘诀是将平凡的事做得不平凡。

五、问题思考

(1)说出自己对执行力的理解。

(2)请在课后制定提升自己执行力的方法。

(3)请列举几项影响执行力的因素。

(4)请结合实际分别谈谈如何提升自己和员工的执行力。

第九章　团队沟通与团队协调

学习目标

1. 认识沟通，掌握有效沟通的原理和技巧。
2. 理解协调的重要性，培养协调的意识和能力。

第一节　团队沟通

【主题意义】

一个人的成功，20%靠专业知识，40%靠人际关系，另外40%需要观察力的帮助。因此，为了提升我们个人的竞争力，获得成功，就必须不断地运用有效的沟通方式和技巧，随时有效地与“人”接触沟通，只有这样，才有可能使你事业成功。本节内容让学员明白沟通的功能、有效沟通的条件，以及学会有效沟通的技巧和关键点。

【故事】

可以吗?

在美国一个农村，住着一个老人，他有三个儿子。大儿子、二儿子都在城里工作，小儿子和他在一起，父子俩相依为命。突然有一天，一个人找到老人，对他说:“尊敬的老人家，我想把你的小儿子带到城里去工作，可以吗?”老人气愤地说:“不行，绝对不行，你滚出去吧!”这个人说:“如果我在城里给你的儿子找个对象，可以吗?”老人摇摇头:“不行，你走吧!”这个人又说:“如果我给你儿子找的对象，也就是你未来的儿媳妇是洛克菲勒的女儿呢?”这时，老人动心了。过了几天，这个人找到了美国首富石油大王洛克菲勒，对他说:“尊敬的洛克菲勒先生，我想给你的女儿找个对象，可以吗?”洛克菲勒说:“快滚出去吧!”这个人又说:“如果我给你女儿找的对象，也就是你未来的女婿是世界银行的副总裁，可以吗?”洛克菲勒同意了。又过了几天，这个人找到了世界银行总裁，对他说:“尊敬的总裁先生，你应该马上任命一个副总裁!”总裁先生说:“不可能，这里这么多副总裁，我为什么还要任命一个副总裁呢，而且必须马上?”这个人说:“如果你任命的这个副总裁是洛克菲勒的女婿，可以吗?”总裁先生当然同意了。

虽然这个故事不尽真实，存在许多令人怀疑之处，但它在一定程度上体现了沟通的力量。这个故事告诉我们，沟通时，信心非常重要，只有心里认定了这件事对双方都有好处，才能获得对方的配合，取得沟通的成功。而且认定了这一点后，还要不屈不挠、不怕拒绝，直到取得最后的胜利。

一、基础知识

(一)基本概念

1. 沟通

沟通(Communication)的含义是两个人或者两个主体之间对某种信息的传递与接收。具体来说,沟通所传递的信息包括客观情况,也包括个人的思想、意见、态度、感受等。

2. 有效沟通

达成有效沟通(Effective Communication)须具备两个必要条件:首先,信息发送者清晰地表达信息的内涵,以便信息接收者能确切理解;其次,信息发送者重视信息接收者的反应,并根据其反应及时修正信息的传递。

(二)基本类型

1. 语词和非语词沟通

语词和非语词沟通(Verbal and Non-verbal Communication)常被译成语言和非语言或言语和非言语沟通。比较而言,最准确的,还是第一种译法。语词沟通指以语词符号实现的沟通。而借助于非语词符号,如姿势、动作、表情、接触及非语词的声音和空间距离等实现的沟通,称作非语词沟通。

非语词沟通的实现有两种方式:第一种方式是通过动态无声性的目光、表情动作、手势和身体运动等实现沟通;第二种方式是通过静态无声性的身体姿势、空间距离及衣着打扮等实现沟通。

口语沟通与书面沟通是语词沟通的基本方式。口语沟通是指借助于口头语言实现的沟通。通常提及口语沟通时,一般是指面对面的口语沟通。而通过广播、电视等实现的口语沟通,通常称作大众沟通或大众传播(Mass Communication)。

2. 单向沟通和双向沟通

沟通按照是否进行反馈,可分为单向沟通和双向沟通。单向沟通是指发送者和接收者两者之间的地位不变(单向传递),一方只发送信息,另一方只接收信息。双向沟通中,发送者和接收者两者之间的位置不断交换,且发送者是以协商和讨论的姿态面对接收者,信息发出以后还需及时听取反馈意见,必要时双方可进行多次重复商谈,直到双方共同明确和满意为止,如交谈、协商等。

一个组织如果只重视工作的快速与成员的秩序,宜用单向沟通;大家熟悉的例行公事,命令传达,可用单向沟通;如果要求工作的正确性高、重视成员的人际关系,则宜采用双向沟通。处理新问题、组织上层的决策会议,采用双向沟通的效果较佳。从领导者个人来讲,如果经验不足,无法当机立断,或者不愿下属指责自己无能,想保全权威,那么单向沟通对他有利。

由于与问题无关的信息较容易进入沟通过程,双向沟通的噪音比单向沟通要大得多,因为沟通的双方或一方未掌握沟通的技巧(即沟通的心态与方法)。信息的传递一定是单向的,但遇到问题时的沟通,双向的才会有效。双向沟通中的噪音是由于沟通双方没有掌握沟通技巧所带来的。对于有经验的沟通者,是能够在沟通的过程中掌握住问题的关键,应用聆听、区分、提问、回应等能力进行谈话的把控而最终达成双向沟通的简洁、有效。

3. 有意沟通和无意沟通

在大多数情况下,沟通都具有一定的目的。这种沟通是有意沟通。但是,有时我们事实上在与别人进行着信息交流,而我们并没有意识到沟通的发生。在这种情况下,沟通是无意沟通。当然,沟通者有时为了某种特定的目的,也会故意使自己的有意沟通在信息接收者那里造成错觉,使他们认为是无意沟通。

有意沟通很容易理解。每一个沟通者,对自己沟通的目的都会有所意识。通常的谈话、打电话、讲课、写信、写文章,甚至闲聊,都是有意沟通。表面上,闲聊好像没有沟通目的。实际上,闲聊本身就是沟通目的,沟通者可以通过闲聊消磨时光、排解孤独。

无意沟通不容易为人们所认识。事实上,出现在我们感觉范围中的任何一个人,都会与我们存在某种信息交流。心理学家发现,如果你一个人在路上跑步或骑车,那速度通常较慢。而如果有别人(不管你认识不认识)与你一起跑,或一起骑,你的速度会不自觉地加快。这也就是一种无意沟通。

(三)沟通的功能

在团队和组织中,沟通主要有以下 4 个主要功能:

1. 信息传递功能

沟通的信息传递功能是指为组织或团体从事活动提供决策所需要的信息,使领导者能够确定并评定各种备选方案。

2. 激励功能

沟通是通过明确告诉员工做什么、如何来做、没有达到目标时应该如何改进的途径来激励员工,进行绩效反馈和各种奖赏、强化等,这样,沟通的过程就成为激励的过程。

3. 控制功能

通过沟通,可以对员工的行为进行控制。通过正式控制,可以使员工们遵守组织中的领导管理行为,遵守规章制度,完成工作任务,实现组织的控制职能。同时,在团队中,非正式的沟通也对员工的行为有控制作用,如某个人工作不够勤奋,影响了整个团队的进度,团队的其他成员会通过非正式沟通的方式帮助或敦促其完成任务。

4. 情绪表达功能

对于很多员工来说,工作团队是其主要的社交场所,员工通过团队内的沟通来表达自己的沮丧和快乐,由此,沟通就为员工提供了一种释放情感的情绪表达机制,满足了员工的社交需求。

(四)有效沟通的关键

1. 信息的透明程度

当一则信息应该作为公共信息时,就不应该导致信息的不对称性。信息必须是公开的。公开的信息并不意味着简单的信息传递,而要确保信息接收者能理解信息的内涵。如果以一种模棱两可的、含糊不清的文字语言传递一种不清晰的、难以理解的信息,对于信息接收者而言是没有任何意义的。另一方面,信息接收者也有权获得与自身利益相关的信息内涵;否则,有可能导致信息接收者对信息发送者的行为动机产生怀疑。

2. 信息的反馈程度

有效沟通是一种动态的双向行为,而双向的沟通对于信息发送者来说应得到充分的反馈。只有沟通的主、客体双方都充分表达了对某一问题的看法,才真正具备有效沟通的意义。

(五)沟通的技巧

一个人的成功,20%靠专业知识,40%靠人际关系,另外 40%需要观察力的帮助,因此为了提升我们个人的竞争力,获得成功,就必须不断地运用有效的沟通方式和技巧,随时有效地与“人”接触沟通,只有这样,才有可能使你事业成功。

1. 倾听技巧

倾听能鼓励他人倾吐他们的状况与问题，而这种方法能协助他们找出解决问题的方法。倾听技巧是有效沟通的关键，而它需要相当的耐心与全神贯注。

倾听技巧由 4 个个体技巧所组成，分别是鼓励、询问、反应与复述。

2. 气氛控制技巧

安全而和谐的气氛，能使对方更愿意沟通，如果沟通双方彼此猜忌、批评或恶意中伤，将使气氛紧张、冲突，加速彼此内心设防，使沟通中断或无效。

气氛控制技巧由 4 个个体技巧所组成，分别是联合、参与、依赖与觉察。

3. 推动技巧

推动技巧是用来影响他人的行为，使逐渐符合我们的议题。有效运用推动技巧的关键，在于以明白具体的积极态度，让对方在毫无怀疑的情况下接受你的意见，并觉得受到激励，想完成工作。

推动技巧由 4 个个体技巧所组成，分别是回馈、提议、推论与增强。

具体说明可分为 5 点：

(1)自信的态度。一般经营事业相当成功的人士，他们不随波逐流或唯唯诺诺，有自己的想法与作风，很少对别人吼叫、谩骂，甚至连争辩都极为罕见。他们对自己了解得相当清楚，并且肯定自己，他们的共同点是自信，日子过得很开心，有自信的人常常是最会沟通的人。

(2)体谅他人行为。这其中包含“体谅对方”与“表达自我”两方面。所谓体谅，是指设身处地为别人着想，并且体会对方的感受与需要。在经营“人”的事业过程中，当我们想对他人表示体谅与关心，唯有我们自己设身处地为对方着想。由于我们的了解与尊重，对方也相对体谅你的立场与好意，因而做出积极而合适的回应。

(3)适当的提醒对方。产生矛盾与误会的原因，如果出自对方的健忘，我们的提示正可使对方信守承诺；反之，若是对方有意食言，提示就代表我们并未忘记事情，并且希望对方信守诺言。

(4)有效的直接告诉。一位知名的谈判专家分享他成功的谈判经验时说道：“我在各个国际商谈场合中，时常会以‘我觉得’(说出自己的感受)、‘我希望’(说出自己的要求或期望)为开端，结果常会令人极为满意。”其实，这种行为就是直言不讳地告诉对方我们的要求与感受，若能有效地直接告诉对方所想要表达的想法，将会有效帮助我们建立良好的人际网络。但要切记“三不谈"：时间不恰当不谈；气氛不恰当不谈；对象不恰当不谈。

(5)善于询问与倾听。询问与倾听的行为，是用来控制自己，让自己不要为了维护权力而侵犯他人。尤其是在对方行为退缩、默不作声或欲言又止的时候，可用询问行为引出对方真正的想法，了解对方的立场以及对方的需求、愿望、意见与感受，并且运用积极倾听的方式，来诱导对方发表意见，进而对自己产生好感。一位优秀的沟通者，善于询问以及积极倾听他人的意见与感受。

二、项目一

(一)项目演练

盲人摸号

1. 项目概述

小组成员在被打乱顺序、蒙住双眼且不可以用嘴发出声音的情况下，找到各自的队友并按照教师给出的扑克牌从大到小(或从小到大)排序,最快找到队友且排序无错的一组为胜。此项目难度极高,需要队员之间进行充分的沟通,并且在团队中形成属于自己的沟通方式。

2. 项目说明

(1)小组人数:10 人为宜。

(2)项目时间:30～40 分钟。

(3)项目场地:户外或室内,空旷场地。

(4)项目器材:扑克牌一副、眼罩(每人一个)。

3. 项目布置

(1)提前准备好项目器材,把扑克牌按花色分开。

(2)根据组别带学员到指定地点集合。

(3)宣布项目任务:在正式挑战开始前每小组有 10 分钟交流计划时间,计划结束后,同一小组成员将各自获取一张同花色不同数字的扑克牌。小组成员需在被打乱顺序、蒙住双眼且不可以用嘴发出声音的情况下,找到自己的队友并按照手中扑克牌大小,进行从大到小(或从小到大)人员排序,最快找到队友且排序无错的一组为胜。

(4)宣布项目规则:

①只允许看自己的扑克牌,不允许偷看他人。

②整个过程不允许摘去眼罩或说话。

③当找到自己队友并完成排序后,队长举手示意,并亮出手中扑克牌。

④若听到"成功",则摘去眼罩;若听到"失败",则继续进行挑战。

⑤若需要放弃比赛,请队长说"放弃"。

(5)确认大家是否明白项目规则。

(6)计时开始,进入 10 分钟计划阶段。

(7)计划结束,成员按小组进行站立,为同小组成员发放一张同花色不同数字的扑克牌,并佩戴眼罩,此刻起不允许讲话。

(8)打乱学员位置,正式进入挑战。

(9)教师观察、记录团队和学员表现。

图 9—1　盲人摸号

4. 项目控制

(1)严格控制学员违规现象。

(2)提示学员牢记手中扑克牌的花色和数字,并将扑克牌放入口袋。

(3)若学员出现低迷状态,终止挑战。

(4)在挑战前期可以阻碍学员成功,激发学员潜力。

5. 项目安全

(1)提醒学员时刻注意安全,在蒙眼状态下注意安全,摸索式前进。

(2)时刻关注学员动向,防止部分学员远离活动场地。

(3)清空活动场地一切障碍。

(二)项目点评

1. 学员表现

(1)团队间发出的信号相似。

(2)有学员受到外界因素干扰,走错队伍。

2. 点评指正

(1)独特。团队在进行挑战前,应该沟通好在接下来的任务中怎样做,怎样确定自己独特的"语言"、独特的交接方式等,通过这一系列的计划,来保证自己的团队能够顺利地集合到一起。这就是团队内部的沟通方式,如果每个团队都一样,那就没有自己的特色,也就没有了竞争能力。

(2)反馈。良好的反馈是减少错误的根本。有效的沟通应该是信息的往返传递,当团队中的队员发出信息时,其他队员也应发出相应的信息作为反馈,通过两者信息的结合,再多的外在干扰也只是过眼云烟罢了,团队依旧可以很快地完成任务。

(三)学员分享

(1)____

(2)____

(3)____

(4)____

(5)____

……

三、项目二

(一)项目演练

空方阵

1. 项目概述

将一个小组分成三个团队——计划团队、执行团队和观察团队,各团队依据各自的任务书完成任务,最终完成拼图任务。本活动主要培养学员的沟通能力,明白有效的沟通需要注重沟通细节和及时的反馈。

2. 项目说明

(1)小组人数:12 人为宜。

(2)项目时间:60 分钟。

(3)项目场地:室内空旷场地。

(4)项目器材:空方阵项目专业道具。

3. 项目布置

(1)提前准备好项目器材。

(2)根据组别带学员到指定地点集合。

(3)宣布项目任务:现在需要一个小组进行内部分团队来完成空方阵项目,首先分成计划团队、执行团队、观察团队,人数比例1∶1∶1。计划团队依据任务书制订计划,并且指导执行团队完成任务,观察团队在整个过程中注意观察其余两队的表现。正式挑战开始之前小组有5分钟的分组交流时间,5分钟之后每个团队将会得到任务书,在40分钟内完成所有任务。

(4)宣布项目规则:请严格遵守任务书中的规则。

(5)确认大家是否明白项目任务。

(6)学员进行分组交流。

(7)确认分组,发放道具,进行挑战。

(8)教师观察、记录团队和学员表现。

4. 项目控制

(1)合理提醒计划团队,项目进行时间。

(2)远离计划团队和执行团队,防止提前沟通交流。

(3)将观察团队分成两个小组分别观察计划和执行团队。

(4)提醒观察团队详细记录其他学员表现。

5. 项目安全

(1)提醒学员时刻注意安全。

(2)项目过程中禁止扔道具以免损坏道具或砸伤他人。

6. 任务书

(1)"计划团队"任务

①你们的任务是按照图纸制订一份拼图方案,不能用笔记录,让执行小组拼出空方阵。

②图纸是一个由17块模板组成的图形,模板拼在一起会是一个空方阵。

③你能在最开始的5分钟拥有空方阵的道具,5分钟后我们收回。

④你们在做好计划后可以通知执行小组来接受任务,在布置任务前,教练将图纸收回,在布置任务的过程中,你们只能给予口头指导,并且在任何时间都不能直接说出或展示图形答案(不能说出其中小图案的形状)。当布置完任务,教练把模板交给执行小组开始操作。执行小组开始动手时你们就不能再做任何指导。

⑤在执行小组执行过程中你要随时注意观察执行小组的拼装情况。

⑥项目全程用时为40分钟(含计划、指导、执行)。

(2)"执行团队"任务

①你们的任务是按照"计划团队"下达的指令来执行任务。计划团队可以随时叫你们过去接受任务及计划指导,现在已经开始计时了。5分钟之后教练会把模板给你们,你们可以使用5分钟,时间到教练会来取走。在"计划团队"给你们布置完任务后,教练会再次把模板交给你们开始操作,但你们开始动手执行任务时,"计划团队"就不允许给予任何指导了。

②你们要尽可能迅速地完成所分配的任务。

③在你们等待计划团队下达指令时,可以先想一下问题:

等待接受一项未知的任务时，你心中有什么感受和想法呢？

你们会怎样组织自己以一个团队的形式去执行任务？

你们在第一次接到模板时，是怎么想的？

你们对“计划团队”有些什么看法？

④请把以上问题的讨论结果记录下来，以便完成任务之后参加小组讨论。

⑤项目全程用时为40分钟(含计划、指导、执行)。

(3)“观察团队”任务

①你们负责观察监督整个活动过程，但不允许与其他两个小组进行交流。

②你们将观察一项团队练习，在这项练习中有2个团队参加活动，一个“计划团队”和一个“执行团队”，他们将共同努力拼17块模板，如果拼排正确，将会排出一个空方阵。

③计划团队必须决定如何将这些模板拼在一起，然后指导“执行团队”按计划将模板拼在一起。

④“计划团队”只能提供一些建议和大致的拼排轮廓，但不能亲自动手做，只用言语指导，让“执行团队”来完成整项任务。当“执行团队”开始动手执行任务时，“计划团队”将不能再作任何指导。

⑤作为观察员，你们分别对2个不同的小组进行观察并做好记录，记录两个小组所使用的方法，你对他们的评价，以及如果是你，你将会怎么做。记录越仔细越好，观察团队的每个成员独立记录。活动结束后，你们作为对项目最清楚的人员，将进行总结。

⑥项目用时：全程40分钟(含计划、指导、执行)。

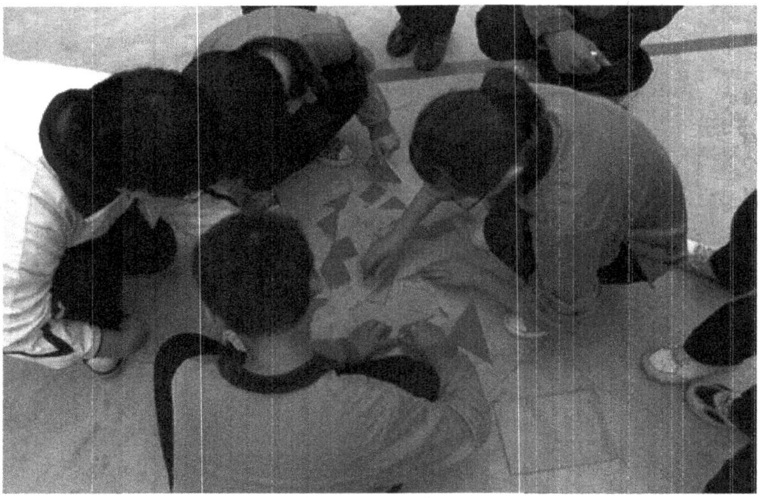

图9—2　空方阵

(二)项目点评

1. 学员表现

(1)观察团队不能很好地完成自己的任务。

(2)计划团队以为执行团队已经非常了解任务，但在真正的挑战中，执行团队难以着手，而计划团队也觉得自己讲得不够完善。

2. 点评指正

(1)当任务到达你的手中时,不管这个任务是简单还是困难都应该尽自己最大的努力去做好。简单的任务做到完美,困难的任务做到满意,这才是一个团队应该体现出来的精神风貌。作为观察团队虽说是游离在挑战外的,但对于整个团队来讲,观察人员是最有帮助的,因为他们作为第三方来发现团队内部存在的问题,是可以帮助团队提升的。

(2)有效的沟通需要信息发送者进行全面清晰的传递,需要接收者做出及时的反应,从而得以修正。发送和反馈是一个循环的过程,因为发送者和接收者是两个不同的自然人,也会使得双方有着不同的沟通方式和知识储备,所以这样的循环过程一定要多次进行,以确保双方已达成一致。错误往往在细节中体现。通过反复有效的沟通,我们就可以找到那一个易错的细节处。

(三)学员分享

(1)______________________________

(2)______________________________

(3)______________________________

(4)______________________________

(5)______________________________

……

四、项目引申

列夫·托尔斯泰曾经说过一段关于沟通的话:"与人交谈一次,往往比多年闭门劳作更能启发心智。思想必定是在与人交往中产生,而在孤独中进行加工和表达。"由此,也可以发现沟通的重要性。

中国春秋战国时期的"百家争鸣"也是很好的证明,那个时期,各个思想流派的沟通交流造就了彼此思想碰撞的火花,从而产生了各流派各自的经典著作。

五、问题思考

(1)请思考沟通的含义。

(2)请回忆与沟通相关的知识点及其大致内容。

(3)请简要叙述沟通项目的点评要点。

(4)请列举影响有效沟通的若干因素。

(5)请写出与沟通相关的名人名言。

第二节　团队协调

【主题意义】

组织协调是指为完成一定的任务而对人、财、物及各种资源进行安排、调配、整合的过程。本节内容让学员了解协调、协调能力的概念,从而明白协调的作用,在体验中感受协调的原则。

【故事】

《史记·淮阴侯列传》中记载,刘邦问韩信自己能领多少兵,韩信说:"陛下不过能将10万。"刘邦说:"那你呢?"韩信说:"臣多多而益善耳。"刘邦笑说:"多多益善,为何为我所擒?"韩信答曰:"陛下不能将兵,而善将将,此乃信之所以为陛下擒也。"

这说明刘邦之所以得天下，在于他善用能人，能集中能人的聪明才智为己所用。

三国时期的刘备则是另一个高明的“协调人”，他手中的“棋子”——孔明、关羽、张飞、赵子龙，个个都是响当当的人物，却都心甘情愿地为他效力，可见刘备的协调功力之深厚。

一、基础知识

（一）基本概念

1. 协调

协调(Coordination)，从词面上看就是协商、调和之意。协调的本质，在于解决各方面的矛盾，使整个组织和谐一致，使每一个部门、单位和组织成员的工作同既定的组织目标一致。

2. 领导协调

领导协调是指领导者为实现领导目标，采取一定的措施和办法，使其所领导的组织同环境、组织内外成员等协同一致，相互配合，高效率地完成工作任务的行为过程。

3. 协调能力

协调能力是指决策过程中的协调指挥才能。决策的领导者应该懂得一套科学的组织设计原则，应该熟悉并善于运用各种组织形式，还应该善于用权，能够指挥自如，控制有方，协调人力、物力、财力，以获得最佳效果。协调能力包括人际关系协调能力和工作协调能力两个方面。

4. 协调职能

协调职能，是指组织领导者从实现组织的总体目标出发，依据正确的政策、原则和工作计划，运用恰当的方式方法，及时排除各种障碍，理顺各方面关系，促进组织机构正常运转和工作平衡发展的一种管理职能。

（二）协调的作用

1. 减少内耗、增加效益的重要手段

有效协调可以使组织活动的各种相关因素相互补充、相互配合、相互促进，从而减少人力、物力、财力、时间的浪费，达到提高组织的整体效率、增加效益的目的。

2. 增强组织凝聚力的有效途径

要使组织内部人员团结、齐心协力，需要领导者以极大的精力和高超的技艺加以有效协调。只有人们心理上、权力上、利益上的各种关系协调了，才能团结统一、相互支持、齐心协力地实现共同的目标。

3. 调动员工积极性的重要方法

协调的好坏直接关系到组织目标的实现和整个领导活动的效能，协调工作做好了，组织内部各成员能团结合作，充分发挥出每个人的聪明才智，使组织工作充满生机和活力。

（三）协调的原则

1. 全员参与的原则

必须了解目标、计划及与其他人员的工作关系，树立与他人配合工作是自己的职责而不是额外负担的观念，从而自觉、主动地做好协调。

2. 有效沟通的原则

沟通是进行协调的基本手段。所谓有效沟通，一是指要有效能，即能够达到所要达到的目标；二是指有效率，即能够迅速实现协调的目的。

(1)沟通目的要清晰，对通过沟通希望解决什么问题必须心中有数。

(2)信息表达应当清晰无误。

(3)注意沟通的技巧,比如语言的恰当运用、说话分寸的掌握和时机的选择,善于倾听沟通对象的发言等。

(4)对信息沟通的效果进行追踪检查,及时反馈。

3. 及时协调的原则

在制订工作计划时就应该考虑各项工作会有什么协调关系,并提前拟订方案和措施。在执行计划过程中,管理者应对可能发生的问题保持警觉,一旦发现就以适当的方式迅速处理,不要等积累成山再采取行动。

4. 连续性原则

要追随工作的进展不断协调。

5. 直接接触的原则

一是管理者在协调各个部门或各个人员的工作关系时,一般情况下应与被协调者直接见面,这样不仅可以保证信息准确,而且可以在深入解决思想和现实问题的基础上妥善协调,特别是在关键问题上,直接接触能使协调更加确定,避免节外生枝而延误时机;二是尽可能使几方被协调者直接见面,这样既可以使意见摆到桌面上来,又可以使当事者进行情感上的交流,而情感沟通往往比认识协调更具有意义。

(四)协调能力的作用

协调能力,是化解矛盾的能力,是聚分力为合力的能力,是变消极因素为积极因素的能力,是动员群众、组织群众、充分调动人的积极性的能力。我们党要提高执政能力,其中很重要的一条,就是要具备很强的协调能力。

个人的力量总是有限的。领导者要履行好自己的职责,必须把周围同志的积极性调动起来,潜能发挥出来,靠集体的力量攻克难关。然而,协调能力是很见功底的事。有的人虽有业务水平,也有敬业精神,但却缺少协调能力,需要在实践中不断学习和提高。

(五)协调的方法

善于协调关系是领导者应具备的基本素质,也是一个基本的工作方法。领导者能否取得事业的成功,在很大程度上取决于其是否掌握了协调关系的方法。那么,协调的方法通常都有哪些呢?

1. 确立清晰的思路

协调每一件事情,都要根据协调的内容和具体要求,把握住基本点,制订周密详细的协调计划,确立清晰的协调思路,研究协调中可能遇到的问题及对策。要做到心中有数,就要用联系的、发展的观点来看问题,承认差异,照顾个性,具体情况具体分析。心中有了数,工作才能有条不紊、忙而不乱,达到最佳状态。

2. 投入真挚的情感

在协调工作中,领导者的情感能对下属产生直接的影响。因此,领导者在整个协调过程中都要投入真挚的感情,使协调对象能够感觉到你的真诚,从而与你相互理解、达成共识。

3. 保持冷静的心态

领导者首先要沉着冷静,要认真听取别人的意见,对于正确的意见,要及时采纳,使自己的协调计划更加完善;对于不正确的意见,也要保持正确的态度,有理、有据、有节地进行辩驳。领导者在协调时要无私、态度诚恳。

4. 领导者还要心胸宽广

尤其是在被别人误解时,要进行主客观多方面的分析,不要认为是人家和你过不去而对人产生成见。“海纳百川，有容乃大”，做到了这一点，协调才能有成效。

（六）相关观点

组织协调是指为完成一定的任务而对人、财、物及各种资源进行安排、调配、整合的过程。

1. 组织协调的类型

组织协调作为组织管理的一项重要活动和职能，也同样可以从不同的角度对其做出类型划分和分析。较常见的有：

（1）纵向协调和横向协调。这是根据协调对象的不同而对组织协调所作的区分。纵向协调就是上下关系协调，一是协调同上级部门和单位的关系，二是协调同下级部门和单位的关系。横向协调就是左右关系协调，一是协调同级管理部门和单位的关系，二是协调同级管理人员之间的关系。

（2）内协调与外协调。这是根据组织关系的不同而对组织协调所作的区分。内协调就是组织内部各部门、单位和人员之间的协调，外协调就是组织同环境之间的协调。

（3）政策协调、事务协调、人事协调和社会协调。这是根据协调内容不同而对组织协调所作的类型区分。政策协调就是对政策所涉及的各种组织关系和矛盾进行协调；事务协调就是对组织内的各种日常事务和矛盾进行协调；人事协调就是对组织管理中所存在的人事关系和矛盾进行协调；社会协调就是对组织的社会关系和矛盾进行协调。

2. 组织协调的原则

（1）统筹全局原则。组织协调的目的在于实现组织的整体功能和总体目标。而要有效地实现这种整体功能与总体目标，就必须首先形成全局的、系统的观念，遵循统筹全局的原则。这一原则要求管理者在进行协调活动和工作时，必须从全局出发，从总体目标、总体部署上来认识协调工作的重要性。局部服从全局，部分服从整体。因为只有维护和发展了全局的整体利益，局部利益的保存和发展才有保障条件。当然，全局是由局部组成的，局部是全局的基础，各个局部做好了，全局才会兴旺。但是局部和全局又是有矛盾的，有时有的事对局部有利，对全局却有害。因此，在协调中，要把全局利益放在第一位，提倡以全局为重，绝不允许以局部利益来损害全局利益行为的存在。当然，在坚持全局利益的前提下，也要兼顾局部利益。

（2）综合平衡原则。组织的系统、整体功能是建立在组织要素之间相互联系、相互依存、相互作用的基础上的，任何组织要素在结构和功能上的残缺，都必然造成组织整体在结构和功能上的不健全。因此，组织管理者要有效地对组织活动进行协调管理，还必须确立并遵循综合平衡的原则。这一原则要求组织管理者在进行组织协调活动和工作时，不仅要使组织所属的各部门、单位和人员职、权、利分明，忠于职守，而且还必须使组织所属的各部门、单位和人员密切配合、团结协作，防止顾此失彼和扯皮现象的发生。

（3）主次有序原则。综合平衡要求我们在对组织进行协调管理时，要注意每一要素在结构和功能上的完整和健全，并不是要我们在任何时候、任何条件下都必须“均衡”地对待，并不是要求我们在任何时候、任何条件下都采取“眉毛胡子一把抓”的协调态度和方法。事实上，任何事物都是有主有次、有轻有重的。因此，为了有效地对组织进行协调管理，除了确立和遵循统筹全局、综合平衡的原则外，还必须进一步确立并遵循主次有序的原则。这一原则要求我们在对组织进行协调管理时，必须做到有主有次、有轻有重、有先有后，抓住重点、照顾一般。

（4）互相尊重原则。组织活动中需要协调的问题，一般是在根本利益一致下的人民内部矛盾问题，对这类问题的处理，互相尊重、理解是问题得到解决的前提和基本要求。尊重、理解是人的一种较高层次的需要，满足这种需要，人就心情舒畅。因此，协调工作要坚持互相尊重、理解，不论是上级、下级和同级，都要力戒骄傲和冷漠。要避免因为态度不好、恶语伤人使关系疏远、问题恶化，力求态度诚恳，互相尊重、理解，在友好的气氛中将矛盾淡化和消失。

(5)民主协商原则。协调工作通常不能靠硬性裁决解决问题，思想不通，硬性裁决往往不仅不能解决问题，反而会种下新的矛盾种子。为此，协调工作要坚持发扬民主，提倡平等协商。这样做，一方面有利于矛盾双方在感情上的靠拢，为协调创造一个和谐的气氛；另一方面，双方在民主协商中畅所欲言，有利于管理者全面了解情况做到"兼听则明"，这样双方感情距离缩小，加上管理者情况明了，措施正确，就更易于接受调节，协调工作就能真正见效。

(6)求大同、存小异原则。在管理系统中，由于各个层次、各类人员所处的地位不同、责权不同，加之各人的经历、知识、个性心理特征上的差异，因此，矛盾的存在是必然的、普遍的。在协调工作中，不能大问题、小事情都千篇一律地要求一致，应当允许在不影响全局利益、他人利益的前提下，保留一点部门、个人的权利，在单位和个人间求大同、存小异。管理者的协调艺术，在于既坚持原则，又善于妥协，大事不糊涂，小事不计较，把坚持原则和必要的妥协巧妙地结合起来。

二、项目

(一)项目演练

七巧板

1. 项目概述

将团队分成七个工作组，模拟团队中不同部门或者各分支机构，整体合作完成一系列复杂的任务。本活动主要培养学员的共同协作以及协调能力，在有限的资源下为团队创造更好的成绩。

2. 项目说明

(1)小组人数：7 组，每组 3～4 人。

(2)项目时间：60 分钟。

(3)项目场地：室内空旷场地。

(4)项目器材：专业七巧板道具。

3. 项目布置

(1)提前准备好项目器材。

(2)根据组别带学员到指定地点集合。

(3)宣布项目任务：团队即将迎来一个大挑战，需要把所有成员分成 7 个小组，其中第 7 组为我们的领导小组。分组后每个小组在指定区域就位，小组会收到 5 块七巧板板块、一个图形和一份任务书。队员需要根据任务书完成相应的任务来获取分数。若在 40 分钟获得 1 000 分及以上，视为团队成功。

(4)宣布项目规则：

①在项目进行过程中，除第 7 组外所有人的身体不得离开所坐的椅子。

②所有七巧板和图形只能由第 7 组传递。

③任务书不允许交换。

④拼好图形请举手示意。

⑤完成任务书任务，遵守任务书规则。

(5)确认大家是否明白项目规则。

(6)首先完成第 7 组人员选拔。

(7)发放道具,进行挑战。

(8)教师观察、记录团队和学员表现,并计分。

(9)教师最后统计各组得分并且计算总分。

4. 项目控制

(1)为使项目正常进行,第 7 组应位居中间,其他组在其周围,组间距离在 1.5 米左右。

(2)在学员收到任务书后请务必让学员仔细观看。

(3)将混合的 35 块七巧板随机发给 7 组,每组 5 块,并将图一至图七按顺序发给 7 个组,最后将任务书 1 至 7 按顺序发给 7 个组。

(4)学员组好图形后,应仔细确认,如符合要求,进行加分。

5. 项目安全

(1)提醒学员时刻注意安全。

(2)学员在项目中使用七巧板时注意安全,只能用手传递,严禁抛扔。

6. 项目任务书

(1)一组任务书

①用五种颜色的图形分别组成图一至图六,每完成一个图案将得到 10 分。

②用同种颜色的图形组成图七,完成后将得到 20 分。

③用三种颜色的七块图形组成一个长方形,完成后将得到 30 分。

每完成一个图案,请通知教师,教师确认后,将登记分数。

(2)二组任务书

①用同种颜色的图形分别组成图一至图六,每完成一个图案将得到 10 分。

②用五种颜色的图形组成图七,完成后将得到 20 分。

③用三种颜色的七块图形组成一个长方形,完成后将得到 30 分。

每完成一个图案,请通知教师,教师确认后,将登记分数。

(3)三组任务书

①用五种颜色的图形分别组成图一至图六,每完成一个图案将得到 10 分。

②用同种颜色的图形组成图七,完成后将得到 20 分。

③用三种颜色的七块图形组成一个长方形,完成后将得到 30 分。

每完成一个图案,请通知教师,教师确认后,将登记分数。

(4)四组任务书

①用同种颜色的图形分别组成图一至图六,每完成一个图案将得到 10 分。

②用五种颜色的图形组成图七,完成后将得到 20 分。

③用三种颜色的七块图形组成一个长方形,完成后将得到 30 分。

每完成一个图案,请通知教师,教师确认后,将登记分数。

(第五组任务书跟第三组一致,第六组任务书跟第四组一致。)

(5)七组任务书

①领导团队在规定时间内完成任务,达到 1000 分的目标。

②指挥其他各组成员,用所有的 35 块图形组成 5 个正方形,每个正方形必须由同种颜色的 7 块图形组成。每完成一个正方形,你将得到 20 分,组成正方形的那个组将得到 40 分。

③支持其他各组成员,在规定时间内得到更多的分数,其他各组总分的 10%将作为你的

加分奖励。

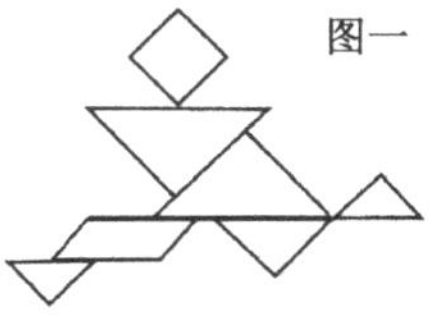

图一

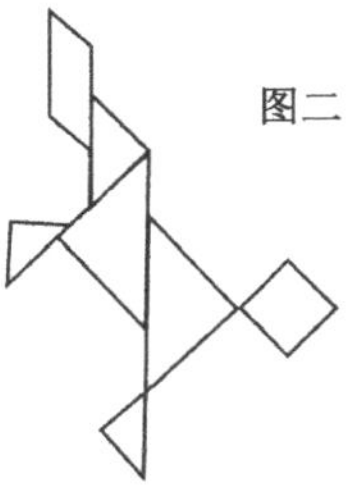

图二

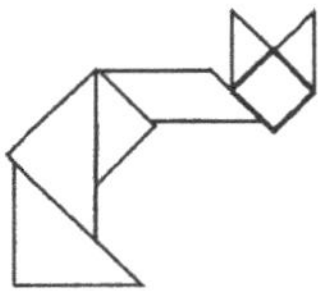

图三

图四

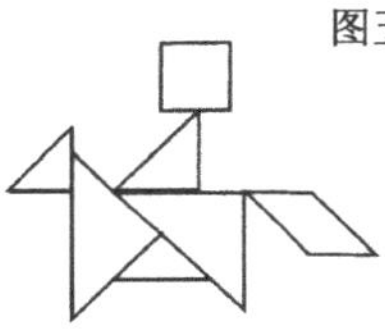

图五

图六

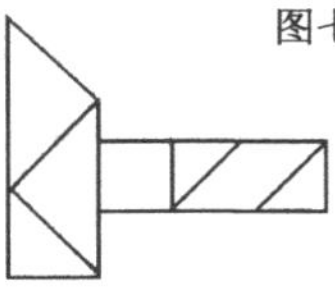

图七

图 9—3　七巧板

(二)项目点评

1. 学员表现

(1)小组不清楚自己的任务目标。

(2)第7小组由领导小组变成了快递小组。

2. 点评指正

(1)如何才开始做一件事情:明白了这是什么事,为什么我要做这件事。有多少同学做到一半还不知道自己到底要做什么任务。尤其是我们的领导小组,你们手上把握着团队的大目标,任何的小目标都是用来服务和推动大目标进行的。

(2)在项目开始前就明确了第7小组为领导小组,为何最后却沦为快递小组。当一个小组提出要求,你们满足了;那么此刻其他小组就会提出意见,另外的小组又会有问题出现;等等。自然,领导就成了快递员。那么,作为领导需要做什么呢?是协调,在有限的时间、资源、人员下进行合理调配,解决各方面的矛盾,让其他成员小组能够有序地进行,并使得他们的工作与组织目标一致。一定要明白,不是其他小组想要的就一定要给,必须控制大方向,一切行为和举措都是为最终目标服务的。有效的协调可以减少内耗、增强组织的凝聚力、调动员工的积极性。

(三)学员分享

(1)________________________________

(2)________________________________

(3)________________________________

(4)________________________________

(5)________________________________

……

三、项目引申

分工是一把双刃剑,因为不分工的时候大家做事非常有乐趣,一分工就完全没有乐趣了,使得工作很单调,使得工人没有技术。但通过分工,组织能使没有技术的工人生产出很多具有技术性的东西。所以今天不能单打独斗,组织应有必要的分工。如果不能合作,你就不要分工。

四、问题思考

(1)请简述协调的概念。

(2)请简述协调的原则。

(3)请叙述你对于协调的理解。

(4)如何正确地看待分工与协作的关系。

(5)结合实际的工作与生活,谈谈如何有效地开展协调工作。

第十章　团队领导与团队组织

学习目标

1. 认识和理解领导及领导力的概念，培养一定的领导能力。
2. 分清组织的动态与静态的关系，掌握和学会组织工作的技巧。

第一节　团队领导

【主题意义】

领导是在一定的社会组织和群体内，为实现组织预定目标，领导者运用其法定权力和自身影响力影响被领导者的行为，并将其导向组织目标的过程。本节内容让学员了解领导需要具备哪些领导力，通过体验学会如何让自己具备这些领导能力。

【故事】

听到听不见的声音

故事讲的是一个年轻的王子接受父亲的指派，在一个中国师傅的教导下，学习如何成为好的统治者。

师傅交给王子的第一个任务，是孤身一人在森林里待上整整一年。一年期满后，师傅让王子描述自己都听到了什么。王子回答："我听到了杜鹃鸟啼叫，树叶沙沙作响。我听到了蜂鸟鸣响，蟋蟀唧唧而叫。我还听到了风吹草动的声音，听到蜜蜂嗡嗡作响，听到了风的声音。"

听完王子的回答，师傅让他回到森林里，看能不能再听到些什么。王子回到森林，独自坐在那里几天几夜，思索师傅说过的话。有一天早上，他突然听到了以前从没听到过的微弱的声音。

回到师傅身边后，王子说："当我仔细倾听时，我能听到那些听不到的声音——花开的声音、太阳温暖地球的声音，还有草叶吸收晨露的声音。"

师傅点点头说："倾听无法听到的声音，是成为明君的必要条件。只有当君主学会倾听人民的心声，听出他们无法明说的话语，感受到无法表达的痛苦，察觉到人们不敢言说的不满时，他才会赢得臣民的信任，知道何事于国有害，从而满足臣民的真正需要。"

一、基础知识

(一)基本概念

1. 领导

领导(Lead)是在一定的社会组织和群体内，为实现组织预定目标，领导者运用其法定权力和自身影响力影响被领导者的行为，并将其导向组织目标的过程。

2. 领导者

所谓领导者(Leader)，是指居于某一领导职位、拥有一定领导职权、承担一定领导责任、实施一定领导职能的人。在职权、责任、职能三者之中，职权是履行职责、行使职能的一种手段和条件，履行职责、行使职能是领导者的实质和核心。

(二)领导方式

(1)吩咐型领导方式:指导性行为多，支持性行为少。领导者对被领导者给予明确的指导并近距离监督。

(2)推销型领导方式:指导性行为多，支持性行为多。领导者对被领导者进行监督、指导、倾听、鼓励和允许试错，并鼓励对方参与决策。

(3)参与型领导方式:支持性行为多，指导性行为少。领导者鼓励被领导者自主决策，鼓励他们按照自己的方式做事情。

(4)授权型领导方式:指导性行为少，支持性行为少。由被领导者自己决策并执行。

(三)领导技能

成功的领导依赖于合适的行为、技能和行动，领导者的三种主要技能是技术技能、人际技能和概念技能。

(1)技术技能:一个人对某种类型的过程或技术所掌握的知识和能力。

(2)人际技能:有效地与他人共事和建立团队合作的能力。组织中任何层次的领导者都不能逃避人际技能的要求，这是领导行为的重要部分之一。

(3)概念技能:按照模型、框架和广泛关系进行思考的能力，例如长期计划。在越高的管理职位上，它的作用也就越重要。

概念技能处理的是观点、思想，而人际技能关心的是人，技术技能涉及的则是事。

(四)基本领导原则

领导原则是具体反映领导规律的领导运作准则，是领导实践为了确保其成功和其本来性质不变而所必须依循的基本规范，是领导活动过程中领导主体必须坚持和自觉遵循的领导行为规范。它实际上是一种多目标、多功能、综合性的根本方法，它是领导活动规律的具体体现，为领导活动提供了基本的理论依据。正确认识、切实掌握和科学运用领导原则是做好现代领导工作的基础，是领导主体所必备的基本条件，对于规范领导、确保领导科学和成功具有重要的作用和意义。领导原则有一般和具体之分，反映领导活动某一方面规律的是领导的具体原则，反映贯穿领导活动各个方面的共同规律的是领导的一般原则。

从层次上看，领导原则可分为具体领导原则和一般领导原则。具体领导原则是指反映领导活动的某一方面规律的原则，如领导决策原则、领导用人原则等。一般领导原则是对贯穿于领导活动各个方面共同规律的反映，带有普遍性的特点。在这里，我们主要分析和研究分层原则、宽严相宜原则、目标导向原则、反馈原则等几个领导活动的一般原则。

1. 分层原则

这一原则主要是指在领导过程中建立合理的层次序列，并正确处理各层次之间的关系。领导层次问题，是由“管理跨度原则”引申出来的。在领导过程中，建立合理的层次序列，并正确地处理各层次之间的关系，最终取得最佳的领导效果，这就是分层领导原则的含义。根据分层原则，一般地说，上一层领导主体应当尊重所在层次序列，只对下一层部门行使一定的权力，尽量不要越级处理问题或包办代替。下层部门也不要轻易地把自己职权范围内的问题无原则地上交，而是要发挥自身的主动性和创造性。当然，分层领导原则也不是绝对的。

2. 宽严相宜原则

在领导活动中，领导者需要根据不同的情况，区别不同的对象，说服教育和强制并重，宽严并举，赏罚得当，才能对越轨行为进行约束，为自觉的人指示方向，对不自觉的人予以告诫，从而督促整个组织或团体按同一标准，向同一目标前进，这就是宽严相宜原则。在现实领导活动中，坚持宽严相宜原则必须与其他原则相匹配，必须运用辩证法。

3. 目标导向原则

目标是指在一定环境条件下，处理和解决问题要达到的结果和目的。目标具有定向、定时、定量的特点，其本身是一种激励。但是，并非所有目标都会产生良好的导向激励作用，只有那些内容科学、具有一定挑战性、形式简明、内容集中、能成为下属自己目标的总目标，才能真正具有导向、激励作用。正确确立目标，科学地选择达到目标的途径和步骤，合理地控制实现目标的进程，这就是目标导向原则。这一原则的主要内容包括实事求是地确立目标和科学合理地调整目标两个方面。因此，控制实施过程，检查执行情况，及时反馈新情况、新变化，适时调整、修正原定目标，才能避免带来更大的失误。

4. 反馈原则

"馈"字意为"赠送"。所以，从词义上讲，反馈就是"反过来赠送"。在控制论中，反馈的含义是"指系统的输出信息返送到输入端，与输入信息进行比较，并用两者的偏差进行控制的过程和方法"。反馈是系统控制的基本形式之一。当一个决策执行之后，根据客观情况的变化，迅速准确地、经常不断地将变化了的情况反映给决策中心，并提出相应的对策建议，以修正或更新决策，实现领导的有效控制，就是反馈原则。

(五)领导职能

领导职能是指领导者运用组织赋予的权力，组织、指挥、协调和监督下属人员，完成领导任务的职责和功能，它是领导本质的具体表现。

领导职能专指其在某一个职位上的能力，所谓在其位，则专其能，不在其位，不谋其政。在某一领导岗位上，拥有驾驭这个岗位的能力以及能够很好地执行相应的权责，对于领导的个人及其所领导的团队都有相当重要的意义。领导一般职能包括：

(1)决定重要的政策；

(2)发布必要的命令和指标；

(3)协调组织内部；

(4)授权下一级处理一般事务；

(5)控制财务的运用；

(6)工作人员的任免；

(7)监督、控制并考核工作的执行；

(8)处理对外的公共关系。

(六)领导的功能

领导的功能指领导者在领导过程必须发挥的作用，即领导者在带领、引导和鼓舞下属为实现组织目标而努力的过程中，要发挥组织、激励和控制作用。

1. 组织功能

组织功能是指领导者为实现组织目标，合理地配置组织中的人、财、物，把组织的三要素构成一个有机整体的功能。组织功能是领导的首要功能，没有领导者的组织过程，一个组织中的人、财、物只可能是独立的、分散的要素，难以形成有效的生产力，通过领导者的组织活动，人、财、物之间合理配置，构成一个有机整体，才能去实现组织的目标。

2. 激励功能

激励功能是指领导者在领导过程中，通过激励方法调动下级和职工的积极性，使之能积极努力地实现组织目标的功能。实现组织的目标是领导者的根本任务，但完成这个任务不能仅靠领导者一个人去动手亲自干。他应在组织的基础上，通过激励功能的作用，将全体职工的积极性调动起来，共同努力。“众人拾柴火焰高”，领导的激励功能，形象地说就是要使众人都积极地去拾柴。

3. 控制功能

控制功能是指在领导过程中，领导者对下级和职工，以及整个组织活动的驾驭和支配的功能。在实现组织的目标过程中，“偏差”是不可避免的。这种“偏差”的发生可能源自不可预见的外部因素的影响，也可能源自内部不合理的组织结构、规章制度、不合格管理人员的影响，纠正“偏差”，消除导致“偏差”的各种因素是领导的基本功能。

(七)相关观点

1. 管理

管理(Management)，是指管理主体组织并利用其各个要素(人、财、物、信息和时空)，借助管理手段，完成该组织目标的过程。

2. 与管理的联系

(1)领导是从管理中分化出来的。就领导活动自身发展的历史而言，决策与执行的分离、领导权与管理权的分离，是领导科学发展进程中的重要变革，这一具有里程碑意义的变革同样证明了领导是从管理中分化而来的。

(2)领导和管理无论是在社会活动的实践方面，还是在社会科学的理论方面，都具有较强的相容性和交叉性。

3. 与管理的区别

(1)领导具有战略性。领导侧重于重大方针的决策和对人、事的统御，强调通过与下属的沟通和激励实现组织目标；管理则侧重于政策的执行，强调下属的服从和组织控制实现组织目标。领导追求组织乃至社会的整体效益；管理则着眼于某项具体效益。

(2)领导具有超脱性。领导重在决策，管理重在执行。工作重点的不同，使领导不需要处理具体、琐碎的事务，主要从根本上、宏观上把握组织活动。管理则必须投身于人、事、财、物、信息、时间等具体问题的调控与配置，通过事无巨细的工作实现管理目标。

二、项目一

(一)项目演练

卓越圈

1. 项目概述

每组学员 15 人为宜，小组队长进行指导不参与挑战，另选出两名学员拉开一个身体大小的绳圈，反复上下套圈，其余队员尽快通过，时间越短成绩越好。这个项目的亮点是队长不参与挑战，但全部的惩罚由队长来承担。所以，学员在这个项目中要学会如何做一个好领导，一方面承担团队职责，另一方面组织、激励成员去拼搏奋斗。

2. 项目说明

(1)小组人数:15 人为宜。

(2)项目时间:50～60 分钟。

(3)项目场地:室内空旷场地。

(4)项目器材:绳圈(每组一个)。

3. 项目布置

(1)提前准备好项目器材。

(2)根据组别带学员到指定地点集合。

(3)宣布项目任务:每组队长出列,可进行技术指导,但不参与挑战。另外选出两名学员拉开一个身体大小的绳圈,反复上下套圈,其余队员尽快通过,以耗时最短的一组为优胜。每轮挑战的负者,该组的队长必须承担失败的后果——做俯卧撑,第一轮 5 个,第二轮 10 个,第三轮 20 个,第四轮 40 个,以此类推,直到第六轮。每轮挑战有 5 分钟练习时间。正式挑战开始前有 3 分钟交流时间。

(4)宣布项目规则:

①学员必须整个人穿过卓越圈。

②整个过程除两名拉绳者以外都不允许接触到绳圈。

③若违反规则上述规则,所有学员重新过卓越圈。

④所有惩罚必须一次性完成不能中断或代替。

⑤一切计时计数以教师为准。

(5)确认大家是否明白项目规则。

(6)学员交流阶段,3 分钟倒计时开始。

(7)交流结束,学员就位,教师发放道具。

(8)教师观察、记录团队和学员表现。

图 10—1　卓越圈

4. 项目控制

(1)提醒学员尝试更多的方法进行挑战。

(2)项目后期需要鼓励学员之间互相加油打气。

(3)当队长接受惩罚时杜绝其他学员进行任何帮助。

5. 项目安全

(1)提醒学员时刻注意安全,时刻防止跌倒。

(2)有身体不适者可退出此项目。

(3)穿绳圈学员取下身上硬物,若条件允许可取下眼镜。

(4)拉绳圈学员必须以握拳掌心向下的形式拉开绳圈,防止手受伤。

(5)时刻关注受惩罚者身体状况。

(二)项目点评

1. 学员表现

前几轮挑战不够投入,屡屡失败,当队长受惩罚多次后,感到羞愧、自责,奋力拼搏,最终完成目标,团队战斗力得以升华。

2. 点评指正

(1)领导的力量。在整个挑战过程中,团队总是状况百出,队员的情况的也总是波澜起伏,而作为领导的队长,就需要在关键时刻来给队员"降火""打气""安慰",让队员时刻都能保持良好的状态去面对挑战,最后以身作则,担起团队责任,义无反顾地接受惩罚,用行动感染队员。

(2)超越自我。一次次的失败,并不可怕,这是成功路上的垫脚石,一次次的成功也不是太值得骄傲,因为还可以有更好的成绩,挑战就是一次次的成功,一次次的超越,没有超越,你不会知道自己的潜能。

(三)学员分享

(1)____________________

(2)____________________

(3)____________________

(4)____________________

(5)____________________

……

三、项目二

(一)项目演练

领袖风采

1. 项目概述

每组学员 10 人为宜,所有学员从 1 至 30 连续报数,所需时间决定小组成绩,时间越长成绩越差,每轮都有指定目标,未达标小组队长须按照规定数量完成俯卧撑。在音乐背景下,教师与学员共同分享领袖的风采、责任与感恩的意义。

2. 项目说明

(1)小组人数:10 人为宜。

(2)项目时间:40～50 分钟。

(3)项目场地:室内空旷场地。

(4)项目器材:秒表。

3. 项目布置

(1)提前准备好项目器材。

(2)根据组别带学员到指定地点集合。

(3)宣布项目任务:每组队长出列,所有学员从1至30连续报数,所需时间决定小组成绩,时间越长成绩越差,每轮都有指定目标,第一轮12秒,第二轮10秒,第三轮8秒,第四轮7秒,第五轮6秒,第6轮5秒;未达标小组队长须按照规定数量完成俯卧撑,第一轮5个,第二轮10个,第三轮20,第四轮40,以此类推,直到第六轮。每轮挑战有3分钟练习时间。正式挑战开始前有5分钟交流时间。

(4)宣布项目规则:

①每人每次只能报一个数,10人依次循环,按顺序报完30个数。

②报数清晰、洪亮。

③若违反规则上述规则,视为此轮挑战失败。

④所有惩罚必须一次性完成不能中断或代替。

⑤一切计时计数以教师为准。

(5)确认大家是否明白项目规则。

(6)学员交流阶段,5分钟倒计时开始。

(7)交流结束,学员就位,教师发送开始指令,并计时。

(8)教师观察、记录团队和学员表现。

4. 项目控制

(1)提醒学员尝试更多的方法进行挑战。

(2)项目后期需要鼓励学员之间互相加油打气。

(3)严肃对待惩罚阶段,其他成员必须低头肃静,营造氛围。

(4)队长接受俯卧撑惩罚时动作要标准,并杜绝其他学员进行任何帮助。

图10—2 领袖风采

5. 项目安全

(1)提醒学员时刻注意安全。

(2)有身体不适者可退出此项目。

(3)时刻关注受惩罚者身体状况。

(二)项目点评

1. 学员表现

(1)觉得报数太简单,没有任何意义,一度想退出项目。

(2)在队长的语言、行动刺激下,开始接受,并全力以赴。

2. 点评指正

(1)世上本没有难事,任何复杂的任务都是由简单的考验叠加起来的。那如何才能解决难事,当然要从最小的事做起。意义不是用来感受的,是用来创造的。

(2)这个项目的实际操作者是队长,成员的态度和团队的状态是由队长来推动的。队长积极上进的状态、毫不犹豫接受惩罚的意识、惩罚时不断颤抖的双手、挑战中嘶吼的声音都能激起成员们的斗志。领导有三大功能:组织、激励、控制。在这样的活动中,队长最需要的就是进行激励。

(三)学员分享

(1)____

(2)____

(3)____

(4)____

(5)____

……

四、项目引申

我国台湾交通大学教授曾仕强说过有关领导的一些话:“用情理法来领导,最为合理”,“领导的意义,在于发挥个人的潜力”。这些话充分地说明了领导的原则和意义。类似的话还有米勒说过的:“真正的领导者不是要事必躬亲,而在于他要指出路来。”彼得·德鲁克说过的:“管理是把事情做好,领导力是做正确的事情。”

五、问题思考

(1)请简述领导的概念和领导方式。

(2)什么是领导力?

(3)领导的一般原则主要有哪些内容?

(4)实行有效领导的主要障碍有哪些?

第二节　团队组织

【主题意义】

让学员了解什么是组织、组织构成要素有哪些、有哪些组织结构,明确企业组织管理的具体内容,学会组织设计,掌握组织工作的一些原则与技巧。

【故事】

东原公司是一家新兴企业,六年前以房地产开发业务起家,公司初创时只有几个人,资产1 500万元,发展到现在有1 300余人,5.8亿元资产。业务拓展为房地产开发为主,辅以娱乐、餐饮、咨询、汽车维护、百货零售等业务的多角化经营格局。随着公司的不断发展，人员开始膨胀，部门设置日益复杂。如总公司下设五个分公司及一个娱乐中心，娱乐中心下设嬉水、餐饮、健身、保龄球、滑冰等项目。另外，总公司所属的房屋开发公司、装修公司、汽车维修公司和物业公司又都自成体系。管理层次也不断增加，总公司有三级，各分公司又各有三级以上的管理层，最突出的是娱乐中心，管理层次多达七级。职能部门重叠设置，总公司有人力资源部，而下属公司也相应设立人力资源部门，管理混乱。事实表明，多角化经营的复杂业务格局，原有的直线职能制已不适应公司的发展了。此外，财务管理也很混乱，各个分部独立核算后，都有自己的账户，总公司可控制的资金越来越少。因此，有必要在财务上实行集权。但是，组织变革意味着利益的重新分配，可能引起管理层的震荡。因此，东原公司的领导层面临考验。

一、基础知识

(一)基本概念

1. 组织

组织(Organization)是人们为了某一目的而形成的群体，是确保人们社会活动正常协调进行、顺利达到预期目标的体系，是以目的为导向的社会实体，是具有特定结构化的活动系统。组织就是在一定的环境中，为实现某种共同的目标，按照一定的结构形式、活动规律结合起来的具有特定功能的开放系统。简单来说，组织是两个以上的人、目标和特定的人际关系构成的群体。

综上所述，一个组织是由各子系统组成的系统，并由来自环境的分界来画出轮廓要求尽量了解各子系统内部及各子系统之间的关系，以及组织与环境之间的关系，并且要求尽量明确各个变量的关系和结构模式。

一般地，组织具有以下三个共同的特征：

第一，每一个组织都有一个明确的目的，这个目的一般是以一个或一组目标来表示的。

第二，每一个组织都是由人组成的。

第三，每一个组织都通过一种系统性的结构来规范和限制成员的行为。例如，建立规则和规章制度；选拔领导人并赋予他们职权；编写职务说明书，使组织成员知道他们在组织中应该做什么。

2. 构成要素

(1)人：组织由两个或两个以上的人组成，这些人为了共同的目标走到了一起。这是最基本要素、唯一具有主观能动性的要素。

(2)共同目标——前提要素。组织拥有一个(经常更多)目的或目标。成员对此要认同。

(3)结构——载体要素。有互相协调的手段，保证成员可以进行沟通、互动并交流他们的工作；是分工协作的表现；由部门、岗位、职责、从属关系构成。

(4)管理——维持要素。为了实现目的，拥有一套计划、控制、组织和协调的流程。以计划、执行、监督、控制等手段保证目标的实现。

3. 组织结构

组织结构(Organizational Structure)是一个变量，是指组织中各部分之间相对稳定关系的一种模式。组织结构不存在一成不变和所谓最好的模式。因为企业发展的目标、环境、内部条件是不断变化的，原来较好的组织结构也许到现在就不适用了，所以组织结构需要不断地调整、改革和完善。任何组织机构不可能也达不到最优，因为它只是实现目标的一种方案。任何方案有利必有弊，十全十美的方案是不存在的。因此，评价任何组织结构应根据一定的目标、环境和原则，从中挑选一个较好的方案——满意方案。

组织是一个动态的概念和过程。因为：

第一，组织结构必须反映目标和计划，而目标和计划是随时在变的。

第二，结构反映了管理者可以行使的职权，而这个由社会决定的处理问题的权限是会变化的。

第三，组织结构必须同其环境相容，不断变化的经济、技术、政治、社会以及伦理因素构成了组织结构的前提条件。

第四，由于组织管理的对象主要是人，即除了研究组织本身的优缺点外，还要考虑组织中人的积极性。

组织结构一般分为职能结构、层次结构、部门结构、职权结构四个方面。

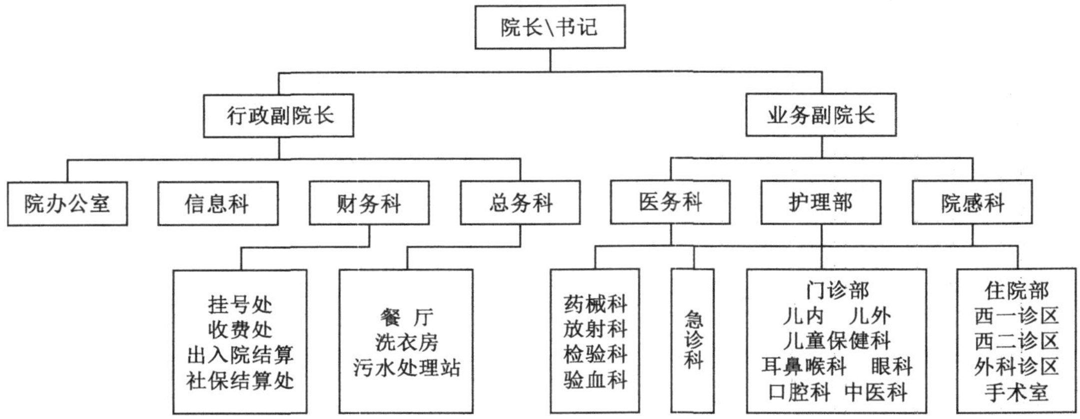

图 10—3 医院组织结构示意图

(1)职能结构，是指实现组织目标所需的各项业务工作以及比例和关系。其考量维度包括职能交叉(重叠)、职能冗余、职能缺失、职能割裂(或衔接不足)、职能分散、职能分工过细、职能错位、职能弱化等方面。

(2)层次结构，是指管理层次的构成及管理者所管理的人数(纵向结构)。其考量维度包括管理人员分管职能的相似性、管理幅度、授权范围、决策复杂性、指导与控制的工作量、下属专业分工的相近性等。从组织总体形态，各部门一、二级结构进行分析。

(3)部门结构，是指各管理部门的构成(横向结构)。其考量维度主要是一些关键部门是否缺失或优化。

(4)职权结构，是指各层次、各部门在权力和责任方面的分工及相互关系。主要考量部门、岗位之间权责关系是否对等。

4. 组织管理

组织管理(Organization Management)是指通过建立组织结构、规定职务或职位、明确责权关系等，以有效实现组织目标的过程。组织管理，应该使人们明确组织中有些什么工作，谁去做什么，工作者承担什么责任、具有什么权力、与组织结构中上下左右的关系如何。只有这样，才能避免由于职责不清造成的执行中的障碍，保证组织目标的实现。组织管理是社会组织为了达到组织目标有意识有计划地协调组织内部的人力、物力的过程。

组织管理的特点是：

(1)组织管理是围绕组织目标来进行的。组织目标是组织存在和发展的基础，组织管理就是为了有效地协调组织内的各种信息和资源，提高组织的工作效率，以期顺利地达到组织目标。

(2)组织管理是一个动态的协调过程，既要协调组织内部人与人的关系，又要协调组织内部人与物的关系。

(3)组织管理是一种有意识、有计划的自觉活动。

5. 组织能力

组织能力(Ability of Organization)是指为了有效地实现目标，灵活地运用各种方法，把各种力量合理地组织和有效地协调起来的能力。

组织能力是一个人的知识、素质等基础条件的外在综合表现。从某种意义上讲，每一个人都是组织管理者，承担着一定的组织管理任务。

一个人的组织能力不是天生的，而是必须要经过实践的锻炼、组织的支持和个人的修炼。培养职业经理人的组织管理能力要做到以下几点：

(1)具备强烈的责任感及自觉性，有强烈的进取心。

(2)修炼自己的组织才能。能领导并用激励的手段来鼓励下属，能与同事之间有良好的工作关系和人际关系。

(3)培养自己较强的分析能力。综观全局，全面思考问题。只有准确找出问题的实质，对纷繁复杂的事件进行分析，才能得出合理的结论。

(4)锻炼自己较强的表达和交流能力。能用简明而有说服力的语言表达自己的观点，并以客观、开放的态度吸取别人的建议及反馈。

(5)努力发挥创造性。善于发现和发挥新的思想方法和工作方法。

(6)培养自己较强的团队精神和凝聚力。激发周围人的热情，使他们团结一心、协调合作，在工作中最大限度地发挥个人及集体的作用。

(7)具有正直的人格。不贪婪、不狡诈、不存私心，竭尽全力为所从事的工作或服务的公司考虑，在每项工作中都努力遵循诚实和正直的原则。

(二)组织设计

1. 组织设计的目标

借用系统论的观点，组织设计的目的就是："发挥整体大于部分之和的优势，使有限的人力资源形成最佳的综合效果。"

2. 组织设计的步骤

(1)确立组织目标：通过收集和分析资料，进行设计前的评估，以确定组织目标。

(2)划分业务工作：一个组织是由若干部门组成的，根据组织的工作内容和性质，以及工作之间的联系，将组织活动组合成具体的管理单位，并确定其业务范围和工作量，进行部门的工作划分。

(3)提出组织结构的基本框架：按组织设计要求，决定组织的层次及部门结构，形成层次化的组织管理系统。

(4)确定职责和权限：明确规定各层次、各部门以及每一职位的权限、责任。一般用职位说明书或岗位职责等文件形式表达。

(5)设计组织的运作方式:包括:①联系方式的设计,即设计各部门之间的协调方式和控制手段;②管理规范的设计,即确定各项管理业务的工作程序、工作标准和管理人员应采用的管理方法等;③各类运行制度的设计。

(6)决定人员配备:按职务、岗位及技能要求,选择配备适当的管理人员和员工。

(7)形成组织结构:对组织设计进行审查、评价及修改,并确定正式组织结构及组织运作程序,颁布实施。

(8)调整组织结构:根据组织运行情况及内外环境的变化,对组织结构进行调整,使之不断完善。

3. 组织设计原则

(1)拔高原则。在为企业进行组织结构的重新设计时,必须遵循拔高原则,即整体设计应紧扣企业的发展战略,充分考虑企业未来所要从事的行业、规模、技术以及人力资源配置等,为企业提供一个几年内相对稳定且实用的平台。

(2)优化原则。任何组织都存在于一定的环境中,组织的外部环境必然会对内部的结构形式产生一定程度的影响,因此企业组织结构的重新设计要充分考虑内外部环境,使企业组织结构适应外部环境,谋求企业内外部资源的优化配置。

(3)均衡原则。企业组织结构的重新设计应力求均衡,不能因为企业现阶段没有要求而合并部门和职能,在企业运行一段时间后又要重新进行设计。牢记一句话:职能不能没有,岗位可以合并。

(4)重点原则。随着企业的发展,会因环境的变化而使组织中各项工作完成的难易程度以及对组织目标实现的影响程度发生变化,企业的工作中心和职能部门的重要性也随之变化,因此在进行企业组织结构设计时,要突出企业现阶段的重点工作和重点部门。

(5)以人为本原则。设计企业组织结构前要综合考虑企业现有的人力资源状况以及企业未来几年对人力资源素质、数量等方面的需求,以人为本进行设计,切忌拿所谓先进的框架往企业身上套,更不能因人设岗、因岗找事。

(6)适应原则。企业组织结构的重新设计要适应企业的执行能力和一些良好的习惯,使企业和企业员工在执行起来容易上手,不能脱离企业实际进行设计,使企业为适应新的组织结构而严重影响正常工作的开展。

(7)强制原则。重新设计的组织结构必然会因企业内部认识上的不统一、权力重新划分、人事调整、责任明确且加重、考核细致并严厉等现象的产生而导致管理者和员工的消极抵制甚至反对。在这种情况下,设计人员和企业领导要有充分的心理准备,采取召开预备会、邀请员工参与设计、舆论引导等手段,消除阻力。在最后实施时,必须强制执行,严厉惩罚一切违规行为,确保整体运行的有序性,某些被证明不适合企业的设计可在运行两三个月后再进行微调。

(三)组织工作的原则

(1)目标统一性原则;

(2)授权原则;

(3)分工协作原则;

(4)权责对等原则;

(5)管理宽度适宜原则;

(6)最少层次原则;

(7)统一指挥原则;

(8)弹性结构原则。

(四)组织的类型

(1)按人数,分为小型、中型和大型组织。

(2)按组织对成员的控制方式,分为强制(监狱)、规范(军队)和实用组织(工厂)。

(3)按组织产生的依据,分为正式组织与非正式组织。

其中,正式组织一般是指组织中体现组织目标所规定的成员之间职责的组织体系。我们一般谈到组织都是指正式组织。在正式组织中,其成员保持着形式上的协作关系,以完成企业目标为行动的出发点和归宿。

非正式组织是在共同的工作中自发产生的、具有共同情感的团体。非正式组织形成的原因很多,如工作关系、兴趣爱好关系、血缘关系等。非正式组织常出于某些情感的要求而采取共同的行动。

①正式组织

形成:经过正规策划的组织形式。

特点:目的性(有明确的组织目标);效率性(讲究效率,以最解决有效的方法达到目标);约束性(建立权威、制订规章制度)。

②非正式组织

形成:非正式形成(自发形成)。

特点:自发性(工作、社会地位、认识、观点、性格、爱好);规范性(共同接受并遵守一些行为规则)。

优点:满足成员的心理需要,创造和谐、融洽的人际关系,提高相互合作精神。

缺点:两类组织目标差异和冲突,对正式组织带来不利影响;对成员的一致性要求,束缚成员个人的发展;给正式组织变革形成压力,造成组织创新的惰性。

表 10—1　　正式组织与非正式组织对比

比较项目	正式组织	非正式组织
存在形态	正式(官方)	非正式(民间)
形成机制	自觉组建	自发形成
运作基础	制度与规范	共同兴趣与情感上的一致
领导权力来源	由管理当局授予	由群体授予
组织结构	相对稳定	不稳定
目标	利润或服务社会	成员满意
影响力的基础	职位	个性
控制机制	解雇或降级的威胁	物质或社会方面的制裁
沟通	正式渠道	小道消息

(五)组织结构类型

1. 直线职能结构

这种组织结构是按照一定的职能专业分工,各级都建立职能机构担负计划、生产、人事、市场、财务等方面的管理工作,各级领导都有相应的职能机构作为助手,从而发挥职能机构的专业管理作用。

特点：

(1)按照机能和管理职能划分部门和设置机构，实行专业分工，但由领导统一指挥。

(2)把企业的管理机构和人员分成两类：一类是直线指挥机构和人员，一类是职能机构和人员。其中，直线指挥机构和人员在自己的职权范围内有相应的决定权，对其所属下级有指挥和命令的权力，对自己所管工作负全部责任；而职能机构及其人员则是直线指挥人员的参谋，对下级没有指挥和命令的权力，只能提供建议和在业务上进行指导。

(3)决策权集中于最高层。

2. 事业部结构

所谓事业部结构，就是一个企业内对于具有独立的产品和市场、独立的责任和利益的部门实行分权管理的一种组织形态。

特点：把企业的生产经营活动，按产品或地区建立事业部，每个事业部都是一个利润中心，在总公司领导下，实行独立核算、自负盈亏，每个事业部对总公司负有完成利润计划的责任，同时，在经营管理上拥有相应的权力。这种组织结构形式按照“政策制定与行政管理分开”的原则，总公司只保留预算、重要人事任免和方针战略等重大问题的决策权力，其他权力尽量下放。各事业部有充分的主动性和自主权。

3. 模拟分权结构

介于直线职能结构和事业部结构之间的有一种模拟分权结构。

模拟分权结构是模仿事业部结构的形式进行分权，它与事业部结构的重要差别是：

(1)这种结构的组成单元不是真正的事业部，实际上是生产阶段。

(2)这些生产阶段有自己的管理层、自己的利润指标，这种指标是按整个企业的内部价格确定的，而不是来源于市场。

(3)这些生产阶段都没有自己独立的外部市场并且生产阶段之间关系相当密切，一个生产阶段出现障碍，可能导致其他生产阶段出现障碍。

4. 矩阵结构

矩阵结构是从专门从事某项工作的工作小组形式发展而来的一种组织结构。

特点：

(1)条块结合，每个成员既受纵向领导，又有横向关系。

(2)组织固定，人员更换。在完成任务过程中，不是把项目(产品)从一个部门转移到另一个部门，而是不断变更人员。每一专门小组的负责人直接向企业主要行政负责人负责。项目完成后，项目组织即行撤销。

5. 委员会组织

委员会也是一种常见的组织形式，它是执行某方面管理职能并实行集体行动的一组人。

(1)委员会的类型

委员会可按时间分为两种类型：一种是临时委员会，它是为了某一特定目的而组成的委员会，完成特定的目的后即解散；另一种是常设委员会，它促进协调沟通与合作，行使制定和执行重大决策的职能。

委员会按职权也可分为两种类型：一种是直线式的，如董事会，它的决策要求下属必须执行；另一种是参谋式的，它为直线人员提供咨询建议和方案。?

凡是属于组织结构的一个组成部分，并授予特定的责任和职权的委员会为正式的；反之，为非正式的委员会。

(2)委员会的优点

委员会随处可见,几乎各级组织都存在着这样或那样的委员会,如董事会、管理委员会、监察委员会等,它之所以得到这么广泛的应用,是因为具有如下优点:

①集思广益。整个委员会所具有的知识、经验、判断均较一人为高,相互一起讨论研究可以避免个别领导人的判断错误。

②集体决策。通常,委员会除了行政负责人参加外,尚有各方面的专家、各部门各层次代表组成。委员会中委员的权力都是平等的,委员会最后是以少数服从多数的原则解决问题并采取集体行动。

③便于协调。委员会是很好地协调各部门活动的场所。讨论问题的过程也是沟通和协调的过程。

④鼓励参与。委员会使下级干部和职工有可能参与决策的制定。人们都希望对影响个人和组织利益的事加以控制,对自己所参与和帮助制定的决策更乐意接受,执行时有更大的积极性。

(3)委员会的缺点

①委曲求全,折中调和。委员会通常都有委屈折中的风险,当意见不一致时,要么争执双方互不相让,旷日持久,议而不决;要么讨价还价,各做让步,采取折中的方法解决。结果谁也没有满足希望,谁也没有完全失望,但是结论却由于妥协而往往没有留下多少实际性内容。

②责任不清,缺乏个人行为。个人同意集体的决议并不意味着他的观点完全同决议一致,个人对集体做出的决议或建议也不承担个人责任。

二、项目一

(一)项目演练

无领导小组讨论——沙漠求生记

1. 项目概述

无领导小组讨论过程人人平等,并不指定负责人负责考察小组成员的表现,而是看谁会从中脱颖而出。沙漠求生记讲述的内容是炎热八月,小型飞机在撒哈拉沙漠失事,还有 15 分钟飞机就将烧毁,这期间你可以从飞机中领取物品,如果只能从 15 项物品中挑选 5 项,在考虑沙漠的情况后,按物品的重要性,你会怎样选择呢?请解释原因。此项目考验小组在没有领导的情况下,如何团结一心,组织工作,共渡难关。

2. 项目说明

(1)每组人数:10 人为宜。

(2)项目时间:40～50 分钟。

(3)项目场地:室内带投影和桌椅的教室。

(4)项目器材:A4 白纸(每人一张)、水笔(每人一支)。

3. 项目布置

(1)提前准备好项目器材。

(2)根据团队分组集合学员。

(3)宣布项目任务:接下去将进行无领导小组讨论,这个项目挑战中每个小组成员权利人人平等。假设现在是炎热八月,你们所乘坐的小型飞机在撒哈拉沙漠失事,还有 15 分钟飞机就将烧毁,这期间你可以从飞机中领取物品,但只能从 15 项物品中挑选 5 项。目前情况是,飞机的位置不能确定，只知道最近的城镇是70公里外的煤矿小城。沙漠日间温度是40℃，夜间温度随时骤降至5℃。你们装束轻便，只穿着短袖T恤、牛仔裤、运动裤和运动鞋，每人都有一条手帕。机上所有物品性能良好。按物品的重要性，你会怎样选择呢？请解释原因。

(4)物品清单：

请从以下15项物品中，挑选最重要的5项：

①一支闪光信号灯(内置四个电池)；

②一把军刀；

③一张该沙漠区的飞行地图；

④七件大号塑料雨衣；

⑤一个指南针；

⑥一个小型量器箱(内有温度计、气压计、雨量计等)；

⑦一把点45口径手枪(已有子弹)；

⑧三个降落伞(有红白相间图案)；

⑨一瓶维生素丸(100粒装)；

⑩十加仑饮用水；

⑪化妆镜；

⑫七副太阳眼镜；

⑬两加仑伏特加酒；

⑭七件厚衣服；

⑮一本《沙漠动物》百科全书。

(5)确认大家是否明白项目规则。

(6)计时开始，学员自行交流。

(7)教师观察、记录团队和学员表现。

(8)学员根据组别上前进行展示。

4. 项目控制

(1)学员间不允许进行言语攻击。

(2)将15项物品进行展示，让学员有更直观的印象。

(3)根据小组摆放好桌椅便于学员交流。

(4)每隔5分钟进行时间提醒。

5. 项目安全

随时观察学员情绪，允许激烈交流争辩，但禁止过激现象出现。

(二)项目点评

一位专家在沙漠研究求生问题时搜集了无数事件和生还者资料，得出以下结论：

(1)化妆镜：在各项物品中，镜子是获救的关键。镜子在太阳下可产生相当于七万支烛光的亮度；如反射太阳光线，地平线另一端也可看见。只要有一面镜，获救机会有80%。

(2)外套1件：人体内有40%是水分，流汗和呼吸会使水分流失，保持镇定可减低脱水速度。穿外套能减低皮肤表面的水分蒸发；如没有外套，维持生命的时间便减少一日。

(3)四公升水：水有助减低脱水速度。口渴时，饮水可使头脑清醒。但身体开始脱水时，饮水也没有多大作用了。

(4)手电筒：电筒在晚上是最可靠的工具。有了化妆镜和手电筒，24小时都可发出信号。

图 10—4　沙漠求生记

(5)降落伞:可用作遮阴和发出信号,用仙人掌做营杆,用降落伞做营顶,可大幅降温。

(6)大折刀:可切碎仙人掌或切割营杆,也有其他用途,可排于较前位置。

(7)胶雨衣:可做(集水器),在地上掘一个洞,用雨衣盖在上面,再在中间放一小石块,使之成漏斗形。日夜温度差可使空气的水分附在雨衣上,将雨衣上的水滴在电筒中储存。这样做一天可提取 500 毫升的水,但也可消耗两倍可收集的水分。

(8)手枪:第二天之后,说话和行动已很困难,弹药有时要做起火之用,而国际求救信号是连续三个短的符号,无数事件是因为求生者不能作声而没有被发现。还有枪柄可作槌子用。

(9)太阳眼镜:在猛烈阳光下会有光盲症,用降落伞遮阴可避免眼睛受损,但用太阳眼镜更舒适。

(10)纱布一箱:沙漠湿度低,是最少传染病的地方,但身体脱水会使血液凝结。

有事例记录,有一男子身体内失去水分,而身上的衣服已撕破,倒在仙人掌和石上,满身伤口但无流血。后来获救,饮水后伤口再度流血。纱布可当绳子或包扎保护之用。

(11)指南针:除其反射面作发信号之用外,它并无用处,反而导致引诱人离开失事地点的危机。

(12)航空图:可作起火或厕纸用,也会引诱人离开失事地点。

(13)书一本:最大问题是脱水而非饥饿,打猎所得相当于失去的水分,沙漠中也没什么动物可见,进食亦需要大量的水以帮助消化。

(14)伏特加酒:高度的酒精会吸去人体水分,更可致命,它只能用作暂时降低体温之用。

(15)盐片千片:人们过分高估盐的用途。如血液内盐分增加,同时也需要大量的水以降低身体内的含盐量。

(三)学员分享

(1)____

(2)____

(3)____

(4)____

(5)____

……

三、项目二

(一)项目演练

囊中失物

1. 项目概述

团队成员以个体为单位分开，演绎团队中的各种角色，在看不见的状态下每名成员将从教师手中领到2～3块不同颜色与不同形状的彩色板，团队成员在障碍下通过良好的分工、有效的沟通，来完成团队目标，分析出教师随机抽走的板都是什么颜色、什么形状。团队成员通过体验，发现自身在沟通方面、组织工作方面存在的问题。

2. 项目说明

(1)小组人数:15人为宜。

(2)项目时间:50分钟。

(3)项目场地:室内空旷场地。

(4)项目器材:囊中失物专业道具、眼罩。

3. 项目布置

(1)提前准备好项目器材。

(2)根据组别带学员到指定地点集合。

(3)宣布项目任务:有一套完整且有规律的道具，教师随机从中抽走几块，将剩下的板块平均发给已提前戴上眼罩的每位学员。大家需要在不打开眼罩的情况下，通过分析与沟通分析出教师随机抽走的板都是什么颜色、什么形状。

(4)宣布项目规则:

①挑战全过程不允许摘下眼罩，但可以进行交流。

②学员间严禁交换板块，只允许对自己手中的板块进行触摸。

③学员只可以向教师提问手中板块的颜色，教师只回答是或不是。

④落地生根，严禁在场地内走动。

(5)确认大家是否明白项目规则。

(6)发放道具，进行挑战。

(7)教师观察、记录团队和学员表现。

4. 项目控制

(1)游戏过程中严禁摘下眼罩。

(2)注意监控学员不要相互触摸板块。

(3)提问过程中会有多个学员同时提问，教师只回答是或不是，不进行其他提示。

(4)注意记录学员中的精彩言语，挑战结束与学员分享。

5. 项目安全

(1)提醒学员时刻注意安全。

(2)如果是硬质材料做成的彩色板，需要提醒学员，不要划伤身体。

(二)项目点评

1. 学员表现

图 10—5　囊中失物

(1)场面混乱,各自询问自己手中道具的颜色。

(2)经过一段时间,会有组织者出现,主持整个挑战项目。

2. 点评指正

(1)团队第一,个人第二。作为团队的挑战项目,记住这一点尤为重要。而作为一个团队的队员,我们要做到的就是简单有序地表达自己看法,最终帮助整个团完成任务,力争成为团队的助推剂,而不是障碍。

(2)团队在挑战的过程中永远都需要一个组织者,没有组织就会无序混乱,难以完成项目目标。组织管理的过程是一个复杂而周密的过程。第一,设立管理组织机构,就是解决权力结构问题,有了明确的权力职责可以更好地来控制其他学员进行挑战;第二,对组织中的全体人员指定职位、明确职责,让每个人明白自己在什么位置、应该做什么;第三,设计有效的工作流程计要求,让成员都能有序明确地进行。

(三)学员分享

(1)__________

(2)__________

(3)__________

(4)__________

(5)__________

……

四、项目引申

美国的现代管理学之父彼得·德鲁克曾说过这样一句话:"没有组织就没有管理,而没有管理也就没有组织。管理部门是现代组织的特殊器官,正是依靠这种器官的活动,才有职能的执行和组织的生存。"

哈罗德·孔茨认为,为了使人们能为实现目标而有效地工作,必须按任务或职位制定一套合适的职位结构,这套职位结构的设置就是组织。组织的管理功能就是要设计和维持一套良好的职位系统,以使人们能很好地分工协作。

五、问题思考

(1)请用自己话简单地描述你对组织的理解。

(2)简述直线职能结构与事业部结构两者之间的区别。哪一种更适用于现代企业组织?

(3)组织机构与组织工作的关系如何?

(4)如何提升一个组织的组织工作效能?

第十一章　团队思维与团队情绪

学习目标

1. 认识和理解思维的概念，培养勤于思考的良好习惯。
2. 掌握情绪及情绪管理的概念，学会情绪控制和情绪管理。

第一节　团队思维

【主题意义】

思维是认知过程的最高阶段。通过本节学习让学员了解思维基本概念，明确思维三大过程，学习多种思维技巧，提高学员综合思维能力。

【故事】

有个老人爱清静，可附近常有小孩玩，吵得他要命，于是他把小孩召集过来，说：我这儿很冷清，谢谢你们让这儿更热闹，说完每人发 3 颗糖。孩子们很开心，天天来玩。几天后，每人只给 2 颗，再后来给 1 颗，最后就不给了。孩子们生气说：以后再也不来这给你热闹了。老人清静了。

一、基础知识

(一)基本概念

思维最初是人脑借助于语言对客观事物的概括和间接的反应过程。思维以感知为基础又超越感知的界限。它探索与发现事物的内部本质联系和规律性，是认识过程的高级阶段。

思维对事物的间接反映，是指它通过其他媒介作用认识客观事物，及借助于已有的知识和经验、已知的条件推测未知的事物。思维的概括性表现在它对一类事物非本质属性的摒弃和对其共同本质特征的反映。

(二)基本过程

思维是人类所具有的高级认识活动。按照信息论的观点，思维是对新输入信息与脑内储存知识经验进行一系列复杂的心智操作过程。

1. 分析与综合

分析是最基本的思维活动。分析是指在头脑中把事物的整体分解为各个组成部分的过程，或者把整体中的个别特性、个别方面分解出来的过程；综合是指在头脑中把对象的各个组成部分联系起来，或把事物的个别特性、个别方面结合成整体的过程。分析和综合是相反而又紧密联系的同一思维过程不可分割的两个方面。没有分析，人们则不能清楚地认识客观事物，各种对象就会变得笼统模糊;离开综合,人们则对客观事物的各个部分、个别特征等有机成分产生片面认识,无法从对象的有机组成因素中完整地认识事物。

2. 比较与分类

比较是在头脑中确定对象之间差异点和共同点的思维过程。分类是根据对象的共同点和差异点,把它们区分为不同类别的思维方式。比较是分类的基础。比较在认识客观事物中具有重要的意义。只有通过比较,才能确认事物的主要和次要特征、共同点和不同点,进而把事物分门别类,揭示出事物之间的从属关系,使知识系统化。

3. 抽象与概括

抽象是在分析、综合、比较的基础上,抽取同类事物共同的、本质的特征而舍弃非本质特征的思维过程。概括是把事物的共同点、本质特征综合起来的思维过程。抽象是形成概念的必要过程和前提。

(三)思维的种类

理论上说,分类越详尽越好。但有些思维方式在训练与应用的过程中并不需要严格区分,一是很多思维方式总是共同起作用,二是有些思维方式统一在某种思维方式中。

1. 形式性

(1)感性具象思维:在直接接触外界事物时感官直接感觉到的具体。

(2)抽象逻辑思维:以抽象概念为形式的思维。它主要依靠概念、判断和推理进行思维,是人类最基本也是运用最广泛的思维方式。一切正常的人都具备逻辑思维能力,但一定有高下之分。

(3)理性具象思维:感性具体基础上经过思维的分析和综合,达到对事物多方面属性或本质的把握。由抽象上升到具体的方法,就是由抽象的逻辑起点经过一系列中介,达到思维具体的过程。

2. 目的性

(1)上升性思维:以实践所提供的个别性经验为起点,把个别经验上升为普遍性的认识。个别性思维大多来自日常的生活体验,过于直接和个性化,因而不具有普遍的指导意义,其真实性有待实践检验,最终上升为普遍性认识。

(2)求解性思维:围绕问题展开思维,依靠已有的知识去寻找与当前现状之间的中间环节,从而使问题获得解决。如小孩子解答数学题,先分析已知条件,看看问题,最后再找由条件到问题之间的桥梁。

(3)决断性思维:以规范未来的实验过程或预测其效果为中心的思维。遵循具体性、发展转化、综合平衡三条原则。

3. 智力品质

(1)再现思维:依靠过去的记忆而进行的思维。把已经学过的知识原封不动地照搬套用,就属于这一种。

(2)创造思维:依赖过去的经验和知识,但却是把它们综合组织而形成全新的东西。如把已经学过的几个数学公式综合起来运用到某个具体的问题上来。那些被称作有发明天才的人,就是善于进行这种创造思维的人。

4. 思维技巧

(1)归纳思维:从一个个具体的事例中,推导出它们的一般规律和共通结论的思维。

(2)演绎思维:把一般规律应用于一个个具体事例的思维。在逻辑学上又称演绎推理。它是从一般的原理、原则推及个别具体事例的思维方法。

（3）批判思维：一面品评和批判自己的想法或假说，一面进行思维。在解决问题的时候，历来都强调批判思维。批判思维包括独立自主、自信、思考、不迷信权威、头脑开放、尊重他人六大要素。

（4）集中思维：从许多资料中，找出合乎逻辑的联系，从而导出一定的结论；对几种解决方案加以比较研究，从而导出一种解决办法的，就属于这种思维。

（5）侧向思维：利用"局外"信息来发现解决问题的途径的思维，如同眼睛的侧视。侧向思维就是从其他领域得到启示的思维方法。

（6）求异思维：也称发散性思维。同一个问题探求多种答案，最常见的就是数学中的一题多解或语文中的一词多义。

（7）求证思维：就是用自己掌握的知识和经验去验证某一个结论的思维。求证思维的结构包括论题、论据和论证方式。每个人每天都会用到求证思维。

（8）逆向思维：从反面想，看看结果是什么。

（9）横向思维：简单地说就是左思右想、思前想后。这种思维大多是从与之相关的事物中寻找解决问题的突破口。横向思维的思维方向大多是围绕同一个问题从不同的角度去分析，或是在对各个与之相关的事物的分析中寻找答案。

（10）递进思维：从目前的一步为起点，以更深的目标为方向，一步一步深入达到的思维。如同数学运算中的多步运算。

（11）想象思维：就是在联想中思维，这是在已知材料的基础上经过新的配合创造出新形象的思维，是由此及彼的过程。

（12）分解思维：把一个问题分解成各个部分，从每个部分及其相互关系中去寻找答案。

（13）推理思维：通过判断、推理去解答问题。也是一种逻辑思维。先要对一个事物进行分析、判断，得出结论再以此类推。

（14）对比思维：通过对两种相同或是不同事物的对比进行思维，寻找事物的异同及其本质与特性。

（15）交叉思维：从一头寻找答案，在一定的点暂时停顿，再从另一头找答案，也在这点上停顿，两头交叉汇合沟通思路，找出正确的答案。在解决较为复杂的问题时经常要用到这种思维，如"围魏救赵"。

（16）转化思维：在解决问题的过程中遇到障碍时，把问题由一种形式转换成另一种形式，使问题变得更简单、更清晰。

（17）跳跃思维：跳过事物中的某些中间环节，省略某些次要的过程，直接达到终点。

（18）直觉思维：一次性猛然接触事物本质的思维，它是得出结论后再去论证。这种思维需要平时对事物本质认识的积累。直觉思维由显意识→潜意识→显意识构成一个动态整体结构，以整体性和跃迁性区别于其他思维形式。

（19）渗透思维：分析问题时，看到错综复杂的互相渗透的因素，通过对这些潜在因素关系的分析解决问题。

（20）统摄思维：凭借思维来把握事物的全貌，并统摄推论各个环节。它是用一个概念取代若干个概念，是一种高度抽象的思维。

（21）幻想思维："脱离现实性"是它最主要的特点。幻想思维可以在人脑中纵横驰骋，也可在毫无现实干扰的理想状态下，进行任意方向的发散，从而构成了创造性思维的重要组成部分。因为幻想脱离实际,也就无法避免错误的产生,但只要幻想最终能回到现实中来并加以现实的检验,错误就会被发现和纠正。

(22)灵感思维:人们在创造过程中达到高潮阶段以后出现的一种最富有创造性的思维突破。它常常以“一闪念”的形式出现,是由人们潜意识思维与显意识思维多次叠加而形成的,也是人们进行长期创造性思维活动达到的一种境界。

(23)平行思维:是为了解决一个较为大型的问题,需要从不同的方向寻求互不干扰、互不冲突即平行的方法来解决问题的一种思路。它也是发散思维的一种形式。

(24)组合思维:在思维过程中,通过对若干要素的重新组合,产生新的事物或创意。组合法是根据需要,将不同的事物组合在一起,从而创造出新的事物。

(25)辩证思维:以变化发展的视角认识事物的思维方式,通常被认为与逻辑思维相对立。运用辩证法的规律进行思维,主要运用质与量互相转化、对立统一、否定之否定三个规律。

(26)综合思维:就是多种思维方式结合起来运用。很多问题光靠一种思维方式是不能解决的,必须多种思维方式综合运用才能解答。

二、项目一

(一)项目演练

大塞车

1. 项目概述

本次挑战大塞车项目,挑战过程中学员需要依据规则移动以至到达相应的位置。此项目主要锻炼学员的空间想象、逻辑思维以及演绎思维能力。

2. 项目说明

(1)小组人数:10 人为宜。

(2)项目时间:30 分钟。

(3)项目场地:室内或户外空旷场地。

(4)项目器材:用织布做成的边长为 50 厘米的正方形 11 个。

3. 项目布置

(1)提前准备好项目器材,11 个正方形道具一列竖排,进行 1 至 11 编号。

(2)根据组别带学员到指定地点集合。

(3)宣布项目任务:将 10 位小组成员平均分成 2 组分别站在 1 至 5、7 至 11,全体成员都面对空着编号为 6 的正方形,利用空的正方形两组队员进行移动,达到位置替换的状态:1 与 7 互换、2 与 8 互换、3 与 9 互换、4 与 10 互换、5 与 11 互换。挑战共计 3 轮,第一轮 5 分钟,第二轮 4 分钟,第三轮 3 分钟。每轮挑战前有 2 分钟准备时间。

(4)宣布项目规则:

①整个过程不允许使用任何纸、笔等道具。

②挑战前准备期间不允许借用项目道具。

③当前方有空格时可向前走一步,或者前方的前方有空格时可直接越过前面同学,到达空格处。

④整个过程只许前进不能后退。

⑤每个空格只允许容纳一位学员。

⑥队员出现错误时,立即归位,重新开始。

(5)确认大家是否明白项目规则。

(6)学员进行交流准备。

(7)挑战开始,教师观察、记录团队和学员表现。

4. 项目控制

(1)严禁学员使用任何道具包括纸笔、高科技产品。

(2)合理提醒游戏进行时间。

(3)此项目难度大,相对枯燥,教师适时进行气氛调动。

5. 项目安全

(1)时刻提醒学员注意安全。

(2)当学员跨越前方学员时,进行保护。

图 11—1　大塞车

(二)项目点评

1. 学员表现

(1)一直都是以 5 对 5 的形式模拟,不改变方法。

(2)在成功后没有选择更加便利的方法进行尝试。

2. 点评指正

(1)5 对 5 是一个最终的挑战模式,它一定是存在难度的。是否可以先从简单入手呢?这就是递进思维,从最简单的开始,慢慢深入;然后再运用归纳思维,从一个个具体的事例中,推导出它们的一般规律和共通结论。我们要习惯于运用这样的思维方式进行难题的解答。

(2)怎么样才能进步?那就是不安于现状。既然可以从失败到成功,那么请相信,一定可以从成功变得更成功。如何才能更成功?还需要用到思维。思维是一个过程,项目挑战的过程就是思维运行的过程。当思维过程变得简洁明了时,成功也会如此。在这个项目中,我们可以通过捋顺思维,让我们的速度和步数变得更快和更少。

(三)学员分享

(1)____

(2)________________

(3)________________

(4)________________

(5)________________

……

三、项目二

(一)项目演练

红黑方案

1. 项目概述

红黑方案，以小组两两对抗的方式进行，共计对决六轮。每组队员有 3 种卡片——红色、黑色、白色，选择不同颜色的卡片与对手进行组合，目的是赢，累积最大的正分。本活动主要培养学员的谈判能力以及严谨的思维能力，同时使学员学会信任与合作。

2. 项目说明

(1)小组人数：8 人为宜。

(2)项目时间：50 分钟。

(3)项目场地：室内空旷场地。

(4)项目器材：红色、黑色、白色卡片(每组一份)，仿真纸币，桌子(1m * 1m)。

3. 项目布置

(1)提前准备好项目器材。

(2)根据组别带学员到指定地点集合。

(3)宣布项目任务：每个队伍各有一张红、黑、白卡片以及 1 000 万元启动资金，双方通过出不同颜色卡片进行交易。共进行六轮交易，每过一轮，进行结算。看哪个小组可以让自己的资金最大化。

(4)宣布项目规则：

①双方同时出红各亏损 300 万元，双方同时出黑各盈利 300 万元；一方出红一方出黑，红方盈利 500 万元，黑方亏损 500 万元；只要一方出白，不管对方如何选择，双方都不盈利或者亏损。

②不允许连续出白。

③第一轮增减资金为原始数，第二轮为原始金额的两倍，第三轮三倍，第四轮四倍，第五轮五倍，第六轮六倍。

④每轮交易准备时间为 2 分钟。

⑤第三轮和第五轮结束时，每轮可派代表进行 1 分钟谈判。

(5)确认大家是否明白项目规则。

(6)发放道具，进行挑战。

(7)教师观察，记录分数，记录团队和学员表现。

4. 项目控制

(1)严禁两组成员私底下交流。

(2)一定向所有成员强调，最后要让小组资金最大化。

5. 项目安全

(1)时刻提醒学员注意安全。

(2)关注学员状态,适当争吵有助于项目体验,严禁学员因为资金得失进行肢体冲突。

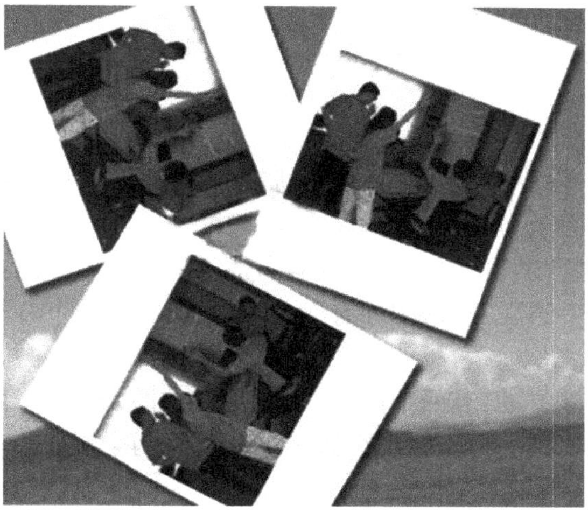

图 11—2 红黑方案

(二)项目点评

1. 学员表现

(1)学员好胜选择红色牌。

(2)学员期待双赢一直都是黑色牌。

2. 点评指正

(1)坚持选择红色牌的学员是好胜的,他们代表了人性深处的好斗、攻击、自私和自我至上。他们的口号是:要么赢得整个世界,要么彻底失去,或者与对手同归于尽! 这是非常典型的赌徒心态。或者说,这是狼的行为。

(2)选择出黑的学员,他们是温和的、包容的,他们希望与竞争者共同把市场做大,达到双赢。他们是理性的,但更多的是理想主义:他们凭什么认为自己的宽容、和气、与人为善,就一定能得到对方的相同的回应,他们怎么知道一定就能双赢呢? 他们的理想是有条件的,他们需要生活在适宜的环境里。或者说,这是羊的行为。

这是个很有意义的项目,并没有对错和胜负,希望学员通过这个项目的挑战能明白一点:考虑问题、分析对错一定要进行综合考虑。

(三)学员分享

(1)______________________________

(2)______________________________

(3)______________________________

(4)______________________________

(5)______________________________

……

四、项目引申

思维导图又称心智图,是表达发散性思维的有效的图形思维工具,它简单却极其有效,是一种革命性的思维工具。思维导图运用图文并重的技巧,把各级主题的关系用相互隶属与相关的层级图表现出来，把主题关键词与图像、颜色等建立记忆链接。思维导图充分运用左右脑的机能，利用记忆、阅读、思维的规律，协助人们在科学与艺术、逻辑与想象之间平衡发展，从而开启人类大脑的无限潜能。思维导图因此具有人类思维的强大功能。

五、问题思考

(1)这是来自 Adobe 公司的一道题目：一辆加满油的摩托车可以骑 50 千米，如果你有 50 辆这样的摩托车，你能骑多远？

(2)微软的问题是这样的：假如你在一艘船上，请问将公文包扔出去之后水面会上涨吗？

(3)来自微软的另外一道题目：假定你有无限多的水，以及一个 5 升的容器、一个 3 升的容器，请准确地倒出 4 升水。

(4)谷歌的面试题是这样的：有两个骰子，一个是正常的，另外一个只是一个正方体，每一面都没有任何的标记。问，如何标记第二个骰子才能确保两个骰子点数之和为各个数的概率相同。

(5)微软的另外一个问题就是：有 1 000 瓶果汁，其中有一瓶有毒，并且比没毒的好喝。问，最少喝几次才能找出这瓶毒果汁？

第二节 团队情绪

【主题意义】

情绪使我们的生活多姿多彩，同时也影响着我们的生活及行为。通过本节内容学习，让学员了解情绪构成要素，学习情绪调节方法，学会驾驭情绪，真正成为情绪的主人。

【故事】

爱地巴跑圈

在古老的西藏，有一个叫爱地巴的人，每次生气与人起争执的时候，他就以很快的速度跑回家去，绕着自己的房子和土地跑 3 圈，然后坐在田地边喘气。爱地巴工作非常努力，他的房子越来越大，土地也越来越广，但不管房子和土地有多大，只要与人争论生气，他还是会绕着房子和土地跑 3 圈，爱地巴为何每次生气都绕着房子和土地跑 3 圈？所有认识他的人，心里都起疑惑，但是不管怎么问他，爱地巴都不愿意说明。

直到有一天，爱地巴很老了，他的房子和土地已经很广大。他生气，拄着拐杖艰难地绕着土地跟房子走，等他好不容易走完 3 圈，太阳都下山了，爱地巴独自坐在田边喘气。他的孙子在身边恳求他："阿公，您年纪大了，这附近地区的人也没有人的土地比您的更大，您不能再像从前，一生气就绕着土地跑啊！您可不可以告诉我这个秘密，为什么您一生气就要绕着土地跑上 3 圈？"

爱地巴禁不起孙子恳求，终于说出隐藏在心中多年的秘密，他说："年轻时，我若与人吵架、争论、生气，就绕着房子和土地跑 3 圈，边跑边想，我的房子这么小，土地这么小，我哪有时间、哪有资格去跟人家生气，一想到这里，气就消了，于是就把所有时间用来努力工作。"孙子问道："阿公，您年纪老，又变成最富有的人，为什么还要绕着房子和土地跑？"爱地巴笑着说："我现在还是会生气，生气时绕着房子和土地走 3 圈，边走边想，我的房子这么大、土地这么多，我又何必跟人计较！一想到这，气就消了。"

一、基础知识

(一)基本概念

1. 情绪

情绪(Emotion),是对一系列主观认知经验的通称,是多种感觉、思想和行为综合产生的心理和生理状态。情绪常与心情、性格、脾气、目的等因素互相作用,也受到荷尔蒙和神经递质影响。

2. 情商

我们常说的情商就是指情绪商数,而并非情感商数,主要是指人在情绪、意志、耐受挫折等方面的品质,其包括导商(LQ)等。

3. 感觉

感觉(Feelings)是客观刺激作用于感觉器官所产生的对事物个别属性的反映,也是个人对情绪的主观认识,更私人化,因人而异。

4. 心情

心情(Moods)是主体所处在的感情状态,比"情绪"延续时间长,感情波动不如"情绪"强烈。

5. 情感

情感(Affect)是一个笼统概念,有时包括情绪、感觉和心情,有时可以专指"情绪"。情感是态度这一整体中的一部分,它与态度中的内向感受、意向具有协调一致性,是态度在生理上一种较复杂而又稳定的生理评价和体验。

(二)构成要素

情绪既是主观感受,又是客观生理反应,具有目的性,也是一种社会表达。情绪是多元的、复杂的综合事件。情绪构成理论认为,在情绪发生的时候,有五个基本元素必须在短时间内协调、同步地进行。

(1)认知评估:注意到外界发生的事件(或人物),认知系统自动评估这件事的感情色彩,由此触发接下来的情绪反应(例如,看到心爱的宠物死亡,主人的认知系统把这件事评估为对自身有重要意义的负面事件)。

(2)身体反应:情绪的生理构成,身体自动反应,使主体适应这一突发状况(例如,意识到死亡无法挽回,宠物的主人神经系统觉醒度降低,全身乏力,心跳频率变慢)。

(3)感受:人们体验到的主观感情(例如,在宠物死亡后,主人的身体和心理产生一系列反应,主观意识察觉到这些变化,把这些反应统称为"悲伤")。

(4)表达:面部和声音变化表现出这个人的情绪,这是为了向周围的人传达情绪主体对一件事的看法和他的行动意向(例如,看到宠物死亡,主人紧皱眉头,嘴角向下,哭泣)。对情绪的表达既有人类共通的成分,也有各地独有的成分。

(5)行动的倾向:情绪会产生动机(例如,悲伤的时候希望找人倾诉,愤怒的时候会做一些平时不会做的事)。

(三)情绪的分类

按照情绪状态可将情绪分为心境、激情和应激三种。

(1)心境。心境是一种微弱、弥散和持久的情绪,也即平时说的心情。心境的好坏常常是由某个具体而直接的原因造成的,它所带来的愉快或不愉快会保持一个较长的时段,并且把这种情绪带入工作、学习和生活中，影响人的感知、思维和记忆。愉快的心境让人精神抖擞、感知敏锐、思维活跃、待人宽容；而不愉快的心境让人萎靡不振，感知和思维麻木、多疑，看到的、听到的全都是不如意、不顺心的事物。

(2)激情。激情是一种猛烈、迅疾和短暂的情绪，类似于平时说的激动。激情是由某个事件或原因引起的当场发作，情绪表现猛烈，但持续的时间不长，并且牵涉的面不广。激情通过激烈的言语爆发出来，是一种心理能量的宣泄，从一个较长的时段来看，对人的身心健康的平衡有益，但过激的情绪也会使当时的失衡产生可能的危险。特别是当激情表现为惊恐、狂怒而又爆发不出来的时候，全身发抖、手脚冰凉、小便失禁、浑身瘫软，那就得赶快送医院了。

(3)应激。应激是机体在各种内外环境因素及社会、心理因素刺激时所出现的全身性非特异性适应反应，又称为应激反应。这些刺激因素称为应激原。应激是在出乎意料的紧迫与危险情况下引起的高度紧张的情绪状态。应激的最直接表现即精神紧张。

(四)情绪调节

情绪使我们的生活多姿多彩，同时也影响着我们的生活及行为。当出现不好的情绪时，最好加以调节，以免给自己的生活及身体带来坏的影响。

(1)用表情调节情绪。有研究发现，愤怒和快乐的脸部肌肉使个体产生相应的体验，愤怒的表情可以带来愤怒的情绪体验，所以当我们烦恼时，用微笑来调节自己的情绪可能是个很好的选择。

(2)人际调节。人与动物的区别在于他的社会属性，当情绪不好时，可以向周围的人求助，与朋友聊天、娱乐可以使你暂时忘记烦恼，而与曾经有过共同愉快经历的人相处则能引起你当时愉快的感觉。

(3)环境调节。美丽的风景使人心情愉悦，而肮脏的环境会使人烦躁。当情绪不好时可以选择一个环境优美的地方，身在其中，心情自然而然会得到放松。还可以去那些留下过美好回忆的地方，记忆会促使你想起愉快事情。

(4)认知调节。人之所以有情绪，是因为我们对事情做出了不同的解释。对于一件事情，不同的人观点不同，则会产生不同的情绪反应。所以，我们可以通过改变我们的认知，来改变我们的情绪。比如说，在为某件事烦躁时，可以对事情进行重新评价，从另外一个角度看问题，改变我们刻板的看问题方式。

(5)回避引起情绪的问题。如果对于有些引起情绪的问题我们既不能改变自己的观点又不能解决，就可以选择逃避，先暂时避开问题，不去想它，待情绪稳定时，再去解决问题，而且有时候问题的解决方案会在从事其他事情时不经意地想出来。

(五)情绪的管理

情绪管理(Emotion Management)是指通过研究个体和群体对自身情绪和他人情绪的认识、协调、引导、互动和控制，充分挖掘和培植个体和群体的情绪智商、培养驾驭情绪的能力，从而确保个体和群体保持良好的情绪状态，并由此产生良好的管理效果。

1. 情绪的自我觉察能力

情绪的自我觉察能力是指了解自己内心的一些想法和心理倾向，以及自己所具有的直觉能力。自我觉察，即当自己某种情绪刚一出现时便能够察觉，它是情绪智力的核心能力。一个人所具备的、能够监控自己的情绪以及对经常变化的情绪状态的直觉，是自我理解和心理领悟力的基础。

2. 情绪的自我调控能力

情绪的自我调控能力是指控制自己的情绪活动以及抑制情绪冲动的能力。情绪的调控能力是建立在对情绪状态的自我觉知的基础上的，是指一个人如何有效地摆脱焦虑、沮丧、激动、愤怒或烦恼等因为失败或不顺利而产生的消极情绪的能力。这种能力的高低，会影响一个人的工作、学习与生活。

3. 情绪的自我激励能力

情绪的自我激励能力是指引导或推动自己去达到预定目的的情绪倾向的能力，也就是一种自我指导能力。它是要求一个人为服从自己的某种目标而产生、调动与指挥自己情绪的能力。一个人做任何事情要成功的话，就要集中注意力，就要学会自我激励、自我把握，尽力发挥出自己的创造潜力，这就需要具备对情绪的自我调节与控制能力，能够对自己的需要延迟满足，能够压抑自己的某种情绪冲动。

4. 对他人情绪的识别能力

这种觉察他人情绪的能力就是所谓的同理心，也即能设身处地站在别人的立场，为别人设想。越具同理心的人，越容易进入他人的内心世界，也越能觉察他人的情感状态。

5. 处理人际关系的能力

处理人际关系的协调能力是指善于调节与控制他人情绪反应，并能够使他人产生自己所期待的反应的能力。一般来说，能否处理好人际关系是一个人是否被社会接纳与受欢迎的基础。在处理人际关系过程中，重要的是能否正确地向他人展示自己的情绪情感，因为，一个人的情绪表现会对接受者即刻产生影响。

(六)情绪管理

1. 方法

(1)心理暗示法；

(2)注意力转移法；

(3)适度宣泄法；

(4)自我安慰法；

(5)交往调节法；

(6)情绪升华法。

2. 意义

(1)有效的情绪管理是推动学业成功的“发动机”；

(2)有效的情绪管理是建立良好人际关系的“润滑剂”；

(3)有效的情绪管理是身心健康的“护航者”；

(4)有效的情绪管理是良好性格的“塑造者”。

(七)相关观点

1. 态度和情绪

态度和情绪有相似点，但是二者之间是存在着巨大的差异化表现的，主要反映在很多方面的因素，这些因素也是体现出其中差异化的表现的。情绪可以看作是短期态度的体现。态度处在不断的变化发展中，态度转变所涉及的因素有哪些呢？这些因素之间的联系是什么呢？学术界的探讨主要体现在两个方面：一是态度平衡理论，二是态度失调理论。二者研究的方式不同，但是研究的重点却是非常相似的。所以，在此过程之中需要把握不同情况下态度转变的差异化体现。

2. 情绪理论

研究人员一直在争论到底哪些情绪属于基本情绪，甚至到底是否存在基本情绪。基本情绪即情感的红、黄、蓝三原色，以此为基础可混合为成千上万种的情绪。美国加利福尼亚大学旧金山分校心理学家保罗·艾克曼的发现在一定程度上证实了，人类的确存在少数几种核心情绪。艾克曼指出，人类的4种基本情绪(喜、怒、哀、惧)所对应的特定面部表情，为世界各地不同的文化所公认，包括没有文字、尚未受到电影电视“污染”的人群，这说明情绪具有普遍性。(注意：是喜、怒、哀、惧——喜悦、愤怒、悲伤、恐惧，而不是日常我们所讲的喜怒哀乐。)

3. 维度理论

情绪状态划分来源于情绪维度理论。情绪的维度是指情绪所固有的某些特征，主要指情绪的动力性、激动性、强度和紧张度等方面。这些特征的变化又具有两极性。冯特提出的三维理论认为：情绪是由三个维度组成的，即愉快—不愉快；激动—平静；紧张—松弛。每一种具体情绪分布在三个维度的两极之间不同的位置上。他的这种看法为情绪的维度理论奠定了基础。

4. 情绪产生对应的系统

神经解剖学家发现，哺乳动物大脑中有三个独立的神经回路，分别控制三种情绪反应：

(1)产生积极行为的系统：产生快乐情绪，使动物乐于探索周围的世界。

(2)产生战斗或逃跑反应的系统：产生恐惧或愤怒，使动物判断迎战或逃跑。

(3)产生消极行为的系统：产生焦虑，使动物行为僵硬、消极。

5. 情绪与颜色的关系

不同的颜色可通过视觉影响人的内分泌系统，从而导致人体荷尔蒙的增多或减少，使人的情绪发生变化。研究表明，红色可使人的心理活动活跃，黄色可使人振奋，绿色可缓解人的心理紧张，紫色使人感到压抑，灰色使人消沉，白色使人明快，咖啡色可减轻人的寂寞感，淡蓝色可给人以凉爽的感觉。

英国伦敦有一座桥，原来是黑色的，每年都有人到这里投河自杀，后来，将桥的颜色改为黄色，来此自杀的人数减少了一半，充分证实了颜色影响情绪的功能。

二、项目

(一)项目演练

魔王关

1. 项目概述

这是一个心理行为的挑战项目，能激发起学员对成功的渴望和对成功的行为指导。要求所有学员按照特定规则依次通过魔王关。本项目主要培养学员的意志力、行动力和情绪控制能力。

2. 项目说明

(1)小组人数：10人为宜。

(2)项目时间：100～120分钟。

(3)项目场地：室内空旷场地。

(4)项目器材：无。

3. 项目布置

(1)根据组别带学员到指定地点集合。

(2)宣布项目任务：每个学员现在就要走上通往成功的道路，但期间必须通过“意愿关”与

“方法关”，最后才能到达成功的目的地。意愿关口令：我，＊＊＊，坚决要求从甲地到达乙地，请允许通过；从“意愿关”到“方法关”，可采取任何方法通过，方法不得与前面过关者相同或雷同。每一道关都由一个拥有至高无上权力的“魔王”把守，是否能通过由“魔王”决定。

(3)宣布项目规则：

①“魔王”不允许你通过时，过关者必须无条件服从，“魔王”也无须向过关者作任何解释，不能通过的原因须由你自己觉悟。

②过“意愿关”条件：要求口令大声响亮、清晰无误、坚毅有力、发自内心。

③过“方法关”条件：方法不得与前面过关者相同或雷同。

(4)确认大家是否明白项目规则。

(5)“魔王”就位，学员开始挑战。

(6)教师观察、记录团队和学员表现。

4. 项目控制

(1)“魔王”由教师充当。

(2)场地内可放音乐进行气氛烘托。

(3)“意愿关”让学员能达到最好的状态。

(4)“方法关”让学员从最好的状态到最差的状态，最后再升华到最好的状态。

(5)当学员出现叛逆行为，可进行惩罚。

5. 项目安全

(1)此项目会导致学生情绪波动较大，要时刻关注。

(2)提醒学员在“方法关”注意动作安全。

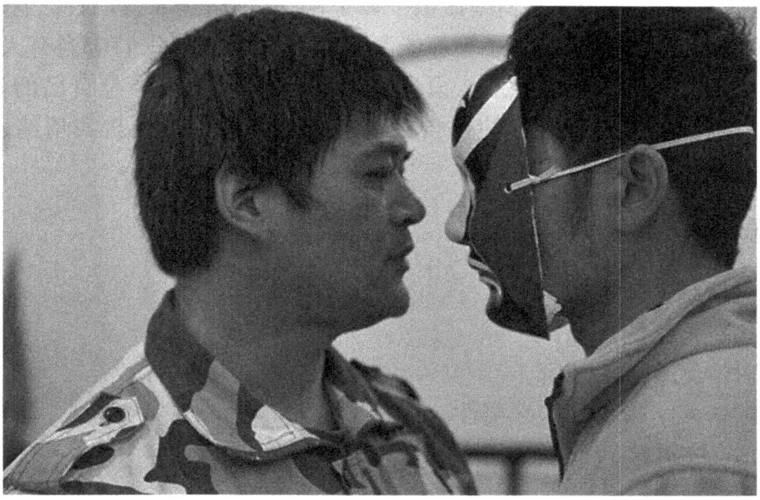

图 11—3　魔王关

(二)项目点评

1. 学员表现

(1)觉得项目特别简单，表现随意。

(2)失败后不找自己的问题，而是质疑规则。

(3)情绪波动大，受打压后感到委屈，情绪一路跌入谷底。而后调整状态，重新找回自信，自我升华。

2. 点评指正

(1)认知评估错误导致后来情绪波动较大。情绪的产生是由认知评估开始的,所以在面对一个事物或者人物的时候,请多一些客观认知,少一些主观评估。这样就不会使得情绪波动大。

(2)这在心理学中是一种自我保护现象,当自己出现错误或失败时,首先责怪他人以及外在的一些因素。这种现象是正常的,但可以避免。我们要学会从自我角度来分析考虑问题。

(3)情绪的产生是一种正常的生理现象。而情绪产生后的管理和控制则是一种能力。当我们出现不好的情绪时,有些人会放大坏情绪,使得坏情绪对我们的身体和生活产生影响。如何做到情绪的控制,可以采用心理暗示法、注意力转移法、适度宣泄法、自我安慰法、交往调节法、情绪升华法。

(三)学员分享

(1)____________________

(2)____________________

(3)____________________

(4)____________________

(5)____________________

……

三、项目引申

叶千华的著作《千华随笔》对于情绪做出了以下阐述:情绪是靠我们自己管理和掌握的,任何一个人和一件事、一句话和一件物品等都能激起我们的情绪。我们应当有人所共有的感受和需要,但不能求之太过于痴迷和慌乱。很多情绪来自身外,可心情是自己的,我们可以用自己的修为来调整不利和不好的状态,使得自己在有关与无关中确立自我情绪,走出情绪的困扰。

四、问题思考

(1)简述你对情绪的理解。

(2)简述颜色对情绪的影响。

(3)简述你对情绪管理的理解。

(4)结合实际谈谈情绪管理的必要性。

(5)结合生活与工作实践谈谈如何有效地进行情绪管理。

第十二章　团队学习与团队创新

学习目标

1. 认识学习与创新的内涵。
2. 培养良好的学习习惯，提升学习能力。
3. 掌握创新的若干方式，提升创新能力。

第一节　团队学习

【主题意义】

在知识经济时代，资讯瞬息万变，知识总量迅速扩张，知识老化也越来越快，一个人在学校所学的知识可能仅占其一生所需知识的10%左右，而其余90%的知识要在生活中通过学习来获取。通过本节内容的学习，希望能提升学习能力、扩充自己的学习范畴，让自己学习到更多的知识。

【故事】

沈括上山看桃花

“人间四月芳菲尽，山寺桃花始盛开”，当读到这句诗时，沈括的眉头凝成了一个结：“为什么我们这里的花都开败了，山上的桃花才开始盛开呢?”为了解开这个谜团，沈括约了几个小伙伴上山实地考察一番。四月的山上，乍暖还寒，凉风袭来，冻得人瑟瑟发抖，沈括茅塞顿开，原来山上的温度比山下要低很多，因此花季才比山下来得晚呀。凭借着这种求索精神和实证方法，长大以后的沈括写出了《梦溪笔谈》。

一、基础知识

(一)基本概念

1. 学习

学习，是指通过阅读、听讲、思考、研究、实践等途径获得知识或技能的过程。狭义上的解释：通过阅读、听讲、研究、观察、理解、探索、实验、实践等手段获得知识或技能的过程，是一种使个体可以得到持续变化(知识和技能，方法与过程，情感与价值的改善和升华)的行为方式。广义上的解释：人在生活过程中，通过获得经验而产生的行为或行为潜能的相对持久的行为方式。

2. 学习能力

学习能力是从学习中获得知识和经验并将其转化成一种工作能量的能力。在知识经济时代，资讯瞬息万变，知识总量迅速扩张，知识老化也越来越快，一个人在学校所学的知识可能仅占其一生所需知识的10%左右，而其余90%的知识要在生活中通过学习来获取。可见，要想在瞬息万变的时代取得一定的成功，就必须不断学习，以开放的心态树立与时俱进的终身学习观，只有这样，才能适应外界变化的需要，取得比其他人更多的优势和机会。

(二)基本分类

学习分为两类：一种是在学校内部得到知识的学习，另一种是在校外得到知识的学习。

1. 学校教育

0～18岁的学习是每个人必须经历的、必须掌握的，可以称之为学校教育。18～24岁的，基本上是在大学里自行选修的知识，同样也可以称之为学校教育(从0到24岁的学习称为长期学习)。

2. 校外教育

一般情况下，当走出学校就业的时候，由于知识的缺陷，自己购买书本或在某些机构里面获取知识，这种学习称为校外学习。

(三)学习过程的要点

倾向于行为主义理论的心理学家认为上述这一定义过分宽泛，不能确切地界定“学习”一词的含义，而且，这样的理解可以用来说明人类的学习行为，却不适用于解释所有动物特别是某些低等动物的简单学习行为。因此，他们给学习下的定义是“因受到强化的练习而出现的潜在反应能力的较为持久的改变”。

这个定义包括四个对于了解学习过程至关重要的要点：

(1)“较为持久的改变”。这就排除了因疲劳、餍足或习惯化而造成的动机和反应能力下降等临时性的行为变化，这类变化都不属于学习。

(2)“潜在反应能力”。这说明通过学习不仅发生外部行为的明显改变，也出现难以直接观察到的内在的变化。比如，因接触某些对象和情境而使学习效能明显提高的潜伏学习和无意学习，就都属于学习的范围。

(3)“受到强化”。这是行为主义心理学家最重视的关键部分，因为没有强化(没有无条件刺激伴随或对做出的反应不给予奖赏)就不会有“潜在反应能力的较为持久的改变”，而且会使已经获得的反应能力出现消退。

(4)“练习”。要学习的行为必须实际出现并经过反复才会发生学习。当然，通过观察和模仿而实现的学习也可以只有内在的变化而没有明显的外部行为表现。此外，强调学习要经过练习还可以把某些物种的先天倾向(如鸭类的印刻现象)和由机体成熟而引起的变化(如鸟的飞翔)排除于学习之外。

(四)学习类型

学习的本质在于在刺激与反应之间建立联系，可分为不同的类型，如试错学习、顿悟学习、潜伏学习、右脑学习、观察学习等。

(1)按内容，可分为认知的、情感的和运动技能的三大类，其中，认知学习又可分为言语信息、心智技能和认知策略三种。

(2)按学习过程，可分为试错式学习与顿悟式学习。

(3)按理解程度，可分为机械学习与有意义学习，其中有意义学习又可分为接受学习与发现学习、有意义接受学习与有意义活动学习等。

(4)按学生互动的情况，可分为个别学习与小组学习。

(5)按学习的载体,可分为书本学习与项目学习。

这些分类的方法往往与分类者的目的有关。最典型的是有意义接受学习与有意义活动学习。有意义学习是奥苏贝尔提出的与机械学习相对的概念。他认为,有意义学习就是符号所代表的新知识与学习者认知结构中已有的适当观念建立非人为(非任意的)和实质性的(非字面的)联系的过程。简而言之,就是符号或符号组合获得心理意义的过程。这一论断既给有意义学习下了明确的定义,也指出了划分机械学习与有意义学习的两条标准。

(五)学习作用

1. 个体生存的必要手段

动物和人的生活都离不开学习。学习是动物和人与环境保持平衡、维持生存和发展所必需的条件,也是适应环境的手段。这种后天习得行为经验可适应相对迅速的变化,与先天本能相比,其意义显然要重要得多。然而,学习对个体生活的作用和重要性的程度,在各种动物之间的差异很大。

2. 能保持大脑的活跃

这是一个公开的秘密。使老人们保持健康、灵活大脑的关键,就是"活到老,学到老"。专家们表示,保持阅读,能让患阿尔茨海默病和血管性痴呆的风险降低46%。但是,不要让自己在学习时有太大压力。仅仅是学术层面的学习并不能让大脑的方方面面都活跃起来,将社交融入学习环境也是维护大脑健康的方式。

3. 促进人的成熟

随着年龄的增长,人的生理和心理会逐渐成熟。但成熟并不是完全脱离环境和学习影响的纯自然过程。早期的学习、训练以及相应的文化环境,对人的感觉器官和大脑等机体功能的发展是有着一定影响的。应该在合适的"生长点"上将恰当的学习内容、合理的训练方法和教育方式结合运用,促进生理和心理的成熟。

4. 提高人的素质

学习可以提高人的文化修养。人类在社会历史发展过程中创造了大量的物质文化与精神文化,特别是精神文化。缺乏一定文化素养的人不能算作真正健全的人,现代社会的新型人才必须是具有较高文化素养的人。

学习可以优化人的心理素质。一个现代社会的新型人才,应该具备诸多方面的良好心理素质,这些都可以通过学习来达到。正如萨克雷所言:"读书能够开导灵魂,提高和强化人格,激发人们的美好志向,读书能够增长才智和陶冶心灵。"

5. 推动文化发展

人类文明的延续和发展,就如同一场规模宏大而旷日持久的接力赛:前代人通过劳动和生活获得维持生存和发展的经验,不断总结,不断积累,不断提高,形成知识和技能,传给后人;后辈人在学习前人经验的基础上,进行进一步丰富和提高,以适应时代与环境的变迁。如此代代传递,便形成了一部人类文明延续发展的历史。

(六)学生学习与人类学习

1. 学生的学习过程是掌握间接经验的过程

人类的认识是从实践开始的,而学生的学习则未必如此,他们可以从学习现有的经验、理论、结论开始,同时补充以感性经验。虽然学生的学习也要求个人有一定的经验基础,但学生的实践活动也与成人有所不同,主要表现在他们的目的性上,而且从总体上来说,间接经验的学习形式是主要的,学生的学习不可能事事从直接经验开始。在教学组织和教学方法上,特别要求教师能把学校学习与实际生活和学生的原有经验相联系。

2. 学生的学习是在有计划、有目的和有组织的情况下进行的

学生的学习必须在有限的时间内完成，并达到社会的要求，因此需要在教师的指导下实现。由于教师既掌握所教知识的内在联系，又了解学生学习过程的特点，因此，能够保证在较短时间内，采用特殊有效的方法，帮助学生学会学习，完成掌握前人经验和建构自己的认知结构的学习过程。

3. 学生的学习具有一定程度的被动性

学生的学习与人类学习一样，应该是一个主动建构的过程。但他们的学习又不是为了适应当前的环境，而是为了适应将来的环境，当学生意识不到他当前的学习与将来的生活实践的关系时，就不愿为学习付出努力。因此，教师要注意用各种方法来培养和激发学生的学习动机，提高其学习的主动性和积极性。

总之，学生的学习既有人类认识过程的一般特点，又有其特殊性。如果不了解学生学习的特点，就可能使学生的学习成人化，事事要求直接经验，或是放弃指导，强调生活即教育；或是只注意灌输，把学生看作是一个接受知识的容器、被动的学习者。这些做法都有碍于学生的学习。

(七)学习规律

1. 规律四则

(1)第一遍就学对，在大脑中种植真理；

(2)像新学一样进行，阶段性在大脑中铲除错误；

(3)先易后难，逐步启动；

(4)每天从易处入手。

2. 学习方式

(1)初步了解；

(2)重复为学习之母；

(3)开始使用；

(4)融会贯通；

(5)再次加强。

3. 学习压力

国外心理学家研究指出，在压力下人体产生的激素能够造成脑细胞的改变，可以帮助其更有效率地存储记忆。应激激素皮质醇和肾上腺素能够改变神经元内基因的工作方法，从而提高学习能力。所以，如今有国外心理学家宣称，考试之前最后阶段的记忆，反而更容易记住。

有心理学家说："我们常常会发现，不愉快的回忆往往要比那些美好的回忆给我们留下更加深刻的印象，这是因为从生物学角度更重要的是记住一些有可能伤害或者威胁我们的东西。压力使得人类大脑提高学习和记忆的能力，作为其中一种结果，压力的提高通常使得我们学习的效果也得以提高，学习的压力有助于在海马体更好地巩固记忆。"

同时，因为记忆的遗忘理论，所以近时间的忘记能力要更强，更容易记住所学的知识！

(八)学派观点

心理学领域内大家比较赞成的学习是指人和动物因经验而引起的倾向或能力相对持久的变化过程，它着重考察的是学习的心理机制。

1. 行为主义

(1)动物的学习就是在刺激与反应之间形成联结。

(2)学习的实质就在于形成、强化与反应之间的习惯性联结。

(3)斯金纳派新行为主义认为,塑造有机体行为的过程就是学习过程。

(4)学习就是条件作用,学习就是行为,至于思维也是一种能够被分解和编制成详细行为目录的行为。它主要强调的是刺激—反应的联结。

2. 格式塔学派

学习的实质和目的不在于强化刺激与反应之间的联结,而在于形成和发展“格式塔”(即形成和发展人的内在认知结构、完形)。格式塔强调的是形成和发展“格式塔”。

3. 建构主义

学习是学习者主动建构内部心理表征的过程,强调学习过程中学习主动性的发挥。学习过程包含两方面的建构:对新信息的意义建构,运用原有的经验超越所提供的信息;对原有经验的改造和重组。学习既是个性化行为,又是社会性活动,学习需要对话与合作。学习发生于真实的学习任务中。建构主义强调学习的主动性。

4. 人本主义心理学派

学习是自我概念的变化,是价值与潜能的实现。

二、项目一

(一)项目演练

1. 项目概述

急速60秒

在一个绳圈中放着30张展示1～30的数字信息卡片,每一个小队有三次收集数字信息的机会,每队需在60秒时间内按照教师所提出的要求完成卡片上交工作。本活动主要培养学员的协作能力以及举一反三的联想能力、学习能力。

2. 项目说明

(1)小组人数:10人为宜。

(2)项目时间:60分钟。

(3)项目场地:户外或室内空旷场地。

(4)项目器材:急速60秒专用道具、绳圈。

3. 项目布置

(1)提前准备好项目器材。

(2)根据组别带学员到指定地点集合。

(3)宣布项目任务:在一个绳圈中放着30张展示1～30的数字信息卡片,每一个小组有三次从起点跑往绳圈内收集数字信息的机会,每次有60秒的时间,这个过程中只允许其中一位学员进入圈内接触卡片,其他学员在圈外进行辅助。在60秒的时间内将卡片按数字顺序一张一张递交给教师,准确无误则成功。时间越短,成绩越好。

(4)宣布项目规则:

①禁止使用任何道具,包括高科技产品。

②每次绳圈内只能有一名队员,且只有绳圈内的队员能接触信息卡片,其他队员只能在圈外进行辅助工作,一旦违规下一轮扣时5秒。

③必须在60秒哨音响起时离开绳圈,一旦违规下一轮扣时5秒。

④递交卡片过程中一旦有误，中止递交，找寻正确卡片继续递交。

⑤每一轮结束后有5分钟的交流讨论时间。

(5)确认大家是否明白项目规则。

(6)发放道具，进行挑战。

(7)教师观察、记录团队和学员表现。

4. 项目控制

(1)严格控制违规现象，一旦违规必须惩罚。

(2)学员一次挑战结束，老师将卡片重新打乱。

(3)若三次挑战均告失败，可通过惩罚来延续第四轮或者第五轮。

5. 项目安全

(1)提醒学员时刻注意安全。

(2)提醒学员跑动过程中切勿被绳圈绊倒。

(二)项目点评

1. 学员表现

(1)前几轮挑战，每队总是只能记住几张卡片。

(2)很多卡片最后还是难以分辨。

2. 点评指正

(1)互动学习。碰撞会摩擦出火花，互相学习，思维碰撞同样会加快学习的速度。当团队在很短的时间内需要学习一定量的东西，还有一个好方法就是分工学习，将学习内容进行分类，使整个团队的学习效率实现最大化。

(2)终生学习。为什么很多卡片都认不全？难吗？这种情况在我们的生活工作中都出现过。学习有一个分类为学生学习和人类学习。学生学习阶段是必需的、有人教授的，是短暂的、有限的。而人类学习不是强制的，是自我学习，是漫长的、无限的。所以，真正做学问的人是不会停止学习的，他将工作、生活都当成学习的一个部分。成为一个有心人，记录生活的点点滴滴，这些都可以成为你的知识。

(三)学员分享

(1)________________________________

(2)________________________________

(3)________________________________

(4)________________________________

(5)________________________________

……

三、项目二

(一)项目演练

制作新版急速60秒

1. 项目概述

急速60秒挑战结束后，小组成员自行设计新版急速60秒卡片。这是最直接的学习能力的体现。

2. 项目说明

(1)小组人数:10 人为宜。

(2)项目时间:40 分钟。

(3)项目场地:室内空旷场地。

(4)项目器材:A4 白纸若干。

3. 项目布置

(1)提前准备好项目器材。

(2)根据组别带学员到指定地点集合。

(3)宣布项目任务:在急速 60 秒项目挑战之后,自主进行新版急速 60 秒的道具的制作。要求内容积极向上、知识涉及面广。时间 30 分钟。设计小组进行汇报展示。

(4)宣布项目规则:禁止使用高科技产品。

(5)确认大家是否明白项目规则。

(6)发放道具,进行制作。

(7)教师观察、记录团队和学员表现。

4. 项目控制

(1)严格控制使用资料查询设备。

(2)鼓励小组积极交流,碰撞火花。

5. 项目安全

提醒学员时刻注意安全。

图 12—1 制作新版急速 60 秒

(二)项目点评

1. 学员表现

(1)30 张卡片大部分内容属于同一类型。

(2)都属于一次性完成,并无修改。

(3)对自己小组制作的卡片不熟悉。

2. 点评指正

(1)知识面不够广,学习面不够广。反映出学员只注重学校教育,忽视了校外教育。学校教育可以帮助你成才,校外教育可以助你成功。

(2)好的作品、内容一定是经过反复的交流学习的。将所学用于实践是一个漫长而艰难的过程,不能一蹴而就,要循序渐进,所以好的作品一定要多谋。

(3)真正掌握知识内容有一个过程:初步了解、重复学习、开始使用、融会贯通、再次加强。整个学习过程中的要点:较为持久的改变、潜在反应能力、受到强化、练习。

(三)学员分享

(1)____

(2)____

(3)____

(4)____

(5)____

……

四、项目引申

有关于学习的名人名言想来有很多,自古以来,东西方都有名人对学习说出自己的理解。

学而不思则罔,思而不学则殆。——孔子《论语》

我们一定要给自己提出这样的任务:第一,学习,第二是学习,第三还是学习。——列宁

在寻求真理的长河中,唯有学习,不断地学习,勤奋地学习,有创造性地学习,才能越重山跨峻岭。——华罗庚

现在,我怕的并不是那艰苦严峻的生活,而是不能再学习和认识我迫切想了解的世界。对我来说,不学习,毋宁死。——罗蒙诺索夫

五、问题思考

(1)谈谈你对学习的理解。

(2)相对于社会成人学习,学生学习有什么特点?

(3)学习是一种能力,这种能力有哪些构成要素?

(4)结合实际谈谈如何培养良好的学习习惯。

(5)简单举出与学习有关的名人名言。

第二节 团队创新

【主题意义】

通过本节内容的学习,让学员了解创新原则,知道创新所需素质、意识,明白创新能力形成的基本原理,最后在体验中提升创新能力。

【故事】

爱迪生巧算灯泡容积

一天,发明家爱迪生把一只灯泡交给他的助手——普林斯顿大学数学系的毕业生阿普顿,要他算出玻璃灯泡的容积。阿普顿拿着灯泡琢磨了很长时间,用皮尺在灯泡上左右、上下量了一阵子,又在纸上画了好多草图,写满了各种尺寸,列了许多道算式,算来算去还没有个结果。

爱迪生见他算得满头大汗，就对他说："我的上帝，你还是用这个方法算吧！"他在灯泡里倒满了水递给阿普顿说："把这些水倒进量杯里，看一看它的体积，就是灯泡的容积了。"助手听了恍然大悟，于是容积很快算了出来。

一、基础知识

（一）基本概念

1. 创新

什么是创新？创新(Innovate)是指人类为了满足自身的需求，不断拓展对客观世界以及自身的认识，从而产生有价值的新思想、新举措、新事物的实践活动。

具体来说，创新是指人为了一定的目的，遵循事物发展规律，调动已知信息、已有知识，开展创新思维，对事物的整体或其中的某些部分进行变革，产生出某种新颖、独特、有社会价值的新概念、新设想、新理论、新技术、新工艺、新产品等新成果的智力活动。

2. 创新能力

与之相关的能力，我们称之为创新能力(Innovation Ability)，即：运用知识和理论，在科学、艺术、技术和各种实践活动中不断提供具有各种价值的新思想、新理论、新方法和新发明的能力。它是个人在完成以原有知识、经验为基础的创新事物活动过程中所表现出来的潜在的心理品质。

也可以理解为，创新能力就是一个人(或群体)通过创新活动、创新行为而获得创新成果的能力，是一个人在创新活动中所具有的提出问题、分析问题和解决问题三种能力的总和。

3. 发现

与创新相关的还包括发现、发明和创造。发现(Discover)是指人们对客观存在的事物及其规律的认识有了新突破、新进展，并且获得的新知识与事物自身原有的状况、性质及规律相符。也就是说，发现的内容是客观世界的存在和天然性成果的正确表述。

4. 发明

发明(Invent)是指人们获得的人为性的创造成果。发明成果并非天然存在，而是在发现的基础上，通过人们的创新能力直接运用于相关物质和信息的产物。

5. 创造

创造(Create)是指个体和群体基于一定目标(或任务)开展的、运用一切已知的条件(或信息)产生出新颖并有价值的成果的认知行为和活动的过程。然而，当某个创新活动所产生的创新成果并不具新颖性，却依然具有价值时，则称其为再造或模仿。

（二）创新原则

创新原则就是开展创新活动所依据的法则和判断创新构思所凭借的标准。

1. 科学原理原则

创新不得违反科学规律，在进行创新构思时，要注意以下几点：首先，应进行科学原理相容性检查。与科学原理是否相容，是检查创新设想有无生命力的根本标准。其次，还必须进行技术方法可行性检查。如果所需要的条件超过现有技术方法的可行性范围，则在目前该设想还只能是一种空想。最后，新设想的功能体系是否合理，关系到该设想是否具有推广应用的价值，因此，必须对其合理性进行检查。

2. 相对较优原则

创新不可盲目追求最优、最佳、最美、最先进。许多创新设想都各有千秋，这时，就需要按相对较优的原则，对设想进行判断选择。首先，可以从创新技术先进性上比较，看谁领先和超前；其次，从创新经济合理性上比较，看谁合理和节省；最后，从创新整体效果上比较，看谁全面和优秀。

3. 机理简单原则

在现有科学水平和技术条件下，如不限制实现创新方式和手段的复杂性，所付出的代价可能远远超出合理程度，使得创新的设想或结果毫无价值。在创新的过程中，要在新事物所依据的原理是否重叠，超出应有范围；所拥有的结构是否复杂，超出应有程度；所具备的功能是否冗余，超出应有数量等方面进行检查，始终贯彻机理简单原则。

4. 构思独特原则

兵法中一直强调"出奇制胜"，所谓"出奇"就是"思维超常"和"构思独特"。创新贵在独特，创新也需要独特。在创新活动中，往往要从创新构思的新颖性、开创性和特色性几个角度进行系统的检查和思考。

5. 不轻易否定、不简单比较原则

不轻易否定、不简单比较原则是指在分析评判各种创新方案时应注意避免轻易否定的倾向。创新的广泛性和普遍性都源于创新具有的相融性。我们应该在尽量避免盲目地、过高地估计自己的设想的同时，注意珍惜别人的创意和构想。简单地否定与批评是容易的，难得的却是闪烁着希望的创新构想。

(三)创新素质

创新是每一个正常人所具备的一种潜在能力。这种潜在能力能否被挖掘、开发出来，从而使一个普通人跃升为一个创新者，关键取决于其是否具有一个创新者应该具备的素质。那么，创新者应具备什么样的素质呢?

(1)创新素质主要包括心理素质、创新精神以及创新知识结构三部分。创新应具有的心理素质是多方面的，但主要有积极的人生态度，这是从世界观的高度看问题；肯定的自我意识，这是创新的先决条件；较高的动机水平，这是创新的强劲动力；创造性的认知风格，这是创新的个人特质；积极的情绪态度，这是创新的心理环境。

(2)创新精神属于科学精神和科学思想范畴，包括创新意识、创新兴趣、创新胆量、创新决心，以及相关的思维活动。通俗地说，就是好奇心、求知欲、兴趣、自信心、勇气以及独立自主的性格。

(3)任何创新活动都离不开知识基础，创新知识结构则是创新活动赖以成功的基础。但是，知识基础并不绝对等同于创造性智能，创新离不开以往的知识，创新更要突破以往的知识。其结构模式主要有塔式结构、T 型结构、网络式结构、飞机型结构、帷幕型结构这 5 种。

(四)创新意识

创新意识是指学习者主动发现问题，积极探求解决问题的思路、方法，从而充分发挥自己潜能的一种心理取向。创新意识是进行创新活动的出发点和内在动力，是创新思维和创新能力的前提，也是形成创新能力的基础。

1. 良好的创新环境可激发创新意识

创新力的发挥要靠内在的动力，也要靠外在的条件。社会环境对创新的影响和制约体现在社会生活的各个层次、各个领域。它或者激励创新力的生长和发展，或者压抑创新力的生长和发展，其作用不可忽视。

2. 创新意识的养成

(1)提倡标新立异,养成首创精神。首创就是要做别人没有想过、没有做过的事情,标新立异的实质是一种敢为天下先、敢为人未为的创新精神。有了这种精神,才能有创新的动力,才能发现创新点,也就有了培养创新习惯的基础。

(2)激发探索欲望,养成好奇心境。西方谚语说:“好奇是研究之父,成功之母。”人一旦对某个问题产生好奇心,他对这方面的知识储备便会丰富,同时注意力集中,对这件事情便会更加关注,更会投入,思维也会特别活跃,潜能往往可以在这时释放出来,这时,人的创造性也会空前高涨。

(3)增强顽强意识,养成耐挫能力。人不可能是一帆风顺,都会遇到困难挫折,如果没有超强的耐挫能力,遇到风险便止步,这样永远也不可能获得成功。只有不畏艰难,去集中精力,解决矛盾,战胜困难,才更容易激发出创造性思维。

(4)树立远大理想,养成献身精神。古往今来,多少英雄豪杰、志士仁人无不是从小就树立远大的理想和抱负,并为之奋斗,顽强拼搏,最终实现理想和抱负的。我们每个人都拥有与杰出成功者一样的潜能、一样的时间和一样的机会。如果拥有远大理想和献身精神,我们每个人的能量就都能得到发挥。

(五)训练创新思维

思维具有非凡的魔力,只要你学会运用它,你也可以像爱因斯坦一样聪明和有创造力。美国宇航局大门的铭石上写着:“只要你敢想,就能实现。”如果你学会了以下介绍的方法并勇于在实践中自觉运用,你也能成功:

1. 冲破界限

生物学家贝尔纳曾经说过:“妨碍人们创新的最大障碍,并不是未知的东西,而是已知的东西。”人的思维一旦沿着一定的方向,按照一定次序思考,久而久之,就形成了一种惯性,就会阻碍新观念、新想法的构思,成为创造性解决问题的障碍。所以,要产生创新思维,必须首先冲破“思维枷锁”。冲破界限的思维方法主要包括避免先入为主、避免“循环证实”、增加直接接触以及提高知识修养水平。

2. 拓宽视角

做任何事情都有诀窍。要提高创新能力,就必须拓宽思维视角,在了解创新思维具有流畅性、灵活性、独创性、精细性、敏感性和知觉性的特征的前提下,敢于在解决问题时打破旧规则、旧方法的束缚,并学会发散思维、收敛思维、逆向思维、想象思维、联想思维、逻辑思维等,寻求新方法与新途径。

3. 思维重构

定势思维、偏向思维等有时会禁锢我们的思想,遏制我们的行为。同时,思维模式在我们日常生活和学习中,又经常以单一或多重的形式存在。因此,我们要重构思维模式,以新的思维来培养创新思维能力,只有这样才能使得创新变成现实。

模式的关键是,从建立一定基础的知识开始,充分发挥非逻辑思维能力,再以逻辑思维能力给予各种假设验证,从而实现创新思维,提高创新思维能力。它有一个大家认同的形式,但没有固定的模式,只要针对事物本质,客观分析过去,理清现在,抓住关键要素后进行合理假设,通过验证,就能决策或预测未来,就能在实际问题的解决过程中,提高创新思维能力,达到预期目标。

(六)创新技法

黑格尔说:“方法是任何事物所不能抗拒的、最高的、无限的力量。”自从人们意识到创新的重要作用后，在生活、学习、工作中不断地探索创新方法，积累创新经验，进行创新活动。国内外创新学家已总结出了 300 多种方法，其中常用的有 100 多种。在此，我们从中选取部分具有典型性的常见方法加以介绍。

1. 设问型方法

(1)5W1H 法：WHY(为什么、何因)，WHAT(什么、何事)，WHO(谁、何人)，WHEN(什么时间做、何时)，WHERE(在哪里、何地)，HOW(怎么做、何法)。

(2)和田十二法：加一加，加高、加厚、加多、组合等；减一减，减轻、减少、省略等；扩一扩，放大、扩大、提高功效等；变一变，变形状、颜色、气味、音响、次序等；改一改，改缺点，改不便、不足之处；缩一缩，压缩、缩小、微型化；联一联，原因和结果有何联系，把某些东西联系起来；学一学，模仿形状、结构、方法，学习先进；代一代，用别的材料代替，用别的方法代替；搬一搬，移作他用；反一反，能否颠倒一下；定一定，定个界限、标准，能提高工作效率。

(3)奥斯本检核法(归纳为 9 个方面)：能否他用、能否借用、能否改变、能否扩大、能否缩小、能否替代、能否调整、能否颠倒、能否组合。

2. 组合型方法

(1)主体附加法：以某一特定的对象为主体，通过换置或插入其他技术或增加新的附件而形成创新的方法。

(2)二元坐标法：借用平面直角坐标系在两条数轴上标点(元素)，按序轮番地进行两两组合，然后选出有意义的组合物的创新方法。

(3)焦点法：以一预定事物为中心、为焦点，依次与罗列的各元素一一构成联想点，寻求新产品、新技术、新思想的推广应用和对某一问题的解决途径。

3. 分析列举型

(1)缺点列举法：是通过会议的形式收集新的观点、新的方案、新成果来分析公共政策的方法。

(2)希望点列举法：通过提出种种希望，经过分类、归纳、整理，确定发明目标的创造方法。

4. 联想类比型方法

(1)类比法：根据事物在某些方面的相似点或相同点，推敲出在其他方面可能存在的相似点或相同点，以此来进行创新的一种逻辑方法。

(2)移植法：把某一事物或领域的原理、结构、功能、方法、材料等移植到另一事物或领域中去，用于变革事物的创新方法。

5. 其他创新方法

(1)仿生学：通过研究各种生物系统的功能原理和作用机制，利用仿生学原理来创新的一种方法。

(2)观察法(最古老的研究方法)：研究者根据一定的研究目的、研究提纲或观察表，用自己的感官和辅助工具去直接观察被研究对象，从而获得资料的一种方法。

(3)实验法：研究者有意改变或设计的社会过程中了解研究对象的外显行为。

(4)信息法：通过收集高质量的信息，全面地认识某一创新领域或创造链的发展趋势，进而找出新的创新课题，获得新的创新成果。

6. TRIZ

TRIZ 理论的强大作用在于，它为人们创造性地发现问题和解决问题提供了系统的理论和方法工具。其主要内容包括创新思维方法与问题分析方法、技术系统进化法则、技术矛盾解决原理、创新问题标准解法、发明问题解决算法以及基于物理、化学、几何学等工程学原理而构建的知识库。

TRIZ 解决问题的过程是通过 ARIZ 算法实现的。ARIZ 算法主要包括六个模块。第一个模块:情境分析,构建问题模型;第二个模块:基于物场分析法的问题模型分析;第三个模块:定义最终理想解与物理矛盾;第四个模块:物理矛盾解决;第五个模块:如果矛盾不能解决,调整或者重新构建初始问题模型;第六个模块:解决方案分析与评价。

(七)创新能力形成的基本原理

1. 遗传素质

遗传素质是形成人类创新能力的生理基础和必要物质前提。它决定着个体创新能力在未来的发展类型、速度和水平。

人类创新能力的形成首先要遵循遗传规律。遗传素质是人类创新能力的物质基础。我们承认它,但不把它当作唯一,即"承认天赋,不唯天赋"。

2. 环境

环境是创新能力形成和提高的重要条件。环境优劣影响着个体创新能力发展的速度和水平。环境包括自然环境和社会环境。社会环境包括家庭、学校和社会,社会上的各种教育培训机构也是影响人创新能力形成的重要因素。

3. 实践

实践是人创新能力形成的唯一途径。实践也是检验创新能力水平和创新活动成果的标准。创新能力只有在创新实践中才能得到施展发挥,实践是创新能力变成现实的唯一平台。

只有通过社会实践才能把人的创新意识变成现实,而创新能力也必须通过实践才能形成,实践是创新能力形成的唯一途径。

4. 创新思维

创新思维是人的创新能力形成的核心与关键。创新思维的一般规律是:先发散而后集中,最后解决问题。

没有创新思维,就没有创新活动。创新思维是人的创新活动的灵魂和核心。人潜在的创新能力一旦被某种因素激活或教育引导,就可能引致巨大创新能量的产生。

(八)提升创新能力的程序

1. 发现问题

问题是一切发明与创新的起点。善于发现问题是科学精神的重要表现。只有问题才能激发人们的好奇心,从而激发人们科学探索和技术研究的兴趣。

有了问题,思维才有方向,才有动力;有了问题,才有主动探究的愿望。爱因斯坦明确指出:"提出一个问题往往比解决一个问题更重要,因为解决一个问题也许仅是数学上或是实验上的技能而已,而提出新的问题、新的可能性,从新的角度去看旧的问题,却需要有创造性的想象力,而且标志着科学的真正进步。"

2. 构思创意

每一次成功的背后,都有"另辟蹊径"的创意,它是解决问题的"加速器"。如今,创意在社会生活,尤其是市场经济中的地位显得愈加突出,遍布经济领域的每一个角落,成为一个人取得成功的重要因素。

创意就是具有新颖性和创造性的想法。

3. 解决问题

创新始于问题的提出、创意的出现，终于问题的解决，创新要把研究和解决问题作为创新的出发点和落脚点，只有创意得到实施、问题得到解决，才能实现创新的价值。问题的解决有流程、有方法。只有掌握了解决问题的流程与方法，创新的成果才能出现。

解决问题的流程主要包括描述问题、分析问题并提出解决方案和实施解决方案并进行效果评估三部分。

二、项目一

(一)项目演练

解手链

1. 项目概述

解手链项目，需要小组学员按规定拉起手，形成手链，并在不放开手的情况下将手链解开。本活动主要培养学员的创新能力，在原有的基础上做出改变，让团队工作更加有效。

2. 项目说明

(1)小组人数：10 人为宜。

(2)项目时间：40 分钟。

(3)项目场地：室内或户外空旷场地。

(4)项目器材：无。

3. 项目布置

(1)根据组别带学员到指定地点集合。

(2)宣布项目任务：解手链项目，共有三次挑战机会，每次挑战时间 3 分钟，超过时间，挑战失败。取三次中的最好成绩。首先小组成员面对面围成一个圈。举起双手，伸出右手，去握住对面那个人的手；再举起你的左手，从上面握住另外一个人的手；现在你们面对一个错综复杂的问题，在两只手都不松开的情况下，想办法把这张乱网解开。

(3)宣布项目规则：

①双手不能和同一人握。

②在整个挑战过程中不允许放手。

(4)确认大家是否明白项目规则。

(5)学员开始挑战。

(6)教师观察、记录团队和学员表现。

4. 项目控制

(1)解开情况会有多种，只要不违规都算成功。

(2)鼓励学员尝试多种方法。

5. 项目安全

(1)提醒学员时刻注意安全。

(2)解手链过程中防止用力过度扭伤手。

(二)项目点评

1. 学员表现

(1)根本无从下手，手像麻花一样交缠在一起。

(2)想不到更好的办法，墨守成规。

2. 点评指正

图 12—2　解手链

(1)缺乏思考的行动,永远以失败告终。

(2)当想出一种方法后思维被固化,想不出更好的办法。当我们再次遇到这样的情况时,应该做以下三步:冲破界限,妨碍人们创新的最大障碍不是未知而是已知;拓宽视野,运用发散思维、逆向思维、想象思维、联想思维等寻求新方法;思维重构,重构思维模式,换一种思考方式。

(三)学员分享

(1)________________________________

(2)________________________________

(3)________________________________

(4)________________________________

(5)________________________________

……

三、项目二

(一)项目演练

巧解绳索

1. 项目概述

每小组学员两两配对,用两头带有活动绳环的绳索套住双手,并相互交叉,在绳环不离开双手、不能解开绳环、不破坏绳索的情况下,解开交叉。本活动需要较强的思考能力,并且能够打破固有思维,站在新的思维角度进行创新。

2. 项目说明

(1)小组人数:10 人为宜。

(2)项目时间:40 分钟。

(3)项目场地:室内空旷场地。

(4)项目器材:特定绳索。

3. 项目布置

(1)提前准备好项目器材。

(2)根据组别带学员到指定地点集合。

(3)宣布项目任务:每小组成员两两配对,用两头带有活动绳结的绳索套住双手,并相互交叉,在绳环不离开双手、不解开绳环、不破坏绳索的情况下,解开交叉。时间30分钟。

(4)宣布项目规则:整个挑战过程中,绳环不能离开双手,绳环不允许打开,不能破坏绳索。

(5)确认大家是否明白项目规则。

(6)发放道具,进行挑战。

(7)教师观察、记录团队和学员表现。

4. 项目控制

(1)告诫学员这不是魔术,合理的思考和创新性思维就可以挑战成功。

(2)提醒成员不要一味尝试,静下心来。

5. 项目安全

提醒学员时刻注意安全。

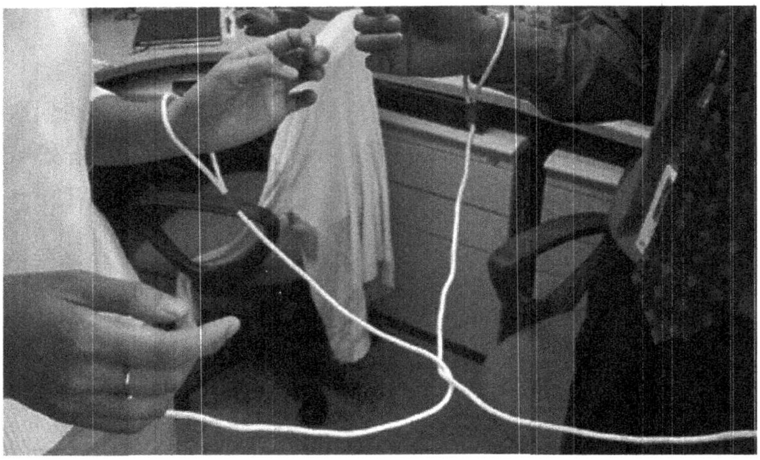

图12—3 巧解绳索

(二)项目点评

1. 学员表现

(1)无休止地尝试不可能成功的方法。

(2)中途放弃。

(3)知道方法后不去探索原理。

2. 点评指正

(1)怎么才能知道这种方法不可行?透过现象看本质,绳子和身体组成一个密闭的圆,要使这两个圆分开,这是不可能的,因为绳子和身体都不能伤害。唯一的可能就是那两个绳环。这就是思考、分析、发现问题的过程,然后进一步构思,是否存在可以分开的间隙,想到绳环可以移动可以变大,一直往下想,直到解决问题。创新是一个过程,不是一个从天而降的想法,前后都有依据和紧密的联系。

(2)放弃分很多种,身体不行、精神不行、智力不行等。身体不行会病、死,精神不行会疯,智力不行我想可以练、学。没有人天生就很聪明、很有创新能力,这是一个积累的过程,所以如果可以坚持一定要继续，说不定就到了那个迸发点，创意就出来了。

(3)坚持到最后，得到了上帝的眷顾，虽然没有成功，但通过其他办法让你知道了答案。这时你默默地点头表示认同以及深深的敬佩，然后就没有了。这是最可怜的事。“知道怎么做”与“知道为什么这么做”差很多。我们应该学到的是“为什么这么做”。创新的技法里有一大类方法——联想类比型方法，这里面包含类比法、移植法。这些方法就是基于“为什么这么做”的。所以，创新永远在于内在，只不过通过外在来表现而已。

(三)学员分享

(1)____

(2)____

(3)____

(4)____

(5)____

……

四、项目引申

约翰·D. 洛克菲勒说过：“如果你要成功，你应该朝着新的道路前进，不要跟随被踩烂了的成功之路。”其实我们最缺乏的不是资源，而是创新意识、创新精神、创新能力和鼓励创新、保护创新的社会环境。

五、问题思考

(1)用自己的语言描述创新。

(2)请说出创新的基本原则。

(3)简述 ARIZ 算法的各个模块内容。

(4)如何利用你的五种感官来介绍自己？

(5)仰望星空，你会有什么样的联想？

第三部分

辅助篇

本篇脉络

第十三章　安全知识
第十四章　工具设施与场地
第十五章　急救知识

第十三章　安全知识

学习目标

1. 认识和了解体验式培训活动器具，掌握其安全使用的方法。
2. 学会做好体验式培训活动的安全管理和预防。
3. 掌握户外活动的安全知识以及防范技巧。

第一节　体验式培训器材的安全使用

一、高空项目器材

体验式培训部分项目要求学员在空中完成攀登、跳跃、行进、下降等动作，为了确保学员安全，体验式培训使用专业登山器材作为保护装备，主要包括头盔、登山绳、安全带、铁锁、下降机、上升器等。体验式培训的所有登山器材至少应遵循 UIAA（国际登山联合会标准）或 CE（欧洲标准）中的一个；绳索和头盔要求必须有 UIAA 认证，并严格遵守器材的检查和更新制度，以确保体验式培训的安全。

（一）头盔

体验式培训项目中有一些是高空项目，只要进行高空项目，就必须戴上头盔。拓展使用的头盔相对于施工作业中的头盔而言，安全性、舒适性、透气性等各方面的性能要求更高。

（1）头盔为碎裂式保护性头盔，当它遭受强力撞击时会形成网纹状碎块，以达到分解加速度冲击力的作用，将冲坠时的撞击力降到最低。

（2）头盔的正确佩戴方法：

①将品牌标志（如狼头或字母）放在头前；

②佩戴后处于水平位置；

③根据头围调整头盔大小；

④根据颈距调整颈带距离；

⑤头盔佩戴松紧标准：双手中、食指自颌下伸入颈带半指，以不影响呼吸为准。

（3）头盔的选择。

目前市场上的头盔主要有 3 种：硬壳、泡沫塑料、混合式。品牌主要是 CAMP 和 GVIEW 两种。硬壳的是用高强工程塑料或纤维增强高聚物制成的，这种头盔的好处在于结实耐用，禁得起摔打，缺点就是重一些。泡沫塑料并不“软”，这种头盔的好处在于轻便，但不及前者结实。混合式采用一层薄的硬壳，内衬是泡沫塑料，其设计原理和使用感觉与泡沫塑料头盔比较相近。

(二)安全带

安全带是人与装备的连接枢纽,是保护人身安全的重要器材,常用的安全带分为半身式安全带、全身式安全带和胸式安全带。

1. 半身式安全带

在高空项目"断桥""天梯""空中单杠""缅甸桥"及攀岩、速降等户外运动中使用。

(1)具体穿法:将安全环的一面放在身前;像穿短裤一样,左腿伸进左腿带,右腿伸进右腿带;带扣在左边,穿带在右边的半身式安全带居多,也有两边都带穿带的;半身式安全带基本不带自锁装置,穿戴完毕后必须将腰带和腿带打反扣,反扣后剩余腰带和腿带的长度不少于 8 厘米。

(2)穿戴安全的标准是:腰带穿在髋部以上,松紧程度以"用右手中、食指在腹部弯成 90°"时感到比较紧不舒畅即可;腿带不要绷得过紧,以五指插入能够上下自由活动为准。先紧腰带,再紧腿带。

2. 全身式安全带

在高空项目"空中单杠""高空相依""缅甸桥"等有可能出现高空冲坠和翻转的项目中使用。

(1)具体穿法:将有安全环的一面放在身后;像穿短裤一样,左腿伸进左腿带,右腿伸进右腿带;带扣在右边,穿带在左边;全身式安全带常带自锁装置,如果不带自锁装置的必须穿戴完毕后打反扣;穿安全带时要求做项目队员躬身弯背,待培训师扣好铁锁后再挺直腰身。

(2)穿戴安全的标准是:胸带松紧度以"穿戴队员站起身体时上半身稍感勒束"即为合格;腿带不要绷得过紧,松紧度"以五指插入能够上下自由活动"为准。

3. 胸式安全带

能提供上半身的额外支撑,可以让使用者在出现意外时不至于头下脚上。有些项目比如"空中单杆",在完成项目时,必须配合使用胸式安全带。胸式安全带一定要与坐式安全带配合使用,才能达到支撑效果。

缺点:冲击力较大时,身体的上半身承受的力过大,有时会造成危险的后果,尤其对于儿童。胸式安全带大多是可调节的,由 45 毫米的宽带制成,重量在 200 克左右。

(三)锁具

锁具的英文为 Carabiner,我国登山界习称之为"铁锁"。根据 UIAA 的坠落试验,保护绳索至少能承受 1 200 千克的拉力,由于绳索在铁锁上摩擦,铁锁所承受的负荷应为保护绳索的 4/3 倍,所以铁锁至少要能承受 1 600 千克的拉力。

1. 铁锁(亦称 D 型锁)

一般用于不动点、扁带与人体的连接。铝合金制成,质量轻,承重力大;横向双向箭头显示数量为 6、7、9 千牛,表示横向承拉力为 0.6、0.7、0.9 吨;纵向双向箭头显示数量为 20、22、25 千牛,表示纵向承拉力为 2、2.2、2.5 吨;铁锁闭口箭头显示数量为 6、7 千牛,表示闭口拉力为 0.6、0.7 吨;锁扣旋紧后退回半扣(半圈),防止发生意外撞击后丝扣绷紧,使铁锁无法打开。

2. 自锁铁锁(亦称自锁 D 型锁)

一般用于不动点、扁带与人体的连接。所有特征同"铁锁";扣锁时用母、食指将外包缺口旋转半圈对准锁舌口,中、无名指捏开锁舌待扣入安全环时松开即可(锁内带弹簧自锁装置);要求大头朝上,锁环向里;检查锁舌是否弹回凹槽;检查护环是否弹回原位。

3. 钢锁

一般用于动点(滑索)、固定点保护。纯钢制成，分量重，承重力强，耐磨损；双钢锁保护应为锁扣相错、悬吊旋紧丝扣后，退回半扣(半圈)倒挂；纵向双向箭头显示数量为20、22、25千牛，表示纵向承重拉力为2、2.2、2.5吨；横向双向箭头显示数量为6、7、9千牛，表示横向承拉为0.6、0.7、0.9吨；开口承重为6千牛，表示开口处承重拉力为0.6吨；锁扣旋紧后退回半扣(半圈)，防止发生意外撞击后丝扣绷死，使钢锁无法打开。

4. 报废条件

(1)拓展培训时8米高空坠地(水泥地)；

(2)野外攀岩4米高空坠地(岩石)；

(3)铁锁使用后内环磨损1/3。

(四)安全绳

安全绳分为动力绳和静力绳两种。

1. 动力绳

(1)具延展性；

(2)用于攀岩、高空拓展培训的队员人体保护；

(3)有单色、花色之分；

(4)承受拉力22千牛，即2.2吨以上；

(5)规格分为单绳(10.5毫米)和双绳(9毫米)，辅绳(6毫米，拉力:0.72吨)；

(6)每根主绳长度分为30、50、100、200米/捆。

2. 静力绳

(1)无延展性；

(2)用于下降、高空拓展培训及攀岩的上升器、攀索支持保护；

(3)多为单色；

(4)承受拉力22千牛，即2.2吨以上；

(5)规格分为10毫米和10.5毫米两种；

(6)每根主绳长度分为30、50、100、200米/捆。

3. 保护

不可接触物品有强光、紫外线；油类、酒精、汽油、油漆溶剂；酸碱性化学药品；水、冰、火、高温；凌厉、尖锐的岩角，砂粒，冰镐尖，爪。

4. 报废条件

(1)连续冲坠(冲坠系数为2)5次的，强制报废；

(2)非连续冲坠(冲坠系数为2)，但累计达到3次的，强制报废；

(3)每周3至4次使用，4个月即强制报废；

(4)排除以上因素，野外攀岩等户外活动使用2至3年即应报废。

(五)绳结技术

绳结是绳索与绳索之间、绳索与其他装备、攀登者身体或其他物体相互连接和固定的方式。结绳的原则是科学实用、牢固可靠、简单易结和易解。

(1)半结:所有绳结的基本结，是一种把绳子暂时系在柱子、桩、环或其他物体上的快速的打结方式。缺点是当结打得太紧或弄湿时很难解开。

方法:把绳索套在圆柱体上，将绳头绕过绳索一圈，朝箭头方向穿过绳头拉紧。

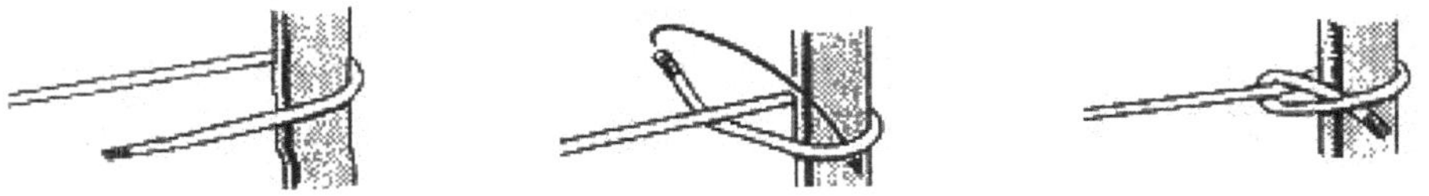

图 13—1　半结

(2)单(双)8 字结(环):打法简单、易记。可作为一条绳上的一个临时或简单中止、制动点。特征:即使两端拉得很紧,依然可以轻松解开。

方法①:如图将绳端先行交叉,将一头的绳索绕过主绳,将绳头穿过绳圈后拉紧完成。

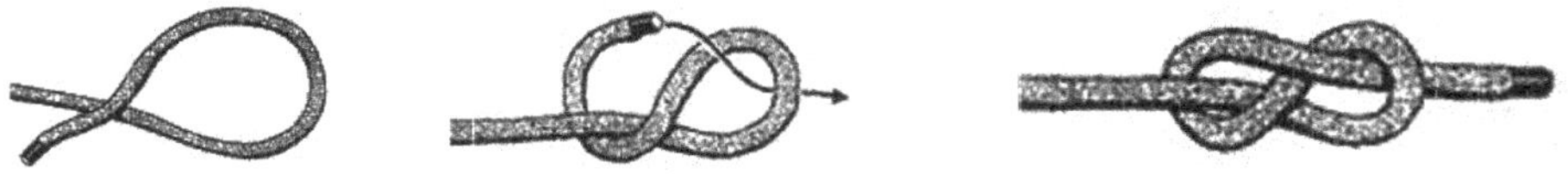

图 13—2　单 8 字结

方法②:滑 8 字结是把 8 字结变化成活结的形状,而且只要一拉绳索的末端,就可松开结。在绳索的末端留下足够的长度后打个 8 字结,然后再把绳头穿过圆环后,拉紧便完成。只要解开绳头,就可解开结目。

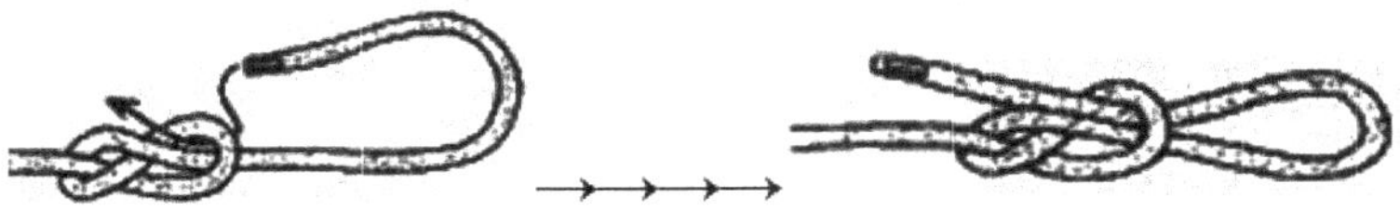

图 13—3　滑 8 字结

(3)渔人结(又称交织结):此结十分容易打,但很难拆开。故应尽量避免用在一些质地好的绳上,也不宜用在会扯得很紧的绳上,因为扯紧后很难解开。主要是用于将两条绳连接在一起,通常是硬和软的两条绳。

将两条绳子的前端交互并列,其中一条绳子像卷住另一条绳子般打一个单结;另一边也同样打上一个结;将两条绳端用力向两边拉紧。

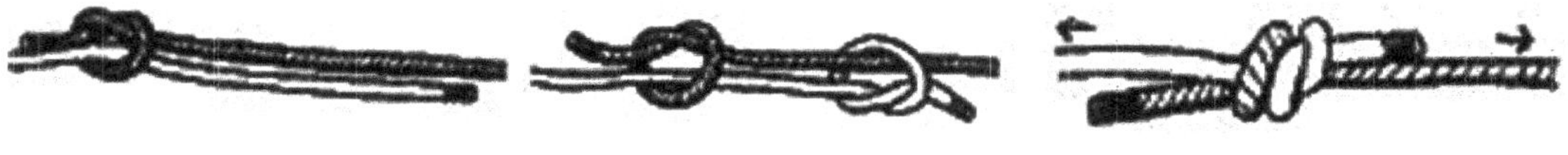

图 13—4　渔人结

(4)扁带连接结(水结):用在连接两条同样粗细的绳子上,一种简单且结实的结。在攀岩的世界里称为环固结,将一条绳子的两端用这种方法相连接,即可做成吊索。这种结主要适用于连接扁平的带子。

打法十分简单,在一条绳子的前端打一个单结后,另一条绳子逆着结形穿过前面一条绳子的圆圈即可。虽然结形可以打得小而漂亮,但是得注意有时会松开,所以在绳子末端一定要留下 4～5 厘米的长度,并且须将结牢牢打紧。

(5)双套结:通常应用在两端施力均等的物品上,适用于水平拉力之下。特征:具备极高的

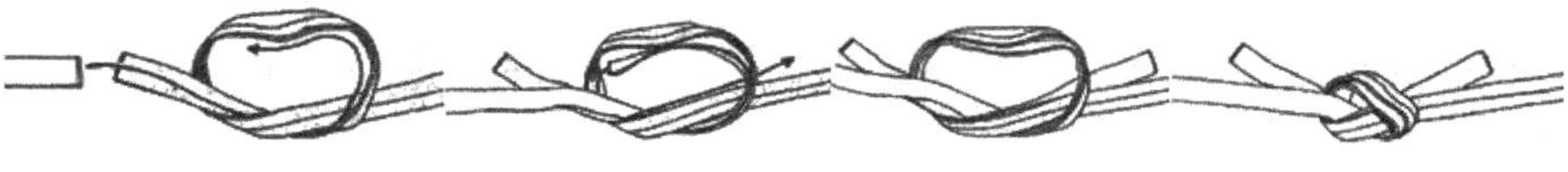

图 13—5 扁带连接结

安全性，不过，如果只在绳索的一端使力的话，双套结的结目可能会乱掉或松开。

方法：把绳索绕过物体一圈，从上方再绕一圈，用力拉紧绳索两端，最后只要再打个半扣结，即使朝箭头方向用力拉扯绳子，也不用担心结形散开。

图 13—6 双套结

(6)平结：将同一条绳的两端绑在一起。适用于连接同样粗细、同样材质的绳索；但不适用在较粗、表面光滑的绳索上。特征：缠绕方法一旦发生错误，结果可能会变成个不完全的活结，用力一拉结目就会散开。其结目如果拉得太紧，就不太容易解开；不过如果双手握住绳头，朝两边用力一拉，就可轻松解开。

方法：准备两根绳索，将绳索两端缠绕后拉拢，绳索交叉，在交叉的上方再缠绕一次。此时如果缠绕方向错误，结果会变成外行平结，请特别小心，握住两端绳头用力拉紧。

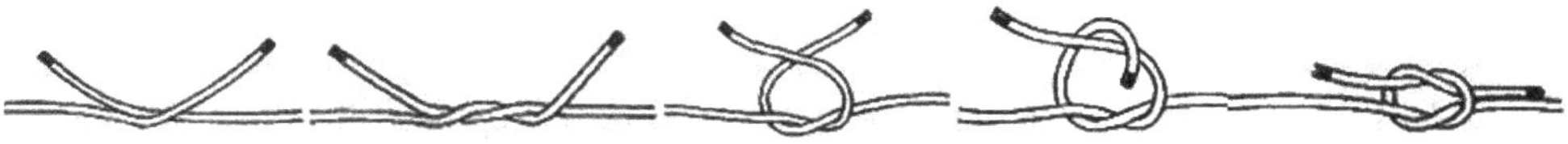

图 13—7 平结

(7)收绳：用于携带和保护绳索，可以使用手臂收绳法和腿部收绳法。

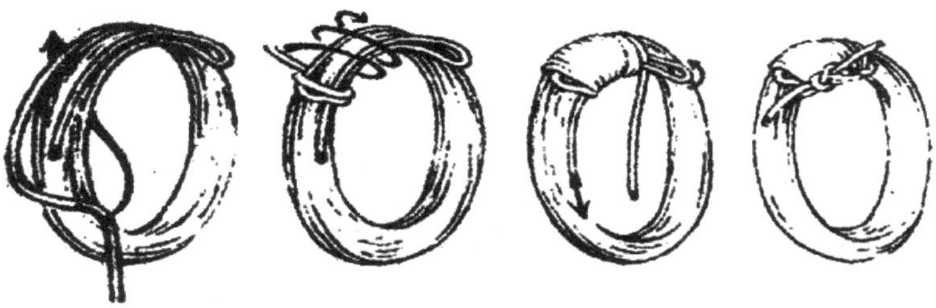

图 13—8 收绳

(六)保护器

在体验式培训的高空项目及攀岩等一些户外高空作业中，在上升、跳跃、通过与下降时，需要一种来自地面固定点的保护，这种保护是需要通过绳索和一些器材的连接来完成的，这种器材称为保护器。

1. 8 字环类保护器

8字环类保护器是攀登者发明的第一代保护器。它的特点是结构简单，操作方法简便。它对绳索直径的要求为，大于等于8毫米且小于等于13毫米。绳索的适用范围相对比较大，所以8字环的应用范围非常广泛，可用于登山、攀岩、溪降、救援、工程等方面。

不同厂家生产的8字环在外形上也有所差别，如图13－9所示。最原始的是正圆形8字环。由于在使用中，正圆形容易使绳索扭曲缠绕，所以为了弥补缺憾，有些厂家对8字环的形状进行了相应的改进。例如，法国PETZL公司生产的Huit和Huit Antibrulure：Huit的四方形设计，可避免绳子卷曲缠绕而难以操作；Huit Antibrulure上有一个小把手 当绳索摩擦使其发烫时，捏住小把手可防止手被烫伤。

图13－9　8字环类保护器

另外，由于8字环的制动性能不是很灵敏，所以PETZL公司还研发生产了具有多个制停位置的Pirana，其制动性能得到显著改善。

8字环类保护器的优点是：厚实耐磨，对于较硬的绳索也能很好地配合。缺点是：略显得笨重些，且与其他保护器相比制动锁定性能略差一些。它适合快速保护操作及快速下降时使用。

2. ATC类保护器

ATC类保护器在使用时，送绳和收绳都非常流畅，绳索不容易产生卷曲缠绕，操作方法简单，可用于单绳或双绳，且制动性能优于8字环类保护器，所以深受攀登者的喜欢。如今各式各样的ATC类保护器琳琅满目。且不同厂家的产品，其使用功能也略有区别，所以使用前一定要认真查看产品说明书。

目前国内常见的ATC类保护器有：ATC、ATC XP、ATC guide、REVERSO、REVERSION等，如图13－10所示。

图13－10　ATC类保护器

其中，ATC是Black Diamond公司生产的最早的ATC类保护器，适用绳索直径为8.5～11毫米。ATC XP是ATC的改进版，可通过改变绳索方向来改变制动端的摩擦力，适用于

8.1～11 毫米直径的绳索。ATC guide 的性能类似于 REVERSO，是一款具有自动制停功能的保护器，通过改变绳索方向可以适用于 7.7～11 毫米的绳索。

ATC 类的保护器也不会锁死，要配合抓结，抓结在制动端，锁死制动端的绳子。由于 ATC 类保护器的制动性能优于 8 字环类保护器，所以被广泛地应用于攀岩、攀冰保护。

3. 机械制动类保护器

GRIGRI 是由 PETZL 公司生产的一款具有机械制动结构的保护器。它用于单绳的攀登保护和下降，其适用的绳索直径为 10～11 毫米。它最大的优点是具有自动制停系统，它的设计完全从安全性出发，最大限度地提高了操作的安全性。

与 8 字环类和 ATC 类保护器相比，机械制动保护器的操作略复杂一些。对绳索的安装方向有严格的要求，分为攀登端和制动端。当攀登端突然被拉紧时，凸轮会迅速转动并卡住绳索而制停。关于绳索的收放操作也有一定的要求，在保护操作时，制动端的绳索始终都要用手握住，严禁松开。下降时的速度，是通过操作扳把握住制动端绳索的手共同控制的。

(1)专用下降器及其特点

攀登保护器除了保护以外也能用于下降。除此之外，还有一类专门用于下降的下降器，这类下降器只针对下降使用，一般不用于攀登保护。由于只针对下降，所以这类下降器的下降及锁定功能比较优越。

常见的专用下降器主要有 STOP、SIMPLE，以及 RACK 等，如图 13－11 所示。

STOP 用于单绳下降使用，具有操作把手，当放开把手时，自动制停系统即会运作。适当握住把手，并拉住绳尾，便可控制下降速度。STOP 要求绳索直径在 9～12 毫米。

SIMPLE 用于单绳下降，用手拉住绳尾便可控制下降速度，在狭窄的沟壑里使用最适合。SIMPLE 要求绳索直径在 9～12 毫米。相较于 STOP，它取消了锁死功能。

RACK 可用于单绳或双绳下降，能根据绳索及重荷的情况来调节速度。摩擦力平均，有利于保护绳索，下降时绳索不会发生缠绕。RACK 用于单绳时要求绳索直径在 9～13 毫米，双绳时要求绳索直径在 8～11 毫米。

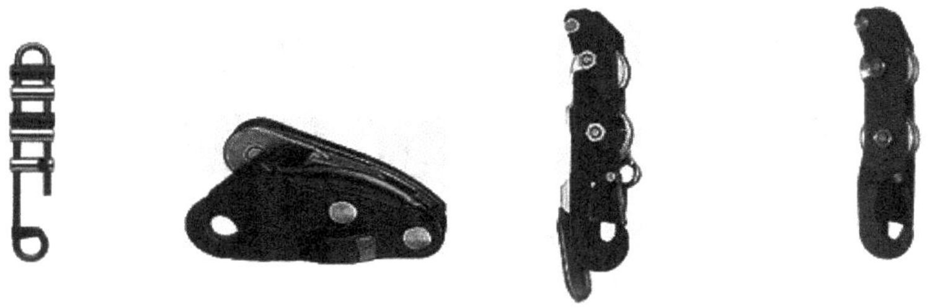

图 13－11　专用下降器

(2)上升器种类及特点

上升器主要用于沿绳索上升或提拉重物时使用。上升器根据用途不同可分为手柄上升器、胸式上升器、脚踏式上升器，以及多用途上升器。下面介绍几款 PETZL 公司生产的上升器产品。

手柄上升器 ASCENSION，适用于 8～13 毫米固定单绳攀爬。符合人体工程学的设计，用单手即可安装于绳上，为手部提供最佳的把手，同时使手腕与拉扯的方向成一直线。弹力橡胶手柄使抓握更舒适。镀铬钢轮有倾斜的齿爪，可抓紧湿滑、冰雪或泥泞的绳索。手柄上升器还分为左手型和右手型。

胸式上升器 CROLL，适用于 8～13 毫米的单绳攀爬。可与手柄上升器配合使用。

脚踏上升器 PANTIN，与 CROLL 和 ASCENSION 上升器同时使用时，可使绳索攀爬变得更容易。使用脚踏在攀爬时保持身体直立，使攀爬更快捷及不那么容易疲倦。脚带有自动上锁扣，容易调节。PANTIN 不是保护设备，只用于协助攀绳，用于右脚，适用于 8～13 毫米直径的单绳。

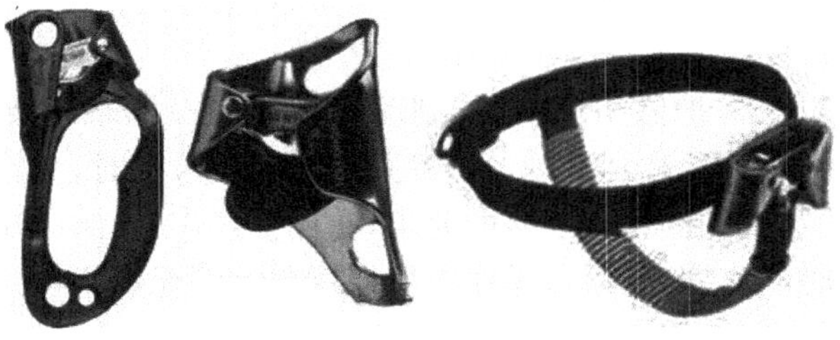

图 13－12　手柄、胸式、脚踏上升器

小型上升器 TIBLOC，体积小巧，便于携带，适用于 8～11 毫米单绳。可以用于滑轮系统、绳索攀登等。用 10 或 12 毫米圆形或椭圆形横切面的上锁安全扣配合使用。

上升器 MICROCENDER，适用于 9～13 毫米单绳。用作自我保护、滑轮系统、或拖拉重物。向上移动时易于滑动，而向下时则易于制停。

上升保护器 SHUNT，适用于 10～11 毫米单绳或 8～11 毫米双绳。可用于绳索攀登或作为自动制停绳结（抓结）的机械替代装置，可安装在下降器的下方，作为辅助设备使用，下降时一旦松手，即会制停。

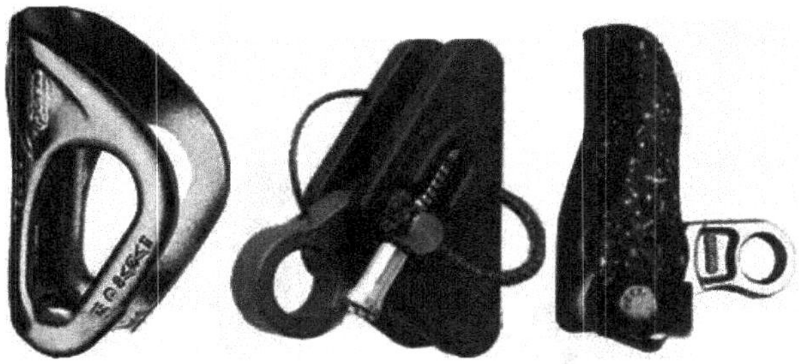

图 13－13　其他上升器

（七）法式五步保护法

法式五步保护法是体验式培训项目保护的最有效的方法，保护人员的熟练操作能够提高高空体验的安全指数。规范的法式五步保护法操作如下（以站在保护绳左侧为准）：

（1）左手（导向端）下拉，右手（制动端）上扬；

（2）右手绕到背后按住绳索；

（3）左手松开绕到右侧按住绳索；

（4）右手松开绕到左侧 8 字环前一拳处按住绳索；

（5）左手松开回到初始位置抓住绳索。

二、军事野战器材保养维护

背心和头盔是接收装置，之所以设计成背带的原因是因为背带穿脱方便，而且方便与其他装具搭配，背带的样式是参考了美军的MILES系统设计的，与我军现使用的激光对抗演习设备样式完全相同，生产也是按军用标准生产的，结实耐用。但是再好、再坚固的装备，一些日常的保养也是十分必要的。

（一）外表的清洁

整洁的外表能给人留下良好的第一印象，另一方面也可体现出经营者的优秀素质。而且干净整洁的设备也会使参与活动者更加珍惜和爱护设备。在每次使用装备后，如设备表面有尘土或污垢，可使用略湿的抹布对表面进行清洁，但请注意，抹布不宜过湿，以免造成设备短路。

（二）背带的保护

我们的背带虽然是由军用防水尼龙布制成的，但由于使用的强度过高，也可能出现开线等现象，所以，针线也是我们日常保养中必备的物品之一。

（三）接收探头的外部旋盖

由于它的位置最为突出，活动中与外界发生的碰撞最为频繁。在使用一定时间后，有可能松动。所以，在每次使用后，请仔细检察，如有松动请用力旋紧。

（四）连线的检查

头盔与背带的连线由于是运动量最大的部位，连线的接头部分有可能发生松动、损坏，所以在每次活动后需要逐一检查。

（五）头盔的挂带

由于是活动部件，而且在每次使用时都需要调整，所以很容易丢失，而且后配非常不便，所以需要多加关注。

（六）电池保养

采用镍氢电池（无记忆性），设计使用寿命充放600～800次。但如果没有很好的保养，这些数据也只是纸上谈兵。电池保养的要求：

（1）在使用充电器时，必须先开充电器的电源开关，等待指示灯亮起后，再将电池接到充电器上，否则影响充电效果。

（2）电池在充电时要平铺在地面上，不要起堆、码放，否则会导致电池因充电过热而充电不足。

（3）电池的充电时间最好保证在12～14小时。

（4）电池不要过于剧烈碰撞，以免造成损坏。

（5）避免将电池放在过热和过冷的地方，不要被阳光直射。

（6）如果电池长期不使用，点亮会静耗（跑电）。所以，请在使用前及时充电。

（7）如果有后备电池，请将电池分出批次，然后按使用的批次更换电池，无须全部更换。

（8）活动完毕后，应将使用过的电池全部从设备中取出。如果关机，电池会进入低电报警状态，对设备造成一定损伤。

（9）电池也要定期进行检查，如果电池的电源线外面有损坏，及时修补，否则会造成设备短路。

（10）更换电池插口时，请注意插针的正负极是否正确（方口为正极，圆口为负极）请勿插错，否则会对设备主板造成损伤。

三、十大户外求生工具

据美国《连线》杂志报道，许多户外活动迷苦苦寻求能解困救命的求生背包。而这里提到的户外求生工具都是一些“小不点”，可以打成小包，随身携带，方便野外之旅。当然 GPS 和卫星电话是方便携带的必备品，而这里提到的东西都是便宜的备用品，特别是在 GPS 和卫星电话损坏或失灵时，它们就能大显身手了。

（一）刀

离家不能不带刀。一把结实的刀是建造庇护所、准备食物、生火和其他无数任务所必需的基本工具。

（二）丁烷打火机

用燧石生火在干燥气候下相对容易，但在潮湿天气里，你得用打火机和一些易燃物来帮助你生火。涂有蜡的棉花球和一小瓶朗姆酒都是可行的选择。

（三）金属帽或金属罐

喝水比吃饭更加重要。有了金属帽或金属罐，你就可以烧开水喝了，这样可以杀菌，保证健康。

（四）急救箱

得上急病比走失更加麻烦，你的急救箱应有一些处理严重伤害的急救药品，不只是砍伤和刮伤。带上一些速凝血（Quick Clot）或 Celox 快速止血药来处理严重出血，再带上镊子、针线、抗生素膏、防晒霜和任何你需要的特别药品，以备急用。

（五）塑料垃圾袋

塑料垃圾袋又薄又轻，用途很多。你可以把它们用作盛装雨水的容器，或戳 3 个洞当成临时性的雨衣，它还可当作庇护所的防风布。带上几个垃圾袋吧，它们是最结实的。

（六）水净化装置

饮用不纯的水弊大于利。因此，通过适当的过滤和净化，你可以避免许多健康风险。

（七）背包式吊床

在特别热或冷的环境下，保护自己不受自然因素伤害，比如避免受风寒和雨淋等，这就成功了一半。你能解开它，建造一个更加精细和舒适的庇护所。

（八）口哨

当你在森林里迷路时，口哨是帮助你发出信号的最好工具。定期性地吹口哨所需的能量比叫喊少得多，而且高音调的口哨声传播距离更远。

（九）手电筒

搜寻和营救人员能从很远的距离看到手电筒的亮光。它们是引起营救人员注意的最好办法，且方便随身携带。如果你生火有麻烦的话，手电筒可能帮上你的大忙。

（十）高卡路里的蛋白棒

打猎和钓鱼很费劲，且不划算。你搜寻猎物所消耗的卡路里比你吃上它们所获得的能量还要多。因此，带上几根蛋白棒可以让你省去这些麻烦。

第二节　体验式培训的安全管理与行为要求

一、理念

在体验式培训中任何危险的发生，参与者都无法逃脱干系，这就是责任。所以，无论是作为体验式培训机构，还是体验式培训师等相关人员，包括学员都要时刻树立人身安全意识，建立“安全无小事”的思维模式，从而培养无意识状态下的安全操作能力，养成安全保障的行为和习惯。

安全在体验式培训中是首要问题，这种安全意识、行为、能力一定要根植在每一个从事或参与体验式培训人员的脑海中，一定要形成体验式培训行业的一种文化。增强安全意识，时刻保持警惕，这是非常重要的安全理念。

二、操作原则

(一)备份原则

在组织拓展培训之前，就要对所有需要准备的设备、器材、材料、方案等技术与材料进行充分准备。一般情况下，除了正常使用数量外，还需根据具体情况备份一份，千万不要因为这样觉得烦琐，尽可能做到万无一失。作为拓展培训师，要时刻具有备份意识，一切以拓展训练为主，携带拓展培训相关教材是一个非常好的习惯，因为没有一位拓展培训师能够记下所有的项目操作。

(二)行为原则

在进行器材操作时，拓展培训工作人员要始终关注自己与参训者的行为举止，一定要养成良好的培训安全“行为原则”。行为原则要做到“四边”：一边讲解体验式培训操作的安全要领，一边强化记忆效果，一边用手检查安全器材，一边仔细观察器材或学员穿戴器具的安全检查点。

(三)全程监控原则

在拓展培训进行的过程中，工作人员要有强烈的责任心和工作热情，要时刻保持头脑清醒的状态；按照户外器材操作要求，按步骤操作，做到装备器材合格。拓展培训中的四项全程监控原则是：全程监控学员行为、全程监控器材安全、全程监控工作人员行为和全程监控周围环境。正确熟练地操作和运用安全保护技术，不断学习和丰富安全保护经验，整个训练过程中保持在监控状态下进行，才能最大限度地保证拓展培训工作的顺利进行。

(四)三层检查原则

拓展培训需要100%的安全保障。安全在拓展培训中没有过渡，只有安全与危险，虽然拓展培训的安全保障在备份原则下有了理论与实际的实用保障体系，但是如果我们的操作在匆忙中可能还会存在隐患与遗漏，那么在执行项目前的“检查”就显得尤为重要了。“三层检查原则”是“安全原则”确保“万无一失”的最后保障。检查原则包括：学员自己检查、学员之间的互相检查和拓展培训师的最后检查。

总之，科学系统的拓展课程、随时随地注意安全意识、国际认证的拓展器材装备、严格规范的操作手法、丰富实用的拓展教学经验、灵活有效的安全预案是拓展培训的安全保障。

第三节 户外安全知识

一、野外宿营地的选择

野外宿营地的选择要注意以下几点：

(1)近水：营地要选择离水源近的地方，这样既能保证做饭饮用的用水，又能提供洗漱用水。但在深山密林中，靠近水源会遇到野生动物，要格外小心注意。

(2)背风：最好是在小山丘的背风处，林间或林边空地、山洞、山脊的侧面和岩石下面等。

(3)避险：营地上方不要有滚石、滚木，不要在泥石流多发地建营，雷雨天不要在山顶或空旷地上安营，以免遭到雷击。

(4)防兽：建营地时要仔细观察营地周围是否有野兽的足迹、粪便和巢穴，不要建在多蛇多鼠地带，以防伤人或损坏装备设施。要有驱蚊、虫、蝎药品和防护措施。在营地周围遍撒草木灰，能非常有效地防止蛇、蝎、毒虫的侵扰。

(5)日照：营地要尽可能选在日照时间较长的地方，这样会使营地比较温暖、干燥、清洁。同时便于晾晒衣服、物品和装备。

(6)平整：营地的地面要平整，不要存有树根、草根和尖石碎物，也不要有凹凸或斜坡，这样会损坏装备或刺伤人员，同时也会影响人员的休息质量。

二、火的引燃及实际应用

首先是要寻找到易燃的引火物，如枯草、干树叶、桦树皮、松针、松脂、细树枝、纸、棉花等。

其次是捡拾干柴，干柴要选择干燥、未腐朽的树干或枝条。要尽可能选择松树、栎树、柞树、桦树、槐树、山樱桃、山杏之类的硬木，燃烧时间长，火势大，木炭多。不要捡拾贴近地面的木柴，贴近地面的木柴湿度大，不易燃烧，且烟多熏人。

接下来是要清理出一块避风、平坦、远离枯草和干柴的空地。将引火物放置中间，上面轻轻放上细松枝、细干柴等，再架起较大较长的木柴，然后点燃引火物。火堆的设置要因地制宜，可设计成锥形、星形、“并”字形、并排形、屋顶形、牧场形等。也可利用石块支起干柴或在岩壁下面，把干柴斜靠在岩壁上，在下面放置引火物后点燃即可。一般情况下，在避风处挖一个直径1米左右、深约30厘米的坑。如果地面坚硬无法挖坑也可找些石块垒成一个圆圈，圆圈的大小根据火堆的大小而定。然后将引火物放在圆圈中间，上面架些干柴后，点燃引火物引燃干柴即成篝火。如果引火物将要燃尽时干柴还未燃起，则应从干柴的缝隙中继续添入引火物，直到把干柴燃烧起来为止，而不要重新架柴点火。

问题与思考：

(1)体验式培训活动所使用工具主要包括哪些？请以其中三个为例谈谈如何安全使用？

(2)在开展体验式培训的活动过程中，一般要遵循哪些安全原则以及具体的安全管理的做法？

(3)学员在进行户外的活动中，有哪些要注意的安全事项？

(4)结合实际谈谈安全管理工作在体验式培训活动中的重大意义。

第十四章　工具设施与场地

学习目标

1. 认识和了解体验式培训的场地和器材。
2. 掌握部分简单器材的制作方法。
3. 学会体验式培训场地的设计方法。

第一节　体验式培训场地的分类

一、野外自然场地

野外场地是指体验式培训需要用到的天然的自然环境，一般有自然风景区、密林、竹海、水域、空旷的草坪、山体岩壁等自然环境。野外自然场地的用途非常广泛，并且成本相对较低。利用这类型的场地进行体验式培训前，必须熟悉场地的特点，以便于能够顺利操作。该类场地在使用过程中要注意对野外生存技能和知识的运用，以确保安全。

能够利用野外自然场地开展的体验式培训课程有野外拓展、溯溪、扎筏泅渡、野外定向、音乐辅导、破冰与热身、攀岩、速降、沙盘模拟和军事野战等。

二、人工建造场地

人工建造场地是指为了开展体验式培训专门修建的人工场地，一般为钢架结构、木质结构、混凝土结构和土方结构四种。当前比较流行的场地有体验式培训高空架、攀岩墙、逃生墙、军事野战战场、军训营地等。这类场地能够开展的课程有拓展训练课程、历奇营地课程、军事野战课程和木章训练课程等。

野外自然场地

人工建造场地

室内场地

图 14—1　体验式培训场地

三、室内场地

室内场地是指利用室内环境开展体验式培训的环境。一般多见于宾馆、教室、会议中心、度假村、废弃楼房。该类型场地的特点是能够根据需要设置多媒体设备，比较适合沙盘模拟、音乐治疗、CQB、室内破冰、室内拓展和桌面游戏等课程的开展。

第二节　体验式培训器材的分类与制造

一、体验式培训的器材分类

体验式培训的特点决定了体验式培训的器材道具的分类不同。

按照课程划分，有拓展培训设备、沙盘模拟道具、军事野战器材、历奇营地道具、音乐辅导设备、团队教练器材等类型。

按照操作使用的空间来划分，有高空项目器材（高空架、攀岩墙、毕业墙、绳索、锁具、安全保护衣、头盔等）、水上器材（船、救生衣、筏子、快艇、水桶、竹子等）、中低空器材（背摔台、背摔绳、电网等）、地面器材（眼罩、任务书等）、室内器材（各种沙盘、多媒体、音响等设备）。

按器材的材质分类，有金属类器材（锁具等）、绳材类器材（动力绳等）、纸质类器材（各种任务书、任务图等）、塑料类器材（逐鹿中原小球）、木质类器材（云梯棍等）、电器设备类（多媒体、音响设备等）、自然类（大自然中可以随时提取利用，如石头、树叶等）。

（一）高空项目器材

高空架

攀岩墙

毕业墙

绳索

锁具

头盔

图 14—2　高空项目器材

(二)水上项目器材

救生衣

快艇

筏子

图 14—3　水上项目器材

(三)中低空器材

背摔台

电网

云梯棍

图 14—4　中低空器材

(四)地面器材

眼罩

任务书（卡）

七巧板

图 14—5　地面器材

(五)室内项目

沙盘

多媒体设备

音响

图 14—6　室内项目

二、体验式培训器材的开发制造原则

这里的器材是指在安全标准规定的前提下，利用金属、纸质、木质、塑料和大自然中随时可取的材料开发制造的体验式培训小型道具和器材，不包括能够购买到的具有国家安全标准和指定生产商生产的器材。在开发和制造的过程中要遵循以下原则：

（一）方便性原则

在开发制造器材时要按照方便使用的原则，尽量减少人为的复杂化，方便携带、培训使用和推广。

（二）安全性原则

任何体验式培训都必须以安全为第一要义，离开安全，再好的培训课程都显得黯淡无光。所以，在制造器材时，按照安全第一的标准进行制造，无法判断安全和无法控制安全的器材不得使用在培训中。

（三）美观性原则

体验式培训是全方位的感官系统的认知过程，所以器材的美观也直接影响着学员的学习效果，根据课程的不同，器材制造特点和风格也就不同，注重特色性地开发与设计器材。

（四）实用性原则

实际操作中我们发现，许多培训器材为了显示其功能强大设定了许多不必要的功能或外观，但在实际使用中，许多功能都无法很好地使用。在制造器材时，一定要注重实用性，根据课程的需求针对性地研发。

（五）可循环利用原则

体验式培训的成本控制中器材损耗的成本较高，无形中带来了不必要的资源浪费。在选择制造材料时，就要注意材料和器材的循环使用，做到器材一次制造多次使用。

（六）环保性原则

在器材制造时，要充分考虑资源的稀缺性，要仔细研究和设计，尽量少浪费和破坏资源，将环境保护的意识植根于设计和制造理念中，做到绿色开发和绿色培训，服务和谐社会发展。

（七）规范性原则

由于各家体验式培训机构的特点不同，所以在课程设置以及器材功能的利用方面也不同。因此，开发制造器材的标准也就不一样，尺寸、样式、功能等方面都需要不断地规范化，尽量做到器材标准化，用以规范课程标准，从而实现培训效果最优化。

（八）经济性原则

经济性原则是指在不影响培训效果的基础上，选择制造器材的材料时，尽可能地选择容易采购到的材料，控制材料和制造的成本。

三、体验式培训器材的制造方法

体验式培训的器材制造方法是多种多样的。我们在制造器材的时候，要抓住器材制造的基本原则与紧扣培训理念和主题，运用不同的方法进行制作与开发。由于许多的条件、技术不太允许，培训师不能亲自动手制造器材，但至少要亲自设计，然后交由专业的机构生产。

具体的方法有：

（1）印制法：利用纸质和塑料的材料，借助信息化设备，进行打印、剪切、塑封的器材，在制作过程中要注意材料的厚度、花色、美观性等。比如，雷阵图、任务书、七巧板等。

(2)组装法：在教材市场、玩具饰品市场、五金市场和文具市场购买到原材料后，进行组装。比如，“挑战 150”器材就需要购买 PVC 管、绳子、乒乓球等进行组装。

(3)木工法：设计好图纸后交给木工制作。比如，制作云梯棍。

(4)焊接法：设计好图纸后交给焊接工。比如，制作无声换位架。

(5)利用自然资源法：在培训中，根据培训主题，利用大自然资源直接编制。比如，没有旗杆时，可以用树枝代替；扎筏泗渡时，可以直接利用现有的干竹子或树干完成。

总之，体验式培训的器材制作的方法多种多样，需要培训师不断地总结和创新。

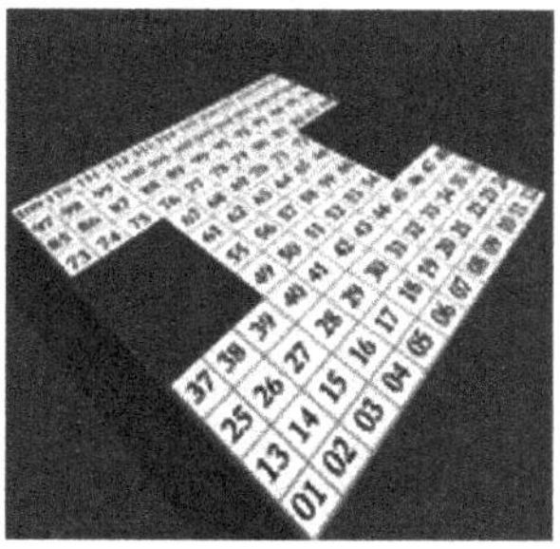
印刷法：雷阵图

组装法：能量传输

利用自然资源法：扎筏泗渡

图 14—7　体验式培训器材

问题与思考：

(1)体验式培训的场地有哪些类型？

(2)体验式培训场地在设计时需要重点考虑哪些方面？

(3)体验式培训的器具主要可分为哪几类？

(4)结合实际想想如何设计一个新的培训道具。

第十五章　急救知识

学习目标

1. 认识和掌握户外活动出现的各类紧急情况。
2. 学会意外伤害发生时紧急处理的方法。

第一节　外伤安全救护

一、外伤

外伤是人体受到外力作用而发生的组织撕裂或损害。引起外伤的原因有很多，根据有无伤口，可分为开放性和闭合性两大类。

(一)闭合性外伤

由钝力造成，无皮肤、体表黏膜破裂，常见的有挫伤和扭伤。

(1)挫伤：钝力打击所致的皮肤和皮下软组织损伤，皮肤无裂口，伤部青紫，皮下瘀血、肿胀、压痛。轻者可用伤湿止痛膏外贴受伤区。对胸腹部挫伤及头部挫伤，应考虑有无深部血肿或内脏损伤止血，宜到医院观察诊断。

(2)扭伤：扭伤常发生在踝部、腰部、颈部及手腕等处。扭伤的一般处理原则是让患者安定情绪，固定受伤部位，用冷湿布敷盖患处。手足扭伤者可抬高患部。颈部、腰部扭伤者在搬运时不可移动患部。扭伤常伴有关节脱位或骨折，宜立即到医院诊疗。另外，扭伤后无论轻重，不可即刻洗澡、胡乱按摩，需送医院治疗。扭伤常用的治疗方法有局部封闭(0.25%～0.5%普鲁卡因)、药物外敷内服、理疗等。

(二)开放性外伤

多数由锐器和火器所造成，少数可由钝力造成，常有皮肤、体表黏膜破裂。

(1)割伤：浅的伤口用温开水或生理盐水冲洗拭干后，以碘酊或酒精消毒、止血或以“好得快”喷雾剂喷于伤口，然后包扎，一般都能较快痊愈。对于较小的伤口外用“创可贴”即可。对于较深的伤口，应立即压迫止血，速到医院进行清创术，视伤情进行缝合修补等。刀伤伤口不可涂抹软膏之类的药物，否则伤口难以愈合。

(2)刺伤：宜先将伤口消毒干净，用经灭菌过的针及镊子，将异物取出，在消毒后包扎伤口。异物留于体内易化脓感染，对于伤口小、出血少者，宜在伤口挤压出一些血液比较好。指甲的刺伤不易处理，可先将指甲剪成V字形口，将刺拔出，或到医院处理。若被针、金属片等刺伤而留于体内，应到医院摄X光片后取出。深的伤口可能有深部重要组织损伤，常并发感染，可予抗炎药物治疗。不洁物的刺伤要预防破伤风的发生，宜到医院肌肉注射破伤风抗毒素。

二、烫伤

烫伤可分为烧伤和水烫伤两种类型。除日常生活中常见的开水和火焰、蒸汽等高温灼伤外，还包括工业上的强酸、强碱等化学灼伤，电流、放射线和核能等物理灼伤。面积越大，深度越深，对全身和局部的影响也越大、越严重。

(一)烫伤的程度

烫伤可分为：一度烫伤(红斑性，皮肤变红，并有火辣辣的刺痛感)；二级烫伤(水泡性，患处产生水泡)；三度烫伤(坏死性，皮肤脱落)。对于局部较小面积的烫伤，可在家中施治，在清洁创面后，可外涂京万红、美宝润湿烧伤膏等。对于大面积烫伤，宜尽早送医院治疗。

(二)烫伤的处理

烫伤处理的原则是首先除去热源，迅速离开现场，用各种方式灭火，如水浸、水淋、就地卧倒翻滚等，立即将湿衣服脱去或剪破衣服淋冷水，肢体浸泡在冷水中，直到疼痛消失为止。还可以用湿毛巾或床单盖在伤处，再往上喷洒冷水。不要弄破水泡。

烫伤的创面处理最为重要，先剃除伤处及其附近的毛发，剪除过长的指甲。创面周围健康皮肤用肥皂水及清水洗净，再用0.1%新洁尔灭液或75%酒精擦洗消毒。创面用等渗盐水清洗，去除创面上的异物、污垢等。保护小水泡勿破损，大水泡可用注射空针抽出血泡液，或在低位剪破放出水泡液。已破的水泡或污染较重者，应剪除泡皮，创面用纱布轻轻辗开，上面覆盖一层液体石蜡纱布或薄层凡士林油纱布，外加多层脱脂纱布及棉垫，用绷带均匀加压包扎。烫伤还可采用包扎疗法、暴露疗法等。

烫伤常易并发感染，故宜加用抗生素，还可注射破伤风抗毒素。

大面积烫伤的治疗护理要求大量的人力、物力和财力，而且往往遗留广泛伤疤，造成严重的畸形和功能障碍。所以务必注意预防，在日常生活中要加强对居民、儿童的防火教育，在工矿企业要加强对职工的安全生产教育，并制定严格的防火管理制度。

三、冻伤

机体由于暴露在寒冷的环境中过久而形成的损伤。冻伤可分为局部和全身两种：局部冻伤易发于指、趾、鼻尖、耳郭、脸颊等暴露部位，而且容易在同一部位复发。

(一)冻伤的程度

第一度(红斑性)：冻伤部皮肤从苍白变成斑块状紫蓝色，以后转为红、肿、充血，并有痒、痛、麻木等现象，5～7天症状消失，不留疤痕。第二度(水泡性)：冻伤部除红肿外，出现大小不一的水泡，局部剧痛，对冷、热、针刺感觉不敏感。2～3周后水泡干枯形成干痂，痂皮脱落时，有薄的新皮覆盖创面。第三度：局限于皮肤，皮肤从苍白变紫而黑，伤部周围皮肤肿胀并可有水泡，大多有剧痛。坏死组织脱落后创面愈合需2个月以上，且形成疤痕。

(二)全身冻伤

全身冻伤时，除体表血管收缩、皮肤苍白外，伤者出现寒战以增加机体发热、维持体内温度。但当体温继续下降时，伤者就会觉得疲乏，瞌睡。再进一步就神志迟钝，常出现幻觉，若不及时治疗，就会危及生命。

(三)冻伤的处理

发生冻伤后，伤部要迅速复温，可将伤部浸泡在清洁温水中，并在5～7分钟内加温到

37℃～42℃。冻伤的肢体宜稍抬高，以消退水肿。第一、二度冻伤予保暖包扎。第三度冻伤宜由医疗单位进行消毒、包扎、预防感染和创面处理。全身性冻伤复温后，由于全身组织和脏器均有损害，仍可出现低血容量性休克和心肾功能损害，所以应该住院抢救。

冻伤发生后，治疗比较困难，所以应当以预防为主。在严寒条件下工作的人员应注意防寒、防湿，衣着鞋袜要松紧适当并保持干燥，暴露部分宜涂油膏，减少散热，并戴口罩、手套、耳罩等。户外作业时应适当活动，以促进血液循环。此外，要有足够的睡眠，避免疲劳过度，并注意营养。冷库内应有报警装置，以防意外。

四、毒蛇咬伤

毒蛇咬伤的急救原则是及早防止毒素扩散和吸收，尽可能地减少局部损伤。蛇毒在3～5分钟即被吸收，故急救越早越好。

（一）防止毒液扩散处理

（1）结扎：在被毒蛇咬伤的上部用橡胶带或止血带结扎，阻止毒素向全身扩散。如果足背被咬伤，在小腿上结扎，如果手背被咬伤就在小手臂上结扎。注意结扎的时间，每过20分钟要松开2～3分钟，否则停止血液循环，肢体就要坏死。

（2）洗伤口：用净水、0.1%的高锰酸钾，或生理盐水冲洗伤口，将被咬部位泡在水中，从上到下挤压20～30分钟，排出毒液。

（3）局部降温：先将伤肢浸于4℃～7℃冷水中3～4个小时，然后改用冰袋，可降低毒素吸收速度，降低毒素中酶的活力。

（4）扩创排毒：咬伤部位封闭后，用拔火罐或吸奶器吸吮毒素，情况紧急下也可直接用口吸吮，要把毒汁全部吸出，注意最后要用清水漱口，不要把毒液吸入体内。如果是在24小时内咬伤，可在伤口处开一个十字或“卄”形创口再吸，注意十字不要开得太深，如果伤口处有其他残留物要及时清除。如果是在24小时以前咬伤，不用排毒，如果伤口处明显肿胀，在肿胀处下端每隔5厘米用消毒针平刺2厘米进行排毒。

（二）毒蛇抗毒解毒处理

（1）紧急时可用氢化可的松、地塞米松静注或同时并用葡萄糖液、三磷酸腺苷、辅酶A、普通胰岛素静滴，以减轻毒性反应。

（2）应用利尿剂、甘露醇等脱水剂以促使毒素排出和防治脑水肿。

（3）急性溶血和血红蛋白尿患者，可应用右旋糖苷、肾上腺皮质激素，同时碱化尿液，以减少血红蛋白沉积，防止急性肾功能衰竭。

（4）积极处理呼吸困难、心力衰竭和休克等症状。给予抗生素，预防感染。

五、狗咬伤

狗咬伤一般分为疯狗（狂犬）咬伤和一般狗咬伤。处理方法：

（1）要在伤口的上、下方，距伤口5厘米处，用止血带或绳子、带子等紧紧勒住，并用吸奶器或拔火罐将伤口的血液尽可能吸出。如咬伤处仅有齿痕，可用三棱针刺之，令其出血，再以拔火罐拔毒。

（2）用20%中性肥皂水或0.1%新洁尔或清水反复冲洗伤口，至少半个小时，必要时切除被咬的表浅组织。冲洗后，用70%酒精或烧酒涂擦局部。伤口禁止包扎、缝合，以免毒液流不出来。

(3)咬伤严重者,应在伤口周围或肌肉注射狂犬病免疫血清。此外,还应到医院或防疫站注射狂犬病疫苗、破伤风抗毒素及抗生素。

六、蜂螫伤

如果被螫到,会造成螫伤的部位红肿、热痛,有时还会产生中毒现象,引起头晕、发烧、气喘和恶心等症状。这时就需要采取措施,减轻伤口症状。

处理方式:

(1)首先在伤口部位,先把硬刺取出。如果伤口是在四肢,可以用绳子在伤口上方绑紧,防止毒液顺着血流流到别处,然后再用手或其他器具,将毒液从伤口挤出。

(2)等流出部分血水后,松开绳子,用浓肥皂水或碱水涂抹伤口,或是用氨水、小苏打水清洗伤口也可以,让酸性的毒液,被碱性液体所中和,这样伤口的症状就能稍微减轻了。

此外,一旦被虎头蜂、毒蝎或其他毒虫螫伤,也可先用这种方法作紧急处理,然后再送医治疗,才是安全且正确的方法。

七、蜈蚣咬伤

蜈蚣咬人时,毒液流到伤口内,引起中毒,其症状为:伤口局部有淤点,四周红肿,剧痛,严重者出现头痛、呕吐、发热,甚至出现全身抽搐、休克。

治疗方法:用5%～10%小苏打水或肥皂水、石灰水冲洗患处(注意不要涂擦碘酒)以中和其酸性毒液,或者用花露水、清凉油或氨水直接涂伤口或用鸡蛋清液涂抹伤口。然后用吸奶器、拔火罐等在伤口处拔毒。有全身症状者,宜速到医院治疗。

八、猫鼠咬伤

一旦被猫、鼠咬伤,应尽快就地用大量清水(10 000 毫升以上)冲洗伤口。若周围一时无水源,那么可先用人尿代替水冲洗,然后再设法找水。冲洗伤口要彻底,被狗、猫咬伤的伤口往往外口小里面深,这就要求冲洗的时候尽可能把伤口扩大,并用力挤压周围软组织,设法把伤口上的唾液和血液冲洗干净。若伤口出血过多,应设法立即止血,然后到疾病预防控制机构注射狂犬疫苗、狂犬免疫球蛋白或血清。

九、其他毒虫咬伤

蝎子又称“全虫”,被它螫伤后,局部可出现一片红肿,有烧灼痛,中心可见螫伤痕迹,轻者一般无症状。如中毒严重,有头痛、头晕、流涎、流泪、畏光、嗜睡、恶心呕吐、口舌强直、呼吸急促、大汗淋漓及肌肉痉挛等症状。

急救措施:①先将残留的毒刺迅速拔出,在咬伤处上端(肢体近心端2～3厘米处),用止血带或布带扎紧,每15分钟放松1～2分钟。②用吸奶器或拔火罐吸取含有毒素的血液。③用3%氨水、0.1%高锰酸钾溶液、5%小苏打溶液等任何一种清洗伤口。④用南通蛇药或鲜蒲公英的白色乳汁外敷伤口。

十、外耳道异物

下面是外耳道异物的4种处理方法:

(1)光滑球形异物,宜用细而头端带钩的异物钩,于外耳道与异物之间的缝隙伸到异物的内侧，一边松动一边轻轻将异物向外拨动，并根据情况移动异物钩，使其始终保持在异物内侧。

(2)如异物较软，可将异物钩刺入异物中将其拉出；膨胀的豆类异物，先滴用95%的酒精脱水收缩后再取出；有尖锐棱角的异物，用耵聍钩轻轻移动异物使其尖部离开外耳道皮肤，再设法取出；遇在外耳道内爬动或扑动的昆虫，可先用无刺激的油类、酒精或杀虫剂滴入外耳道，使其被黏附不动或杀死后再取出。

(3)异物刺进外耳道皮下甚至骨质中，或嵌顿在外耳道深部，需在麻醉状态下做辅助切口后方可取出。儿童在取异物时常不合作，而异物又较难取出时，需在全麻下取出。

(4)如外耳道异物伴发急性炎症，需根据异物的种类确定取异物的时机，如金属或石头等对外耳道刺激性小的异物，可先消炎后再取出，但有些异物直接刺激外耳道引起炎症，只有取出异物炎症才能消散，异物取出后，如有外耳道炎症或损伤，局部需用抗感染药物。

十一、眼外伤

眼外伤通常分为机械性眼外伤和非机械性眼外伤两种。机械性眼外伤常见的为锐器伤及钝器伤，包括眼球表面异物及眼擦伤、挫伤、裂伤等。非机械性眼外伤一般包括眼化学伤(包括酸、碱烧伤)、热烫伤(包括铁水、钢水烫伤)，以及辐射性眼伤(离子放射线损伤)。

(1)细片在眼睛中：不要揉搓在眼睛中的细片或微粒，拉起上眼皮超过下眼皮让睫毛把在上眼皮内面的细片刷下，眨眼数次，使眼睛中的微粒移出，假如细片还是存留，把眼睛闭上并且就医。

(2)眼睛撞击：立刻用冰敷15分钟来减少疼痛和肿胀，若有眼球变黑或眼睛模糊通常是眼内伤害的信号，立刻去看眼科医师。

(3)眼睛和眼皮的割伤：轻轻地将眼包扎且立刻求医，不要尝试用水冲洗掉或移除粘在眼睛内的物体，绝不要加任何压力到受伤眼或眼皮，且要小心不要揉搓眼睛。

(4)化学灼伤：立刻用水冲洗，用手指尽量使眼睛张大，将头置于水龙头下或者任何清洁容器的水冲洗眼睛至少15分钟，慢慢的且是持续的，尽量转动眼球使化学物洗出，不要使用眼罩，也不要包扎眼睛，当上述步骤处理完之后，要立刻就医。

第二节　其他伤病的安全救护

一、呼吸道异物

呼吸道异物原因较多，患者突然不能讲话和咳嗽或有咯咯声，而后呼吸困难，面色发青，突然倾倒，不挽救有很快死亡的危险。国际红十字会建议，发生本病的病人，可以用以下姿势表示：一只手扶在颈部，另一只手扶着这个手腕。其他人一看就理解，这个人呼吸道有异物阻塞，以便获得有效的抢救。

抢救方法：

1. 背中部拍打法

婴幼儿：用一只手抓持双下肢，将病孩倒提起来，另一只手拍打背部中央，直到异物吐出来。

2. 手指挖取法

先开口，左手拇指贴紧病人上方牙齿，食指与拇指交叉，压迫下方牙齿，一用力就可开口，右手食指插到咽喉深部，手指末节屈曲，从异物旁边伸到后方，钩出异物，但不要勉强，不要将异物推得更深，无法钩出。

3. 中上腹部加压法

急救者双手从背部插入病人腑下，双手握拳，拇指对着病人上腹下中部，一只手抓着另一只手腕用力冲击，压迫腹部，反复多次，以使病人肺内的气体将异物冲出。若病人尚有力气也可将上腹压在椅背上、桌子角、栏杆等处，反复用力压迫，尽可能冲出异物。昏迷病人，使其仰卧，抢救者骑在病人下半身，双手用力猛压胸下部两侧，尽可能冲出异物。呼吸心跳停止者，应立即行心肺复苏。

二、急性感染伤口

急性感染伤口的主要表现为局部红、肿、热、痛、功能障碍，全身症状视感染程度及体质强弱而定。化脓性伤口感染：常见于伤口蜂窝织炎、伤口化脓等。特异性伤口感染：常见于破伤风、结核病、厌氧性坏疽等疾病。

宜敞开，以利于感染灶引流，应尽早清洗伤口，用刺激性敷料脱去脓痂及坏死组织，尽量避免创面敷用抗生素，裂隙状的清洁健康创面应及早缝合，溃疡面较大的健康清洁肉芽面应及早植皮。对早期急性感染伤口可作热敷，肿胀明显者可用 50%硫酸镁溶液湿敷，肢体远端伤口感染轻者可用温开水或生理盐水浸泡，脓多感染重者用 1∶5 000 高锰酸钾液浸泡，去除脓痂。其他部位伤口感染重者，用漂白粉硼酸溶液、次氯酸钠溶液或高渗盐水湿敷，感染轻者可用盐水湿敷。

对于厌氧性感染伤口，宜充分敞开伤口，持续滴注 1∶5 000 高锰酸钾液或 1%～2%过氧化氢液。对于有坏死组织的表浅伤口，用 5%硝酸银腐蚀，再用盐水洗去。坏死组织紧密附着者可剪去。有绿脓杆菌感染的伤口，可用 1%～2%醋酸或苯氧乙醇、1%硫柳汞、0.1%～0.5%多黏菌素溶液湿敷。对于疑为坏疽感染者，宜确诊后截肢治疗。对于疑有狂犬病毒感染者，宜及时注射狂犬疫苗及抗毒素血清。对于疑有破伤风感染者，宜及时注射破伤风抗毒素。伤口急性感染严重者宜速到医院诊治。

三、溺水

溺水者被救上岸后急救方法步骤如下：

(1)清除口、鼻中杂物：上岸后，应迅速将溺水者的衣服和腰带解开，擦干身体，清除口、鼻中的淤泥、杂草、泡沫和呕吐物，使上呼吸道保持畅通，如有活动假牙，应取出，以免坠入气管内。如果发现溺水者喉部有阻塞物，则可将溺水者脸部转向下方，在其后背用力一拍，将阻塞物拍出气管。如果溺水者牙关紧闭，口难张开，救生者可在其身后，用两手拇指顶住溺水者的下颌关节用力前推，同时用两手食指和中指向下扳其下颌骨，将口掰开。为防止已张开的口再闭上，可将小木棒放在溺水者上下牙床之间。

(2)空水：在进行上述处理后，应着手将进入溺水者呼吸道、肺部和腹中的水排出。这一过程就是"空水"。常用的一种方法是，救生者一腿跪地，另一腿屈膝，将溺水者腹部搁在屈膝的腿上，然后一手扶住溺水者的头部使口朝下，另一手压溺水者的背部，使水排出。

(3)人工呼吸：人工呼吸的节律，为 15～20 次/分钟。将溺水者仰卧平放在地上，可在颈下垫些衣物，头部稍后仰使呼吸道拉直。救生者跪蹲在溺水者一侧，一手捏住溺水者的鼻子，另一手托住其下颌。深吸一口气后，用嘴贴紧溺水者的口(全部封住，不可漏气)吹气，使其胸腔扩张，如此周而复始地进行。

(4)胸外心脏按压法：将溺水者仰卧平放地上，救生者骑跪在溺水者大腿两侧或跪在其身旁，两手掌相叠，掌根按在溺水者胸骨下端(对儿童，只需用一个手掌；对婴幼儿，只需三个手指)，两臂伸直，身体前倾，借助身体的重量稳健地下压，压力集中在掌根，使溺水者胸骨下陷3～4厘米。然后，上体复原，迅速放松双手，但掌根不离位。如此有节奏地进行，每分钟60～80次。

四、电击伤

电击伤(Electrical Injury)，俗称触电，是指一定量的电流或电能量(静电)通过人体导致机体损伤和器官功能障碍的一组临床综合征。严重者，心跳、呼吸骤停而死亡。

(一)切断电源

现场救治应争分夺秒，首要任务是切断电源。根据触电现场的环境和条件，采取最安全而又最迅速的办法切断电源或使触电者脱离电源。常用方法有：关闭电源；挑开电线。

(1)关闭电源：若触电发生在家中或开关就在附近，迅速关闭电源开关、拉开电源总闸刀。

(2)挑开电线：用干燥木棒、竹竿等将电线从触电者身上挑开，并将此电线固定好，避免他人触电。

(3)斩断电路：若在野外或远离电源开关的地方，尤其是雨天，不便接近触电者以挑开电源线时，可在现场20米以外用绝缘钳子或干燥木柄的铁锹、斧头、刀等将电线斩断。

(4)“拉开”触电者：若触电者不幸全身趴在铁壳机器上，抢救者可在自己脚下垫一块干燥木板或塑料板，用干燥绝缘的布条、绳子或用衣服绕成绳条状套在触电者身上将其拉离电源。

(二)有缺氧指征者给予吸氧

(三)心肺复苏

(1)对于呼吸微弱或不规则，甚至停止，而心搏尚存在者，应立即口对口人工呼吸，或仰卧压胸、俯卧压背式人工呼吸，有条件者可行气管插管、气囊或呼吸机辅助呼吸。

(2)对于心搏停止，而呼吸尚存在者，应立即行胸外按压；对于心室颤动者，有条件时应行非同步直流电除颤。

(3)心跳、呼吸骤停者，即刻予以心肺复苏(CPR)。

(四)保护体表电灼伤创面

(1)体表电灼伤创面周围皮肤用碘伏处理后，加盖无菌敷料包扎，以减少污染。

(2)若伤口继发性出血，应给予相应处理。

(五)对症处理

(1)积极防治脑水肿、急性肾衰等并发症。

(2)纠正水、电解质、酸碱平衡失调。

(3)有骨折者应给予适当固定。

五、骨折

很多情况下，我们会因为这样或那样的原因而骨折了，有时候可能无法马上送到医院，这个时候的紧急处理尤为重要。

1. 判断骨折

首先要考虑伤者受伤的原因，如果是车祸伤、高处坠落伤、机器的绞伤等，一般骨折的可能性很大；其次要看一下伤者的情况，如伤肢出现反常的活动，肿痛明显，则骨折的可能性很大，如骨折端已外露，肯定已有骨折。在判断不清是否有骨折的情况下，应按骨折来处理。

2. 封闭伤口

对于骨折伴有伤口的病人，应立即封闭伤口。最好用清洁、干净的布片、衣物覆盖伤口，再用布带包扎，包扎时，不宜过紧，也不宜过松，过紧会导致伤肢缺血坏死，过松起不到包扎作用，同时也起不到压迫止血的作用。如有骨折端外露，注意不要将骨折端放回原处应继续保持外露，以免引起深部感染。如将骨折端放回原处，应给予注明，并在后送时向医生交代清楚。

3. 止血

方法有：用手压迫止血，如出血量较大，应以手将出血处的上端压在邻近的骨突或骨干上。用清洁的纱布、布片压迫止血，再以宽的布带缠绕固定，要适当用力但又不能过紧。不要用电线、铁丝等直径细的物品止血，如有止血带，可用止血带止血；如无止血带，可用布带。上肢出血时，止血带应放在上臂的中上段，不可放在下 1/3 或肘窝处，以防损伤神经。下肢止血时，止血带宜放在大腿中段，不可放在大腿下 1/3、膝部或腿上段。上止血带时，要放置衬垫。上止血带的时间上肢不超过一小时，下肢不超过一个半小时。

4. 临时固定

伤肢的位置：尽可能保持伤肢于伤后位置，不要任意牵拉或搬运病人。固定器材的选择：最好用夹板固定，如无夹板可就地取材。在山区可用木棍、树枝，在工厂可用纸板或机器的杆柄，在战地可用枪支。在一无所有的情况下，可利用自身固定，如上肢可固定在躯体上，下肢可利用对侧固定，手指可与邻指固定。

常见不同部位骨折的临时固定方法。肩部骨折：可将上臂固定于胸侧，前臂用颈腕带悬吊。上臂骨折：可用前后夹板固定，屈肘悬吊前臂于胸前；如无夹板，也可屈肘将上臂固定于胸部。前臂及腕部骨折：前臂及腕部背侧放一夹板，用绷带或布带缠绕固定，并屈肘、悬吊前臂于胸前。髋部及大腿骨折：夹板放在上自腋下，下至踝上，用绷带缠绕固定，也可两侧并拢中间放衬垫，用布带捆扎固定。小腿骨折：内外侧放夹板，上端超过膝关节，下端到足跟，缠绕固定。躯干部骨折：伤员应平卧于硬板上，最好仰卧位，两侧放沙垫等物防止滚动。

5. 伤员搬运

(1)现场搬运

单纯的颜面骨折、上肢骨折，在做好临时固定后可搀扶伤员离开现场。膝关节以下的下肢骨折，可背运伤员离开现场。

颈椎骨折：一人双手托住枕部、下颌部，维持颈部伤后位置，另两人分别托起腰背部、臀部及下肢。胸腰椎骨折：一人托住头颈部，另两人分别于同侧托住胸腰段及臀部，另一人托住双下肢，维持脊柱伤后位置。髋部及大腿骨折：一人双手托住腰及臀部，伤员用双臂抱住救护者的肩背部，另一人双手托住伤员的双下肢。

(2)途中搬运

伤员在车上宜平卧，一般情况下，禁用头低位，以免加重脑出血、脑水肿；如遇昏迷病人，应将其头偏向一侧，以免呕吐物吸入气管，发生窒息。头部应与车辆行进的方向相反，以免晕厥，加重病情。护送中如病人有生命危险，应一边抢救一边护送。

六、窒息

窒息救治的关键是早期发现与及时处理。如发现伤员有烦躁不安、面色苍白、鼻翼翕动、口唇发绀、血压下降、瞳孔散大等呼吸困难或窒息症状时，应争分夺秒进行抢救。

对阻塞性窒息的伤员，应根据具体情况，采取下列措施：

(1)因血块及分泌物等阻塞咽喉部的伤员，应迅速用手掏出或用塑料管吸出阻塞物，同时改变体位，采取侧卧或俯卧位，继续清除分泌物，以解除窒息。

(2)因舌后坠而引起窒息的伤员，应在舌尖后约 2 厘米处用粗线或别针穿过全层舌组织，将舌牵拉出口外，并将牵拉线固定于绷带或衣服上。可将头偏向一侧或采取俯卧位，便于分泌物外流。

(3)上颌骨骨折段下垂移位的伤员，在迅速清除口内分泌物或异物后，可就地取材采用筷子、小木棒、压舌板等，横放在两侧前磨牙部位，将上颌骨向上提，并将两端固定于头部绷带上。通过这样简单的固定，即可解除窒息，并可达到部分止血的目的。

(4)咽部肿胀压迫呼吸道的伤员，可以由口腔或鼻腔插入任何形式的通气导管，以解除窒息。如情况紧急，又无适当通气导管，可用 15 号以上粗针头由环甲筋膜刺入气管内。如仍通气不足，可同时插入 2～3 根，随后作气管造口术。如遇窒息濒死，可紧急切开环甲筋膜进行抢救，待伤情缓解后，再改作常规气管造口术。

对吸入性窒息的伤员，应立即进行气管造口术，通过气管导管，迅速吸出血性分泌物及其他异物，恢复呼吸道通畅。这类伤员在解除窒息后，应严密注意防治肺部并发症。

七、雪盲

雪盲症是由于眼睛视网膜受到强光刺激引起暂时性失明的一种症状。

治疗措施：

(1)止痛：局部用麻醉剂，涂眼药膏，目的在于缓和症状。

(2)眼睛保护(防止持续或再度损伤)：发病后必须即刻戴上护目镜。

(3)摘除隐形眼镜：减少角膜刺激和感染的机会。

(4)消毒的棉布敷盖眼睛上：上述治疗措施必须持续 24～48 小时，直至眼部刺激症状完全消失。可用鲜人乳或鲜牛奶滴眼，每次 5～6 滴，每隔 3～5 分钟滴一次。使用的牛奶要煮沸冷透了才可用。也可以药水清洗眼睛，到黑暗处或以眼罩蒙住眼睛用冷毛巾冰镇。减少用眼，尽量休息。不要热敷，高温会加剧疼痛。

八、日照性皮炎

日照性皮炎即日光性皮炎，又称日晒伤或晒斑，为正常皮肤经暴晒后产生的一种急性炎症反应，表现为红斑、水肿、水疱和色素沉着、脱屑。

治疗方法：

(1)系统治疗：轻者用抗组胺药，重者或疗效欠佳者口服小剂量糖皮质激素、阿司匹林或吲哚美辛。

(2)局部治疗：轻者局部外用炉甘石洗剂，稍重者行冷敷、糖皮质激素霜或 2.5%吲哚美辛溶液。

预防：经常参加室外锻炼，增强皮肤对日晒的耐受能力；在上午 10 时到下午 2 时日光照射最强时尽量避免户外活动或减少活动时间；避免日光暴晒，外出时注意防护，如撑伞、戴宽边帽、穿长袖衣服；若在户外，建议常规应用日光保护因子(SPF)15 以上的遮光剂，有严重光敏者需用 SPF30 以上的高效遮光剂。

九、中暑

人体在高温环境中，体内的热量不能散发出去，引起人体体温调节功能发生障碍，或人体大量出汗，血压下降，引起脑部缺氧的情况称为中暑。

（一）轻度中暑的治疗方法

（1）让患者离开高温环境，到阴凉、通风处休息，脱去衣服，使患者体温下降。

（2）给患者喝些清凉饮料，如冷盐糖水、菊花水、绿豆汤等。还可给服藿香正气水或十滴水、人丹等解暑药。

（3）症状不能缓解时，可用针刺或手指掐人中、合谷、内关等穴位。

（二）重度中暑的救治方法

（1）面色发红的患者，可将其头部垫高；面色苍白的患者，则要使其头部放低，以保证脑部供血。

（2）给患者头部冷敷，用 50％的酒精或冷水、冰水进行反复擦洗，以促其降温、散热。

（3）如患者昏迷不醒时，可用香烟末刺激其鼻孔，促其苏醒，同时针刺或手掐其人中、十宣、百会穴，使其恢复知觉。

（4）如以上方法抢救无效，应尽快送医院抢救。在途中要注意降温避暑。

十、晕动症

晕动症即指乘车、船、飞机时，由于交通工具的加、减速，或颠簸震动，刺激人的前庭迷路而出现头晕、头痛、恶心、呕吐，甚至虚脱、休克等症状，伴有面色苍白、出冷汗、心动过速或过缓、血压下降，或眼球震颤、平衡失调等。

在乘车、船、飞机时发生晕动症，应尽可能让患者平卧，也可将头靠在椅背上闭眼休息。同时，要保持通风、凉爽、空气新鲜，若出现呕吐，宜及时清除呕吐物。另外，针刺或手指按压内关、足三里、神门、百会、合谷及中脘等穴，对及时缓解症状和预防本病发生也有作用。若呕吐剧烈，出现休克、虚脱、水电解质平衡失调者，宜送医院诊治，及时补充体液，纠正酸碱失调。

十一、过敏反应

过敏反应是指已产生免疫的机体在再次接受相同抗原刺激时所发生的组织损伤或功能紊乱的反应。反应的特点是发作迅速、反应强烈、消退较快；一般不会破坏组织细胞，也不会引起组织严重损伤，有明显的遗传倾向和个体差异。

（一）过敏反应的预防

（1）放射造影剂过敏反应：造影剂过敏在儿童虽没有成人常见，仍偶有发生。医生应尽量避免使用这种造影剂，但必须使用时，可用不易引起反应的特殊造影剂。使用相关化疗药物前，应向患者及家属说明该药物应用过程中可能发生的过敏反应，嘱患者遇有瘙痒、面红、呼吸困难、头晕、恶心或其他不适情况，及时向医护人员汇报。此外，可在使用造影剂前服用能阻断过敏反应的药物，如强的松、苯海拉明、麻黄素等。对高危病人的预防方案包括：强的松 50mg q6h×3 次，末次在造影剂注射前 1 小时给予；苯海拉明 50mg 于造影前 1 小时肌内注射。该方案可有效预防 90％高危成人的不良反应。

（2）药物及毒素过敏反应：药物尽量按医嘱口服，避免注射，可显著降低过敏反应的发生。注射给药不仅容易诱导患者致敏，而且更容易触发敏感患者对药物的过敏反应。昆虫叮咬，可因毒素引起过敏反应。通过脱敏治疗可减低其发生率。对动物血清(如从马提取的破伤风抗毒素)或青霉素有过敏史的人,在使用这些药品前应做皮试。

(3)疫苗接种过敏反应:部分疫苗含有鸡蛋蛋白,如流感疫苗、黄热病疫苗等,对于进食鸡蛋过敏的患者,接种前必须进行皮肤点刺试验。麻疹、腮腺炎、风疹疫苗偶尔也会引起过敏反应,可能与其含有明胶有关,因而对有胶水或果冻过敏者要慎重使用。并且在注射这些疫苗前必须做好过敏反应抢救的准备措施。

(4)食物依赖性运动性过敏反应:剧烈的运动最好推迟到餐后 6 小时以后进行,如果进食了与病史相关的特殊食物,则需推迟至 12 小时以后。

(5)由于近年来紫杉醇类药物的广泛应用,重视并防范该类药物的过敏反应显得尤其重要。肿瘤内科医护人员必须具备该类药物的药理知识和相关过敏反应的处理经验,严格按规定将该类药物放入玻璃瓶中或装有非乙烯聚合物的氯化物的容器中给患者使用。输注此类药物时,应使用直径 0.22μm 的过滤装置。在患者输注药物的前 15 分钟,密切监护生命体征、血氧含量、呼吸道通畅情况。紫杉醇的过敏反应一般多发生在用药的前 5 分钟内,特别是起始的 1～2 分钟。但整个紫杉醇用药期间,尤其在首次用药期间均应不间断地给予监护并详细记录患者的各种情况。一旦出现紫杉醇类药物过敏反应,应立即停止输药,并予吸氧、升压及解痉等处理。待病情稳定后,再将激素预处理药重复给药 1 次。并将余下的紫杉醇类药物继续输注。但在再次输注时一定要十分谨慎,因为再次输注后,有再次发生强烈过敏反应的可能性,因此医护人员更应密切观察,同时备好过敏反应的各种急救物品。在应用紫杉醇类药物的最初几分钟,若仅出现轻微的过敏反应,如面部潮红、轻微的呼吸困难以及局部皮肤反应等,则无须中止治疗。经用一般抗过敏治疗后,予再输注(减慢滴速),可不再出现过敏反应。但如果出现严重的过敏反应,如血压下降超过 20 mm Hg、支气管痉挛、全身皮疹和(或)红斑,除立即停止治疗并进行抢救以外,以后最好也不要再次对这类患者应用该类药物,以免发生意外。

准备好急救物品,掌握气管插管、心肺复苏术。对过敏反应的诊断和治疗需要迅速果断。早期治疗有利于减轻和防止病情进一步发展。对症处理是最重要的治疗手段。过敏反应需要经常评估病情。

(二)过敏反应的治疗

成功治疗过敏性反应的关键在于及时地诊断和尽早、尽快地给予适当的处理。

(1)肾上腺素:1 000 单位的肾上腺素溶液每次 0.01mL/kg(最大不超过儿童 0.3mL/次,成人 0.5mL/次)肌内注射,较皮下注射更高、更快达到血浆有效浓度。必要时,15 分钟后可重复使用。如果是由于注射药物或昆虫叮咬肢体引起的,可将半量的肾上腺素以 2mL 生理盐水稀释后,用来做咬伤口局部皮下浸润注射。并尽快用止血带紧缚注射或刺伤肢体的近心端,可限制有害变应原的扩散速度。症状改善后即可松下止血带,或每隔一段时间松 3 分钟。

(2)维持血压:严重持续性的过敏反应,可在密切的心电监护下静脉滴注肾上腺素,儿童 0.01μg/min,成人 0.02μg/min,以维持收缩压在 80mmHg 以上。如仍不能满意维持血压,必须立即快速静脉给予等渗生理盐水,可用到 100mL/min,成人最大限度为 3 000mL。平卧腿高位有所帮助。对于持续性极度低血压,还需静脉给予去甲肾上腺素和多巴胺。

(3)吸氧和保持呼吸道通畅:给纯氧 4～6L/min。取颈项后仰位可保持口咽通畅,能改善上呼吸道梗阻。必要时行气管插管,机械呼吸支持。紧急情况下为解决喉梗阻,可行气管切开。对于下呼吸道阻塞,可予舒喘灵雾化吸入和氨茶碱静脉滴注。

(4)抗组胺剂:H1 受体拮抗剂苯海拉明 1mg/kg 肌注或静脉注射,对低血压和荨麻疹均有效。联合应用 H2 受体拮抗剂，如甲氰咪胍 4mg/Kg(最大≯300mg/次)缓慢静脉注射(不少于 5 分钟)，较单用苯海拉明效果好。

(5)肾上腺皮质激素：可在重度过敏反应时与以上药物联合应用，有抗炎抗过敏作用。即便是开始仅有皮肤荨麻疹或血管性水肿的病人，也应早期给予肾上腺素治疗，以防进一步发展累及其他器官系统。对于轻症患者在皮疹消退后，无须长期留院观察。而对于曾伴有低血压或呼吸道梗阻的患者，因其威胁生命的症状有复发的可能，应至少留院观察 12 小时。

十二、心搏骤停

由于某些原因，患者呼吸突然丧失，抽搐或昏迷；颈动脉、股动脉无搏动，胸廓无运动；以及瞳孔散大，对光线刺激无反应。

(一)心搏骤停的急救措施一

1. 呼吸骤停的急救方法

(1)迅速解开衣服，清除口内物，有舌后坠时用钳将舌拉出。

(2)患者需仰卧位，头尽量后仰。

(3)立即进行口对口人工呼吸。方法是：患者仰卧，护理人一手托起患者下颌，使其头部后仰，以解除舌下坠所致的呼吸道梗阻，保持呼吸道通畅；另一手捏紧患者鼻孔，以免吹气时气体从鼻逸出。然后，护理人深吸一口气，对准患者口用力吹入，直至胸部略有膨起。之后，护理人头稍侧转，并立即放松捏鼻孔的手，任患者自行呼吸，如此反复进行。成人每分钟吸气 12～16 次，吹气时间宜短，约占一次呼吸时间的 1/3。吹气若无反应，则需检查呼吸道是否通畅、吹气是否得当。如果患者牙关紧闭，护理人可改用口对鼻吹气。其方法与口对口人工呼吸基本相同。

2. 心搏骤停

对心搏骤停在一分钟左右者，可拳击其胸骨中段一次，并马上进行不间断的胸外心脏按压。胸外心脏按压术的方法是：

(1)患者应仰卧在硬板上，如系软床应加垫木板。

(2)护理人用一手掌根部放于患者胸骨下 2/3 处，另一手重叠压在上面，两臂伸直，依靠护理人身体重量向患者脊柱方向作垂直而有节律的按压。按压用力须适度，略带冲击性；使胸骨下陷四厘米后，随即放松，使胸骨复原，以利心脏舒张。按压次数成人每分钟 60～80 次，直至心跳。按压时必须用手掌根部加压于胸骨下半段，对准脊柱按压；不应将手掌平放，不应压心前区；按压与放松时间应大致相等。心脏按压的同时，施行有效的人工呼吸。

(二)心搏骤停的急救措施二

(1)通畅呼吸道：抢救者一手使患者头后仰，另一手把患者下颏向前提起或使颈抬升、舌根上移而不影响呼吸道通畅，并用手或器具去除口腔内的异物。如果异物在气管内，则可用腹部按压法，即使患者仰卧，抢救者一手掌根部放在患者上腹部剑突下方，另一手重叠在前一手掌背上，双手用力向胸部方向推压，使腹压剧增，把气管内异物迫出。

(2)口对口(或口对鼻)人工呼吸：患者仰卧于硬地或硬床板上，抢救者一手使患者头后仰、口张开，另一手拇指和食指紧捏患者鼻孔，抢救者深吸气后对患者口内猛吹气至患者胸部抬起；随后开放鼻孔，使患者被动呼气，这时可见胸部回缩。吹气频率为每分钟 14～16 次。

(3)胸外心脏按压：患者仰卧在硬地或硬床板上，双腿稍抬高以利静脉回流。抢救者位于患者一侧，把一手掌根部置于患者胸骨中、下 1/3 交界处(手掌与患者胸骨纵轴一致)，另一手掌根部重叠于该掌背，双肘关节伸直，借助双上肢和自身体重垂直下压，使患者胸骨下沉3～4厘米，然后迅速放松，使胸骨弹起（这时抢救者手掌要始终轻贴患者胸壁），如此反复。按压频率为每分钟60次。

十三、失温

失温也称作低温症，是指人体热量流失大于热量补给，从而造成人体核心区温度降低，并产生一系列寒战、迷茫、心肺功能衰竭等症状，甚至最终造成死亡的病症。

一般失温分为三个阶段：

轻度失温（Mild Hypothermia）。核心温度在37℃～35.55℃。不能控制地发抖，不能做复杂的动作。

中度失温（Moderate Hypothermia）。核心温度在35℃～33.88℃。意识茫然，动作协调性开始丧失。

重度失温（Severe Hypothermia）。核心温度在33.88℃～30℃。这个温度将是致命的。

治疗方式：

对于轻度和中度失温患者，要寻找背风的遮蔽处，及时地给他们换干衣服，同时加衣服，减少热量流失，用热水袋或水杯放在患者身上颈动脉、大腿根部、腋窝等核心区域帮助他们恢复体温；同时进食一些热水、葡萄糖、碳水化合物等迅速增加身体能量的食品，待症状缓解之后再进食一些脂肪类食品提供长期热量。注意不要让患者躺在冰冷的地上。

重度失温的患者，自身已很难产生热量，在轻度失温处理的基础上，患者更需要外界力量的帮助，要保持患者干燥，并远离一切潮湿的东西。多用几条睡袋、羊毛毯、毛衣、防潮垫等造一个至少4层的绝缘层，把患者包在里面，尤其是患者与地面之间。同时，每15分钟要喂食他一次稀糖水，增加他们身体的热量。如果患者情况十分严重，需要对患者进行心脏复苏；但要注意的是，在重度失温的状态下，心脏非常敏感脆弱，外来的机械刺激（如心肺复苏，搬动及跌倒）有可能引起心律失常导致死亡。所以，心肺复苏术（主要是心脏按压）在相当一部分情况下是严格禁止的。心肺复苏急救，尤其是心脏按压，必须是在确认脉搏和心跳已经停止的情况下才能进行，否则适得其反！当然，用嘴将热气吹入患者体内也是一种提供热量的方式。

问题与思考：

（1）户外活动中常见的一些意外伤害有哪些？

（2）请结合实际谈谈掌握一些安全急救知识的必要性。

（3）列举生活中遇到的三件人身意外伤害事件，并给出正确的处理办法。

参考文献

1. Robert D. Lock 著,钟谷兰等译:《把握你的职业发展方向》,中国轻工业出版社 2006 年版。

2. 彼得·德鲁克、约瑟夫·A. 马恰列洛著,宋强译:《卓有成效管理者的实践》,机械工业出版社 2012 年版。

3. 彼得·德鲁克著,齐若兰译:《管理的实践》,机械工业出版社 2009 年版。

4. 陈琦、刘儒德主编:《当代教育心理学》,北京师范大学出版社 2007 年版。

5. 丹尼尔·戈尔曼著,杨春晓译:《情商:为什么情商比智商更重要》,中信出版社 2010 年版。

6. 丁家云、谭艳华编:《管理学》,中国科学技术大学出版社 2014 年版。

7. 郝滨:《催眠与心理压力释放》,安徽人民出版社 2009 年版。

8. 胡忠光主编:《教育心理学》,教育科学出版社 2011 年版。

9. 蒋巍巍:《打造高绩效团队》,中国电力出版社 2013 年版。

10. 柯蒂斯·卡尔森主编,蒋怡、黄水平译:《创新》,北京师范大学出版社 2007 年版。

11. 李玉明、龚尚猛:《职业核心能力》,武汉理工大学出版社 2017 年版。

12. 林婷煜:《学习》,广东汕头大学出版社 2003 年版。

13. 领导决策信息杂志社编:《领导》,中国时代经济出版社 2009 年版。

14. 刘颖、苏巧玲主编:《医学心理学》,中国华侨出版社 1997 年版。

15. 迈克尔·E. 哈特斯利、林达·麦克詹妮特著,葛志宏、陆娇萍、刘彧彧译:《管理沟通原理与实践》(原书第 3 版),机械工业出版社 2008 年版。

16. 佩尼·卡特、克里斯·福克斯著,许东升、卢彬彬译:《沟通》,中国时代经济出版社 2005 年版。

17. 芮明杰编著:《管理学》(第三版),高等教育出版社 2009 年版。

18. 吴芝仪:《我的生涯手册》,经济日报出版社 2008 年版。

19. 武洪明、许湘岳主编:《职业沟通教程》,人民出版社 2011 年版。

20. 许湘岳、邓峰主编:《创新创业教程》,人民出版社 2011 年版。

21. 许湘岳、吴强主编:《自我管理教程》,人民出版社 2011 年版。

22. 许湘岳、徐金寿主编:《团队合作教程》,人民出版社 2011 年版。

23. 薛保红主编:《体验式培训师·培训教程》,中国质检出版社 2009 年版。

24. 杨茳、王刚主编:《礼仪师培训教程》,人民交通出版社 2007 年版。

25. 杨文士、焦叔斌、张雁、李晓光编著:《管理学》(第三版),中国人民大学出版社 2009 年版。

26. 姚本先主编:《大学生心理健康教育》,安徽大学出版社 2015 年版。

27. 姚裕群、孔冬主编:《团队管理》,湖南师范大学出版社 2007 年版。

28. 詹文明:《德鲁克谈自我管理》,东方出版社 2009 年版。

29. 张琼主编:《大学生职业核心能力培养》,同济大学出版社 2010 年版。

30. 中国就业培训技术指导中心编:《企业文化师》,中国财政经济出版社 2007 年版。

31. 周三多编:《管理学》(第三版),高等教育出版社 2005 年版。